中公新書 2051

瀧井一博著

伊藤博文

の政治家

新社刊

一つの人民に制度を与えようとあえて企てるほどの人は、いわば人間性を変えることができるという確信を持っていなければならない。

ジャン＝ジャック・ルソー『社会契約論』

はしがき

国会に、三体の伊藤博文像が立っている。

一体は、国会議事堂中央玄関を入った先にある中央広間の一角にある。広間の四隅に据えられた台座に、大隈重信、板垣退助とともに伊藤の銅像が立っている。台座のひとつが空席なのは、四人目を選定することができなかったからとか、政治は未完のものであることを表したものとか、彼らと並んでいつかここに立つように、との後進議員たちへのメッセージだと、説明される。

二体目は、建物の外、参議院前庭にある。高さ一一メートルの堂々たる銅像である。一九三三年（昭和八）に伊藤を顕彰するために結成された春畝公追頌会《しゅんぽこうついしょうかい》（「春畝」とは伊藤の雅号）が、一九三六年に造ったもので、当初は議会外苑に建立され、その一帯は伊藤公記念公園とされていたが、その後当時の貴族院に寄贈され、構内に移築されたのである。

では、もう一体はどこにあるのか。実は三体目は、実在はしていない。それは目には見えない。だが、「影」として立っている。国会議事堂のあの尖塔《せんとう》の頂に、である。国会の建設に際して、設計者は、議事堂の頂上に伊藤博文の像を仮想したという。鈴木博之氏の『日本の〈地霊《ゲニウス・ロキ》〉』に拠れば、以下の通りである。

議事堂の尖塔にはモデルがある。伊藤没後の一九一一年に、神戸市中央区の大倉山公園に建造された伊藤像の台座がそれである。伊藤の銅像本体は、戦時中に金属供出のため撤収されたが、台座自体はいまも公園内に残されている。この銅像の台座は、京都帝国大学工学部建築学科の初代教授武田五一の作になる。この武田の弟子に、国会（当時は帝国議会）議事堂の設計者のひとり吉武東里がいた。吉武は議事堂の設計にあたって、帝国議会誕生の歴史について、大いに勉強したに相違ない。そのときに、彼はわが国における議会制度導入にあたっての、伊藤博文の大きな存在感に気づいたことであろう。吉武は伊藤関係の史跡についても調査したものと推察される。そうして、彼は自分の師である武田がデザインした大倉山公園の伊藤像に突き当たった。その台座は、新しい議事堂の頂を飾るにふさわしいのではないか。このようにして、あの尖塔の意匠が成立したという。つまり、設計者である吉武のコンセプトでは、あの尖塔の上には、伊藤博文の影が立っている、ということになる。さらにいえば、彼は、伊藤を祀《まつ》る霊廟《れいびょう》のイメージを議事堂に重ね合わせていたのである。鈴木氏自身の筆を借りよう。「伊藤博文の影がそこにある。この意匠は国会に集まる議員たちに、無言のうちに先人伊藤博文の、命をかけた国政への参画の道を示そうとしたのではないか。それはいわば国家的スケールでの「メメント・モリ（死を思え）」というメッセージではないか」（二六頁）。

国会には、以上のように、「三体」の伊藤像がある。三体目はご愛嬌かもしれないが、それにしても、一人の人物の像が一国の立法府に複数設置されているとは、尋常ではない。そもそも、参議院前庭の銅像が当初立っていた議会外苑の一角は、既述のように伊藤公記念公園と呼ばれていたが、この公園ならびにくだんの銅像は、今日の議事堂落成と同時に除幕したのだった。あたかも、議会の建物とセットで建立されたかのように、である。

それほどに近代日本の議会政治と伊藤博文の名は、不可分の関係にある。吉武が、議会の歴史を繙《ひもと》いたときに絶えず伊藤博文の影を感じていたとしても何ら不思議ではない。そのあげくに吉武は、その影、否、霊の足下に議会を配したということか。

アカデミズムでの低評価

確かに、伊藤博文の名は、わが国における議会制度の成立を論じる際に、逸《いっ》することはできない。彼は、大日本帝国憲法（明治憲法）を制定し、議会を日本に開設した政治家であり、初代内閣総理大臣として誰もがその名を知っている。晩年においては、初代韓国統監として、日本帝国主義による韓国併合をシンボライズする存在でもある。木戸孝允、大久保利通、西郷隆盛という明治維新の三傑の次の世代を代表し、そして彼らとならんで明治史上最も著名な人物ということが許されよう。

だが、その一方で、アカデミズムの世界では、伊藤の功績を高く見積もることに消極的な傾向が強い。歴史学にも造詣の深い法哲学者長尾龍一氏は、そのことを次のように述べている。

通俗的歴史知識によると、明治憲法制定の中心人物は伊藤博文で、彼が明治十五・六年にドイツに赴いて憲法学を学び、それに従って憲法を起草したということになっている。しかし歴史家はこういう観方を、表面で派手に振舞う伊藤の活動に眼を奪われた素人《しろうと》論として軽蔑する。本当の立法者は、その背後にあって、明治十四年の政変をドイツ流憲法導入論の勝利に導き、いわゆる「岩倉大綱領」を起草して後の憲法の骨格を定め、やがては起草作業の中心にあって原案を書き、憲法成立後はその公権的註釈書である（伊藤の名で出された）『憲法義解』の執筆者である井上毅だという。

（長尾龍一『歴史重箱隅つっき』、九一頁）

一般的な知名度と専門家による評価の間に著しい落差の生じる現象は珍しくないが、伊藤博文もその例に漏れない。長尾氏が的確にまとめているように、世間一般での令名の高さとは裏腹に、学界において伊藤に対する評価は必ずしも高くはない。伊藤を持ち上げることが「素人論として軽蔑」されるかはともかく、彼をどのように歴史のなかに位置づけるべきなのか対処に戸惑っている向きは多い。そのことを率直に表明している例を挙げよう。現在の日本近現代史研究をリードする立場にある坂野潤治氏が、かつて司馬遼太郎氏と行った対談の一節である。

坂野「どうしても伊藤博文がわからないのは、彼はいつも二つのはっきりした対立の間を動いていますから、明治史を書いていても伊藤博文の姿が出てこないんです。」

司馬「やはり「大政治家」ですね。フレキシビリティそのもの。」

（司馬遼太郎／坂野潤治「日本という国家」、三五〜三六頁）

坂野氏ははっきりと「伊藤はわからない」と言い切っている。氏ほどの深い学殖を持った専門家でも手に負えないと思わしめる厄介な存在、それが伊藤博文なのである。司馬氏との対談の数年後、今度は長尾龍一氏との対話のなかで、坂野氏は伊藤についてさらに次のように語っている。

伊藤博文自身は白紙のようなもので、トレンドがよくみえて、そのトレンドを代表する人間に、ある時は大久保につき、ある時は井上毅につくというように、わりと自由に動けて、そして今度は自由党と。だからぼくは伊藤博文が書けない。井上馨だったら、一貫してイギリス・モデルの穏健な議院内閣制、上からの民主化をやろうとしていたとか、一貫した主張が出ている。井上馨にはそれがある。大隈も転向した。しかし言っていることがあるから転向するので、伊藤博文は転向すらみえないのではないか。

（大石眞ほか編『憲法史の面白さ』、一四三頁）

ここでも伊藤への閉口がストレートに述べられている。筆者なりに敷衍《ふえん》すれば、西南戦争後の大久保利通政権の確立に際しては大久保に扈従《こじゅう》してその開発独裁路線のお先棒を担《かつ》ぎ、大久保没後、立憲運動が昂進《こうしん》するや井上毅の唱える超然内閣主義のプロイセン型欽定憲法路線に同調して憲法制定者の名を恣《ほしいまま》にする。さらに議会開設後は不倶戴天《ふぐたいてん》の敵であったはずの民権派の自由党と提携し、ついには同党を土台として立憲政友会を創設して政党政治家へと身を翻《ひるがえ》す。このような時流に応じてのカメレオンぶりに、坂野氏は政治家としての一貫性の欠如を指摘されているのであろう。

司馬遼太郎の「わからない」

アカデミズムにおける伊藤の評価は、以上のように決して高くはない。そして、このことは小説の世界でも同様のように見受けられる。前述のように、伊藤を指して「フレキシビリティそのもの」と喝破《かっぱ》した司馬遼太郎氏だが、当の司馬文学のなかで、伊藤はどのように描かれているだろうか。代表作『翔ぶが如く』では、次のような伊藤評が認められる。

伊藤には、政治家としての哲学性が、西郷や木戸ほどには無かった。そのぶんだけ伊藤は、魅力というほどのものを、同時代人にはむろんのこと、後世にも感じさせるところが薄い。
が、哲学性がより薄いぶんだけ、政治というおそるべき権力の戦場における作戦能力が西郷や木戸よりも高かった。

（『翔ぶが如く』第二巻、二七八頁）

つまり、哲学なき政略家、思想なき現実主義者、それこそ司馬氏の抱く伊藤像といってよい。なるほど、司馬氏は「政治におけるまるまるっきりの現実主義者は二流以下の政治家にすぎず」、「政治家がどのような理想をもっているかにおいて人物の品質がきまる」とされて、「伊藤にあっては、理想と現実が、つねに調和していた」との評も下している。だが、右に見てきた引用と照らしたとき、それはいささか突飛《とっぴ》に響く。「理想と現実が、つねに調和していた」というが、現実を制御する伊藤の「理想」性とは果たして何なのか。司馬氏の筆はこの点、黙して語っていない。坂野氏と同じく、司馬氏にとっても、「伊藤はわからない」存在ということなのか。少なくとも、明治史を書いていても伊藤は出てこないという先に引用した坂野氏の発言は、司馬氏にも十分に実感できるものだったであろう。

以上のように、アカデミズムと国民文学を代表する二人の歴史家にとってともに曖昧《あいまい》で見定め難い存在、それが伊藤なのである。付言すれば、そのような伊藤のイメージは生前からの定評でもあった。藩閥政府、政党、枢密院、宮中と意の赴くままに政界の随所を遊泳する勝手気儘《きまま》さや、大隈重信、陸奥宗光、星亨などの昨日の敵と手の平を返したかのように結託する変わり身の早さに周囲の者は啞然《あぜん》とし、憤然となったことがしばしば語られる。明治天皇は「伊藤は才智あれども時々変説あり、いつまでも仕通すことは出来ず」とそのむらっ気を看破していたといわれ（津田茂麿『明治聖上と臣高行』、七四五頁）、また第二回衆議院議員総選挙時の大がかりな選挙干渉など初期議会期の強硬な民党対策で有名な品川弥二郎は、不平等条約問題で沸騰する第五議会の最中、伊藤に向かって、野党勢力に対して毅然《きぜん》とした処置を講じるよう力説したが、「〔伊藤〕伯は円滑主義に囚われ、あらかじめ一定の方針を樹てず、時の勢いに従うべきを唱えて止まない」と自らの「馬車馬主義」と対照的な伊藤の「壁《へき》馬《ば》主義」に不満を募らせていた（『高橋是清自伝』下巻、四三頁）。伊藤の性格が、決断を渋る優柔不断さと政敵にも色目を使う八方美人主義にあるとの証言は、枚挙にいとまがない。

本書の課題は、そのように融通無碍なる政治家伊藤を書くことである。もとより浅学菲才の身に蘊奥《うんのう》をきわめた伊藤論が書けるものではない。筆者としては、最近の学界において伊藤博文再評価の気運が認められることを足がかりとして、それらの成果に棹差《さお》しつつ独自の伊藤博文解釈をここで問いたいと考えている。[1]

以下、本書では政治家伊藤博文の隠された思想を掘り起こす作業が試みられる。その際にキーワードとして、次の三つの視角を設定したい。「文明」「立憲国家」「国民政治」の三者である。若き日に西洋社会を範とする文明の洗礼を受けた伊藤は、それを原理とする国づくりに一貫して取り組んだ。そのような文明としての「国のかたち」＝国制《こくせい》が、立憲国家に他ならなかったわけだが、伊藤はその立憲国家という容器に、国民政治という内実を盛り込もうとした。彼にとって、立憲国家とは国民中心の政治体制を帰結すべきものであり、そこでの国民は教育を受けた文明の民として知の担い手であることを要した。明治憲法の制定とその後の現実の立憲政治の実践を通じて、伊藤はこの三つのファクターの三幅対《トリアーデ》として明治国制を彫琢《ちょうたく》しようとしたのであり、その最終的な姿は、「知の国制」と称されるものと筆者は考えている。そして、そのような国家像を追求し続けた伊藤は、「知の政治家」と呼ばれるべきであろう。

伊藤博文（1841〜1909）

以上の点が本書を通じて論証されることを念願して、これから本論に入っていくことにする。まず前記三要素の萌芽《ほうが》を、幕末維新期の伊藤の言動のなかに探っていきたい。

伊藤博文　目次

はしがき　i

第一章　文明との出会い……3
1　「博文」の誕生　3
2　制度へのまなざし　16
3　急進から漸進へ——岩倉使節団の体験　28

第二章　立憲国家構想——明治憲法制定という前史……45
1　立憲政体の導入へ——一八八〇年の憲法意見書まで　45
2　明治一四年の政変　55
3　滞欧憲法調査　59
4　憲法制定期の伊藤の思想——国制知の造形　66
5　超然演説——憲法成立と政党政治　85
6　国民政治としての憲法政治——皇族華族宛演説　92

第三章　一八九九年の憲法行脚……105
1　万物は流転する――伊藤の世界観　105
2　全国遊説――憲法の伝道　116
3　改正条約の施行と文明国への参入　129
4　国民政治の注入　137
5　実学による国民の創出　141
第四章　知の結社としての立憲政友会……151
1　立憲政友会への道――政党政治家への転身？　151
2　政党政治との距離　154
3　立憲政治と政党政治　159
4　政友会の結成　167
5　「党」から「会」へ――政友会の理念　176

6　シンクタンクとしての政党　187

第五章　明治国制の確立──一九〇七年の憲法改革……195

1　政友会の蹉跌　195
2　政友会から帝室制度調査局へ──憲法改革の取り組み　207
3　一九〇七年の憲法改革1──天皇のさらなる国制化　213
4　一九〇七年の憲法改革2──内閣中心の責任政治と軍部の抑制　222
5　伊藤博文の明治国制　236

第六章　清末改革と伊藤博文……243

1　一八九八年の中国訪問──政友会へのもうひとつの旅　243
2　戊戌政変との遭遇　250
3　張之洞との出会い　257

4　「憲法行脚」のなかの中国観——政友会の通商国家戦略　270
5　中国再見——清末憲政調査団と中国観の変容　280

第七章　韓国統監の〝ヤヌス〟の顔……287

1　統監と総裁　287
2　「文明」政治の伝道——儒教知との対決　300
3　軍制改革としての韓国統治——憲法改革の延長　323
4　韓国統治の挫折　334

あとがき　345
註記　353　文献略記　361　参考文献　363
伊藤博文年譜　376

伊藤博文——知の政治家

凡例

・一八七二年（明治五）の太陽暦採用以前の月日は原則として旧暦にした。
・引用文中の漢字は原則として現行のものに改めた。
・引用文中の片仮名は平仮名に改めた。仮名遣いは基本的に原文のとおりであるが、読みやすさを考慮し濁点を補ったところもある。
・引用文中の句読点は適宜振った。
・引用文中の〔　〕は引用者による補足である。
・ルビは引用を含め適宜振った。
・引用にあたっては現在では不適切な表現もそのままにしている。あくまで史料としての正確性を期すためである。他意のないことをご了承いただきたい。
・敬称は略した。

第一章　文明との出会い

1　「博文」の誕生

松下村塾入門と師の刑死

伊藤博文は、一八四一年（天保一二）九月二日に周防国熊毛郡束荷村（現在の山口県光市大和町）において、父林十蔵、母琴子の間に生まれた。幼名を利助といった。生家は農家だったが、生計のため萩に出ていた十蔵が、主家である伊藤家に家族ぐるみで養子に迎えられ、侍の末席に連ねられた。十蔵の主人伊藤直右衛門は仲間《ちゅうげん》と呼ばれる下級武士で、明治初年の区分で言えば、士族にはあたらない卒族と呼ばれる身分であった。

一八五七年（安政四）二月、江戸湾の警護のため長州藩より相模国に派遣されていた伊藤は、ここで彼の上司として赴任してきた来原良蔵と運命的な出会いをする。木戸孝允の義弟にあたる来原は、伊藤に目をかけ、その面倒を見た。この時期、彼が国元へ送った手紙には、「御支頭来原良蔵様、書物教《おしえ》呉《くれ》候《そうろう》様《よう》御《お》思召《ぼしめし》、此節《このせつ》別《わけ》て精出し申候」（『伊藤伝』上、一九頁）とある。同じ手紙の末尾には、「私儀も着物みぢこう相成《あいなり》候に相こまり申候、ばいさま（伊藤の養祖母）、おかゝさまへ左《さ》様《よう》被仰上《おおせあげられ》可被遣《つかわさるべく》候、大飯くらひ候て、大きに込入《こみいり》申候、何《いずれ》も御わらひ草なり」（『全集』①「書翰」、一一七頁。『伊藤伝』掲載の手紙では、この箇所は抄録されているのみ）との微笑ましい表現も認められ、知識欲に燃えた一〇代の少年の背伸びした覇気の心が垣間見える。

同年九月、任を解かれた伊藤は、来原から吉田松陰への紹介状を渡され、それを手に帰藩した。萩に戻るや早速松陰を訪ねた彼は、松下村塾への入門を請い学業を続けることになる。次の手紙は、おそらく相模国で役務に就いていた頃知り合った同年輩の友人に宛てられたもので、二人はともに来原の薫陶を受けていたものと思われる。松下村塾入門当初の伊藤の発奮ぶりを髣髴《ほうふつ》させる文面である。

爰許《ここもと》当時文学盛《さかん》にて、一人も読書不致《いたさざる》者無之《ものこれなく》、松本（松本鼎）は至《いたり》て盛にて松下村塾と号する一塾相建《あいたて》、昼夜読書仕《つかまつり》候。貴兄にも何卒読書御学被成《おんまなびなされ》候様奉存《ぞんじたてまつり》候。決《けつ》而《して》御疎《おろそか》も無御座《ござな》候得共《くそうらえども》右之段肝要の御事に奉存《ぞんじたてまつり》候。（『全集』①「書翰」、一一八頁）

周知のように、吉田松陰の松下村塾は、久坂玄瑞、高杉晋作、前原一誠、山県有朋といった幕末維新の志士たちを数多く育てた私塾である。伊藤もその門人だったわけだが、彼と松陰との関係はどのようなものだったのだろうか。伊藤は松陰が安政の大獄で刑死したとき、たまたま木戸孝允の手附《てつき》として江戸に在勤しており、木戸らとともに松陰の遺骸を引き取るという巡り合わせにあった。

変わり果てた師の姿が、多感な青年の心に大きな衝撃と感慨を与えたことは想像に難くない。この後、伊藤は長州藩士による攘夷運動の末端で暗躍することになる。「航海遠略策」と呼ばれる積極的開国主義と幕府よりの公武合体策を建策した藩の直目付長井雅楽暗殺計画(未遂)に参与したのを手始めに、一八六二年(文久二)一二月には、高杉晋作らによる品川御殿山に建設中のイギリス公使館焼き打ちに参加、その数日後には、国学者塙次郎(忠宝。塙保己一の息子)が廃帝の故事を調査中との誤伝を信じて、山尾庸三とともにこれを斬殺している。この点を指して、伊藤は歴代の総理大臣のなかで、戦場以外で殺人を犯したことのある唯一の人物(酔って妻に乱暴し、死に至らしめたと噂される黒田清隆を除けば)と言われる。

吉田松陰による評価

松陰没後の伊藤は、このように立派なテロリストであり、その行動を支えていたのは、晩年の松陰が到達した尊皇攘夷に基づく討幕思想だった。松陰は自己の建策が藩に容れられないと知るや、その衣鉢《いはつ》を継ぐ志士たちが澎湃《ほうはい》として立ち上がってくることを期待したが（「草莽崛起《そうもうくつき》」）、伊藤もそのような「草莽」の一人だったわけである。だが、その一方で、この二人の師弟の間には大きな気質の違いがあり、それがためにやがて伊藤は大きな弧を描くように松陰から離れていくことになる。

松陰が伊藤のことを「周旋家」と評したことはよく知られている（安政五年六月一九日付久坂玄瑞宛書簡、『吉田松陰全集』⑥、四三頁）。この他の松陰の伊藤への言及としては、「胥徒《しょと》の末役なれども、反《かえ》つて好んで吾が徒に従ひて遊ぶ。才劣り学稚《おさな》きも、質直にして華なし。僕頗《すこぶ》る之を愛す」（同前④、六一頁）という一節が残されている。松陰が伊藤のなかに認めたのは、勉強熱心で快活だが、才覚には劣った愚直な足軽の倅《せがれ》であった。「周旋家」という形容に表れているように、松陰は伊藤のことを交渉能力に長けた能吏になるかもしれないとは思ったであろうが、国家の経綸を差配する地位に立つ器とはおよそ考えていなかったに違いない。

他方で、伊藤のほうはどうであろうか。後年、彼は松陰に対して次のように語っている。「松陰は、全く攘夷論者でも討幕論者でもない」。しかし、「やはり過激だ。政府を苦しめてゐる。政府のほうにはわかつてゐることも松陰は知らずにやつてゐることもあつたらしい」、と。その点、松陰はいまの政党の首領のようなものだった、と言う。そのように述べたうえで伊藤は、「当時の攘夷論は全く精神から出たもので、政略から出たものではなかつた」とも言っている（『全集』③「直話」、四三〜四四頁）。

これに対して、伊藤は同じ談話のなかで、長井雅楽を持ち上げている。伊藤によれば、長井の論は「日本はどうしても一致しなければならぬ、開国をするにも、鎖国をするにも、公武合体した上で、どちらかに定めなければ、真の開国でも鎖国でもない、ともかくも日本の一致を計らうと云ふのが、その眼目であつた」としてその識見を讃え、「あの頃の人ではよほど目は見へてゐた」と評している（前掲書、四四頁）。

伊藤は過激な精神主義者松陰よりも、冷静に日本の行く末を熟慮し、そのための政略を重んじた長井のほうに共感を示しているのである。この述懐は、伊藤という政治的個性の何たるかを率直に指し示している。この場合の政略とは、政治的はかりごとという意味合いよりも、政策的思考というように解されるべきだろう。本書の論述を進めていくにつれて、伊藤が精神論的言動を一貫して忌避する一方で、自らの政治理念を護持しつつ、政治の世界における諸勢力の利害調整に腐心した政略の人であったことを知ることになる。その意味で、伊藤と松陰は決して理解し合えない二つの精神像だったのであり、伊藤の伊藤たる所以《ゆえん》は、松陰の影響から脱却した時点から始まると言えよう。

イギリスへの密航

来原と松陰によって学びの世界へと導かれた伊藤にとって、次に大きな転機となったのが、イギリスへの密航である。攘夷運動たけなわのこの時期、長州藩では西洋へ藩士を留学させる計画が秘かに進められていた。その狙いとするところは、藩政の中枢にあった周布政之助の次の言葉に明らかである。

長州に於《おい》て、一の器械を求度《もとめたく》思ふなり。其器械と云ふは、人の器械なり。今熟々《つらつら》世態の成り行を考ふるに、尊王攘夷は勿論《もちろん》にして、諸藩輿論《よろん》の趣《おもむ》く処《ところ》なれとも、是《これ》は一旦《いったん》日本の武を彼に示すのみ。後必す各国交通の日至るへし。其時《そのとき》に当て、西洋の事情を熟知せすんは、我国一大之《の》不利益なり。依《より》て其時に用る処《ところ》の器械として、野村弥吉山尾庸三の両人を英国に遣《つかわ》し度《たく》思ふなり。

（『周布政之助伝』下、七二二〜七二三頁）

ここに、長州藩首脳部から西洋文明受容のための「人の器械」となることを要請され、五名の若者が国禁を犯してイギリスへと派遣された。それは、引用文中にある野村弥吉、山尾庸三のほか、井上馨、遠藤謹助、そして伊藤の五人である。松陰が浦賀停泊中のペリーの艦船に乗り込んで洋行を願ったように、そして周布の右の引用からもうかがえるように、攘夷思想家の少なからぬ者は闇雲に洋夷排撃を唱えていたのではなく、敵情を知悉《ちしつ》して彼らと伍する道を模索していたのだった。したがって、多くの志士たちのなかには攘夷の意気込みと広く世界を見聞したいとの願望が折り重なっていたのであって、伊藤も早くから海外留学の志を再三表明していた。一八六一年（万延元）初頭に来原に宛てた手紙では、「昨年已来《いらい》英学修業の志願」を抱いていると記し、その翌年にも「何卒英行〔英国行〕致度志《いたしたき》」と友人に書き送っている（『伊藤伝』上、八四〜八五頁）。

宿願かなって伊藤がイギリスへ向けて旅立ったのは、一八六三年（文久三）五月一二日である。出発の直前に郷里の父親に宛てた手紙では、「今日の急務は彼《か》の情実を詳《つまびらか》にし、且《かつ》海軍の術に不熟《じゆくさず》しては不相叶事《あいかなわぬこと》と奉存、三年を限り執行仕り罷帰可申《まかりかえりもうすべく》候」（『伊藤伝』上、九七頁）と外遊の動機を伝えている。

英国留学中の長州ファイブ　左から井上馨，遠藤謹助，野村弥吉，山尾庸三，博文

四ヵ月余りの船旅の後、伊藤と井上は九月二三日にロンドンに到着した。二人は先に着いていた野村、遠藤、山尾と再会し、ここから五人の長州藩士によるわが国最初の西洋留学が始まることになる。彼ら五名は、今日、「長州ファイブ」と呼びならわされており、その物語は幕末史のなかでも好んで語られる歴史譚《たん》のひとつとなっている。

その事跡は、彼らが当初留学したロン

ドン大学のユニバーシティ・カレッジ（University College, London）でも顕彰されており、今日、同大学の中庭には、長州ファイブの石碑が建っている。

五人は明治維新後の日本の近代国家建設に、それぞれ独自の足跡を残した。山尾は工部卿として工学教育の発展に尽力したほか、障害者教育の整備にも従事した。遠藤は大蔵官僚となり、特に造幣局長として近代的貨幣制度の整備に尽力した。野村弥吉改め井上勝は、鉄道頭としてわが国最初の新橋－横浜間の路線をはじめ各種の鉄道建設を指導し、京都－大津間の敷設にあたっては、初めて日本人のみによる工事の完成を実現させた。

だが、彼らのなかでも、残りの二人、井上馨と伊藤博文の存在は、後の元老政治家として群を抜いている。この両者が、ある日、『タイムズ』紙上に長州藩による外国船砲撃や薩英戦争の記事を見て大いに驚き、藩の攘夷政策の無益であることを説得するために急ぎ帰国の途に就いたことはよく知られている。前述のように、伊藤は父宛の書簡で、三年の留学予定と伝えていたが、それをわずか半年で切り上げたことになる。

「周旋家」伊藤の誕生

伊藤のイギリス留学はこのようにごく短期かつ尻切れとんぼなもので、滞在中の動静についても資料が不足しており、この最初の外遊の意義を見定めることは容易ではない。それでも、この密航留学はいくつかの意味で、伊藤にとって大きな転機となったということが言えるように思われる。

まず、いささか消極的な物言いであるが、留学を早々に切り上げたことの僥倖《ぎょうこう》である。伊藤と井上は国難の只中《ただなか》に洋行帰りという箔《はく》をつけて帰朝し、藩の有司のみならず、藩主その人へも直々に攘夷を翻すよう建言することを許された。伊藤の出自を考えれば、破格の扱いと言ってよかろう。彼らの説得は実らなかったが、その後の四国艦隊による下関砲台の占拠という惨敗は、二人の持つ新しい知見の必要性を否が応にも高める結果となった。内に対してはいちはやく西洋を見聞した体験に基づく開国主義を力説し、外に対しては外国艦隊相手に講和の交渉に自らあたることによって、伊藤の名は藩政のなかで大いに声望を高めたのである。この時点で帰国せずにイギリスにとどまって勉学の道にいそしんでいたならば、彼はおそらく有能ではあるが、一介のテクノクラートにとどまったかもしれない。イギリスから急遽帰国したことは、期せずして松陰の予言した「周旋家」＝伊藤の誕生をもたらしたと言えよう。

英語の習得

もうひとつは積極的な成果であり、それは英語能力の習得である。既述のように、伊藤はかねてから英学の修養を懇望していた。知識を得ることによって身分の枠を超えようとしていた青年にとって、攘夷の雰囲気に呑まれながらも、目の前にいる洋夷という他者の背後に広がる新世界への関心は黙《もだ》しがたいものがあった。洋行は、来原と松陰によって点火された彼の向学心が赴く必然の帰結だった。

ロンドン到着後、一行はヒュー・マセソン（イギリスの東アジア貿易を一手に握っていたジャーディン・マセソン会社社長）の世話を受け、ユニバーシティ・カレッジの教授で化学者のアレクサンダー・ウィリアムソンの家に転がり込んだ。マセソンの斡旋でウィリアムソンという後見人を得た彼らは、そのもとで英語や礼儀作法の指導を受けた。

前述のように、その後イギリスで本格的な技術教育に就いた遠藤、山尾、野村と異なり、伊藤と井上は早々に留学を切り上げ、帰国している。たかだか半年程度の滞在で、果たしてどれほどの英語力が身につけられたかは当然疑問とされよう。だとしても、このとき伊藤が、少なくとも西洋人とコミュニケーションを図るための度胸を身につけたことは確かだと思われる。そのことは、何よりも帰朝後の伊藤が、外国船隊による長州藩攻撃の講和交渉において、藩と欧米人との間の交渉役を一手に引き受けていることからうかがえる。

また、時代は下るが、かの岩倉使節団の副使として西洋に再臨した折、伊藤はサンフランシスコでの歓迎会で大使の岩倉の代わりとして堂々と英語でスピーチを行ったほか、夜間もさかんに町中へ繰り出して遊び回っていたとの証言がある（伊藤真一「父・博文を語る」、四一頁）。怖いもの知らずは彼の生得の資質ということもできるが、それ以上に伊藤に西洋の人間と文明に対する過度の気負いや尊崇の念がなかったということでもあろう。それはこのときの洋行の産物と推察できる。

実際の英語力

肝心の英語力についてはどうか。ユニバーシティ・カレッジの特別資料室（UCL Library, Special Collections）には、ウィリアムソンの遺文書が若干残されているが、そのなかに収められているウィリアムソン夫人の日記の抜き書きに、次のような一節が認められる。「プロボスト通り（Provost Rd.）の伊藤から手紙来る。彼と野村と遠藤は、そこを去ってクリスマスを長兄トムと過ごしに行った」（一八六三年一二月三〇日の条。Ms.ADD356, A484）。

伊藤が滞留先から夫人に一筆書き送ったということは、ウィリアムソン家と伊藤との親交を推測させると同時に、英語の使用に積極的な彼の姿勢がうかがえる。伊藤の英語については、そのブロークンさを揶揄《やゆ》する同時代の証言もあるが、彼と接した欧米人は挙《こぞ》って賞賛している。例えば、前記岩倉使節団が日本を発つ以前、英国公使館で使節らを招いての晩餐が催されたが、その後公使館のフランシス・アダムスが本国に送った報告書では、「伊藤の英語は流暢」と報じている。アダムスはまた、伊藤を「利発かつ有能な人物で、容易に外国人と打ち解けるが、上流階級の者たちとばかりではない」とも評しており、前記のような使節団での彼の行状を考えれば、慧眼《けいがん》である（Beasley, *Japan encounters the barbarian*, p.161）。

伊藤自身も、自らの英語力を自慢としていた。伊藤は丸善のお得意様で、新刊の洋書を買い入れるのを楽しみとしていた。そして、出勤の馬車のなかで、そのようにして購入した洋書や英字新聞を読むのが常だったという。その姿は当時の人々からは、多分にポーズとして受け取られ、伊藤一流の自己顕示の表れとして鼻白まれもしていた。しかし、伊藤の読書は伊達《だて》ではなかったようで、徳富蘇峰はあるとき彼の馬車に同乗した際に、トルストイの『復活』の刊行を伊藤から教えられ、津田梅子は「アメリカを知る最良の本」と言われて、トクヴィルの『アメリカのデモクラシー』の英訳を渡されたという。

　また、伊藤は外国メディアとしばしば単独で会見し、当時海外で最も知られていた日本人政治家であった。いささかミスリーディングではあるが、「日本のビスマルク」という異名はすでに一八八〇年代から西洋諸国で通用していた[1]。海外でのそのような盛名は、外国のメディアとの頻繁な交流に由来するが、伊藤の場合、通訳を交えないでインタビューに応じることもよくあったと言われる。会話だけではない。伊藤が寄宿先のウィリアムソン夫人に手紙を書いた話をしたが、伊藤は英語で書簡をしたためることに終生何ら抵抗を持っていなかったようで、伊藤自筆の英文書簡は今日、欧米の公文書館などで散見される。欧米の学者や政治家に、自ら筆を執ってコンタクトしたものである。筆者もこれまでそのいくつかを発見したことがあるが[2]、複雑な言い回しは見られないものの、伝えたいことを実直かつ丁寧に綴ったきわめて読みやすい文章である。伊藤の英語力の確かさがうかがえる。

渡英による人格形成の完成

以上のように、伊藤は英語能力に富んだ稀有な政治家だったと言える。その始まりが、一八六三年（文久三）の最初のイギリス行きであった。ここで彼は、基礎的な読み書き、会話の素養を得、そして何よりも外国人を自らと同じ等身大の人間として見る目を養ったのである。それはまた、日本で彼が受けてきた教育による人格形成が、ひとつの完成に達したということでもある。日本での教育は、卑賤《ひせん》の出でも知の吸収に差異はないとして身分制度の相対化を伊藤にもたらしたであろう。これに対し、英学をその現場で学んだことは、攘夷主義という日本の夜郎自大なナショナリズムの克服を可能にした。それは、これまで日本で受けてきた教育をも相対化する彼独自の境地であった。

かくして、伊藤は知識を得るということによって、身分や藩という所与の狭い秩序を超脱し、より広い世界的視野を身につけていった。そのさまは、〝知は力〟を体現するものだったと言えよう。

伊藤の名「博文」は、『論語』の「君子博学於文、約之以礼、亦可以弗畔矣夫（君子は博く文を学び、之《これ》を約するに礼を以《もっ》てせば、亦《また》以て畔《そむ》かざる可きか）」（雍也《ようや》篇）に由来する。高杉晋作の命名になると言われるこの名を彼が名乗りだすのは、一八六九年（明治二）に大蔵省に出仕した頃からである。しかし、広く知識を修めて自立するという「博文」の誕生は、この最初の留学によってもたらされたと言ってよかろう。

2　制度へのまなざし

伊藤の文明観

イギリスへの密航留学をきっかけに培った外国人とのコミュニケーション能力によって、伊藤は「周旋家」として認められ、身分を超えて藩政治の最前線で活躍することになる。西洋文明とは、彼にとってまたとない立身出世の梃子《てこ》だったと言える。

だが、それだけではない。後に彼は韓国統監として韓国統治にあたった際、「自分の此の地に来任せるは韓国を世界の文明国たらしめんと欲するが故なり」（『集成』⑥〈上〉、二四七頁）と述べ、自らを文明の伝道師になぞらえた。この言葉を単なる偽善と片付けるのは、早計である。若き日に西洋文明と見《まみ》えて以来、伊藤は一貫して新文明を理念として吸収し、それを血肉化していった。国政を預かる身となってからも、彼の施政の指導原理となっていたのは、そのような文明の恩沢を国民に行き渡らせ、日本を文明国として自立させるということだった。後に検討するように、晩年の韓国統治においても、この点に違いはなかったのである。

伊藤が若き日に、どれほど新文明に魅了されていたか。その例証を挙げよう。以下に引くのは、一八七一年（明治四）六月二〇日付の木戸孝允宛の伊藤の書簡である。これに先立ち、伊藤は木戸に対して、立法と行政を分離した統治機構改革を建言し、両者の間に激論が闘わされた。この書簡は、後日、木戸に対してなされた弁明の書であるが、そのなかで次のように記している。

> 蓋《けだし》人生之在此世人各殊想考、議論随《したがつ》て不出於一轍《いってつにいでず》、天之令然処《しからしむるところ》にして、強て之を不曲《まげざる》は現今文明各邦之風習乎と奉存候。雖然《しかりといえども》随人之意衷使遂人之意見時は、争て極を失するに至り可申《もうすべく》に付、礼教国律之制限可有之《これあるべし》。
> （『木戸文書』①、二四三頁）

人にはそれぞれの考えというものがあり、それゆえに議論が百出するのは天の然らしむるところであって、その人の思想を無理に変えさせないことが現下の文明国の習いというものである。とはいえ各人の意のままに任せれば、百家争鳴して国が転覆することになるであろうから、礼儀教育や法律による制限が不可欠となると述べられている。

ここには伊藤の文明観が端的に表れている。その要諦は次の二点にまとめられる。ひとつは個人の思想信条とその表現の自由であり、もうひとつはそれを秩序付ける制度の存在である。ここで特に注目したいのは、後者の制度の問題である。実は伊藤にとって、文明とは制度に他ならなかった。後年の発言であるが、彼は次のように語っている。

国に組織ありて而《しか》して後国始めて始動す。欧羅巴《ヨーロッパ》諸国即ち是《これ》なり。此等《これら》の諸国は活気あり。故に其《そ》の勢力は、即《すなわ》ち世界の勢力となり、其の思想は、即ち世界の思想となれり。然《しか》るに東洋の半面は死せり。これ東洋の国家には組織なきに因《よ》る。組織なきもの安《いずく》んぞ生命あらん。

（一八九七年四月、台湾会での講演、『全集』①「文集」、二二三頁）

ここでは東洋と西洋を分かつ指標が、国の「組織」＝制度に求められている。制度とは国に生命を与え、これを動かすものとされる。先に紹介した木戸宛の書簡と合わせ考えれば、伊藤にとって制度とは、単に諸個人の自由を枠付けるものばかりではなく、そこに調和を与えて、より高次の国家的活動を実現するためのものだったと言えよう。そして、そのようなものとしての制度に対する信仰は、明治初年の頃から伊藤を衝き動かしていたものだった。明治維新直後から、伊藤はいくつかの制度改革を建言している。維新とともに、伊藤も単なる周旋家から、〝立法者〟（J・J・ルソー）へと脱皮を遂げていくのである。以下、明治初年の伊藤の制度構想をたどっていこう。

アメリカへの憧憬

一八六八年（慶応四）一月、伊藤は外国事務掛を仰せ付けられた。長州藩で外国通として名をなしていた伊藤は、新政府においても、まずは外務畑において地歩を築いていくことになる。同年六月に初代の兵庫県知事に任ぜられたのも、その流れであった。開港地神戸を抱える同地は、税関業務や居留地監督を請け負う日本外交の最前線でもあったのである。

伊藤はこの任務に携わる一方で、新政府の制度構想にも思いを巡らせていた。知事在任中の一八六九年（明治二）一月に草された制度改革の提言書として、兵庫論と俗称される国是綱目がある。その内容は、君主政体を掲げる第一条、全国の「政治兵馬の大権」を朝廷に帰せしむることを説く第二条、世界万国との通交を説く第三条、国民に上下の別をなくして「自在自由の権」を付与すべきとする第四条、「世界万国の学術」の普及を唱える第五条、国際協調を説き攘夷を戒《いまし》める第六条からなっている。本書の問題関心からすれば、「全国の人民をして世界万国の学術に達せしめ、天然の智識を拡充せしむ可し」とする第五条は、とりわけ興味深い。そこでは、「世界有用の学業」を国民に学ばせて欧州諸国のような文明開化の政治を行い、「皇国数百年継受の旧弊を一新して天下の耳目を開く可」しと高唱され、そのために東西両京に大学校を設立することが求められている。後年の「知の政治家」の片鱗が、そこには認められる。

もっとも、この建言の眼目は別のところにあった。第二条で掲げてあるように、伊藤はここで各藩の政権を朝廷に帰一することを主張している。そのようにして「政令法律一切朝廷より出で」なければ、国民の文明化は覚束ないというのである。そこには、前年一一月に姫路藩主酒井忠邦が提出した版籍奉還の建議を後押しするという意図があった。この建議を知った直後にも伊藤は、「苟《いやしく》も我国をして海外各国と竝《なら》び立て文明開化の政治を致さしめ、天性同体の人民、賢愚《けんぐ》其処《そのところ》を得、上下均《ひと》しく聖明の徳沢に浴せしめんと欲すれば、唯《ただ》全国の政治をして一斉に帰せしむるに如《し》く者なし」(『伊藤伝』上、四一六頁)との建白を行い、エールを送っている。

敷衍すれば、この時期最も伊藤の心を占めていたのは、政権の統一にとどまらず、民心の帰一ということであった。それは、国民の創出と言い換えてもよい。一八六八年(慶応四)一月五日、大政奉還後の徳川慶喜の巻き返しを伝え聞くなか、伊藤は木戸孝允に宛てて次のように書き送って新しい政体の理想を説いている。

米国独立の時に当《あたり》ては、我日本の形勢と違ひ、自国の人民は更に兵権もなきものすら、人心の一致より、かゝる強敵をも打ひしぎ、各自国を保つの忠情凝固して、今日の盛大を為すに至る。然《しかるに》況《いわんや》我国数千歳連綿たる　天子を戴きながら、其大恩を忘却して、阿諛《あゆ》を事とし、機会を失ひ候様至らせしは、実に無人心《じんしんなき》者と奉存候。

(『伊藤伝』上、三三二頁)

ここで伊藤はアメリカ独立の故事を引き、各自が国家を担うという「人心の一致」こそ興国の原動力であることを力説しているのである。続けて伊藤は、アメリカとは裏腹に、わが長州藩では、「長州人に産れて徳川氏を讐敵《しゅうてき》とせざるものは人民に非ず」などの言説もはびこり、これでは夷狄《いてき》と呼ぶアメリカ人に対して顔向けできない旨論じている。伊藤の言わんとしていることは、長州人か徳川かというような「私を去りて公平に帰する」ことである。ちょうどアメリカ諸州が各々の国域を超え出て、合衆国というより大きな政治共同体を作り出したように、我らも幕藩単位の意識を脱却し、日本という「公論」を打ち立てなければならないとされる。そしてそのために不可欠なのが、「人心の一致」である。それはすなわち、日本国民を作り出すということに他ならない。

明治初年の伊藤はアメリカ建国の事歴に魅せられ、制度を構想していた。アメリカをモデルに、国民国家日本の国制を練っていたのである。一八七〇年（明治三）、伊藤は実際にアメリカを訪れ、政治経済の制度について観察する機会を得ている。当時大蔵少輔《しょうゆう》であった彼は、財政幣制の調査のためにアメリカ視察を願い出て認められ、同国へ派遣された。この派遣は、伊藤の制度観に飛躍をもたらしたと考えられる。その点を次に考察しておこう。

急進的革新官僚の顔

一八七〇年一一月から翌年五月まで伊藤は日本を離れ、アメリカへ渡った。このときの調査がきっかけとなって、一八七一年五月、わが国初の貨幣法である新貨条例が制定されている。[3] これによって銀を主軸とする東アジアの経済圏のなかにあって、日本はいちはやく欧米流の金本位国に参入するという〝快挙〟が成し遂げられる。その転換を強力に主張していたのが伊藤だった。アメリカに着いて間もなくの一二月二九日、伊藤は日本に向けて、貨幣鋳造法に関する建議を発している。そのなかで、金を基軸とすることについて、次のように説明されている。

既に方今文明欧州諸国の碩学《せきがく》多年の経歴を以《もっ》て、金貨を原位と定むるの議略一轍《いってつ》に帰す。〔中略〕今若《も》し新に貨幣を鋳造するの法を創立する国あらば、必ず金貨を原位と為す疑なかるべし。是以見れば、我国今日新に貨幣を鋳造する宜《よろ》しく他邦従来の経歴に基き、或《あるい》は学者の議論をも折衷して至当の正理に法《のっと》るべし。然《しか》れども、銀貨を原位とせざれば現今全国の損害となるべき実験ある時は止《やむ》を得ざるべし。然らざれば金貨を原位と定むるに如《し》くなし。（『伊藤伝』上、五三七頁）

なぜ金本位制を採るべきなのか。答えは明瞭で、それが文明国の制度だからだというのである。今日、新たに貨幣制度を創立しようとする国は、すべからく金貨を本位とするものである、銀貨を本位としなければよほどの大害が生じるのでない限り、わが国もそうすべきである、と説かれている。何とも素朴な西洋文明への憧憬といえようが、とにかく伊藤の思い入れは激しく、右のような建言書を送付したのみならず、随員の吉田二郎を途中帰国させ、重ねて金本位制採用を政府要路の者たちに説かしむるという熱の入れようであった。このような伊藤の努力が功を奏して、金本位制を定めた前記の新貨条例が公布されるのである。

今日、このときの金本位制導入はどのように評価されているのか。何よりも指摘されるのは、何といってもその急進性・突発性である。それは、「万国普通の貨幣と原位価格を同《おなじ》ふし、万古不易の一大基礎」を樹立せんとする伊藤の理想主義と欧州諸国に先駆けて金本位制に踏み切ることを「痛快事」とする本国当局者の若いナショナリズムが結託した所産とまずは解説される（山本有造『両から円へ』、七九頁）。

この時期の伊藤が、文明の熱にうかされて、急進的な改革を高唱する〝青年将校〟の一面を有していたことは疑えない。先に、文明の何たるかを木戸に説く伊藤の書簡を紹介した。既述のように、これももともとは、アメリカから帰国後、立法権と行政権の即時分離を唱える伊藤に対して、「遠を知て、未《いまだ》皇国の有様を詳《つまびらか》にせす。故に言理に適当すると雖《いえど》も、事実上におゐて其《その》緩急を図ら」（『木戸日記』②、五二頁）ない性急論と一喝する木戸との間で議論の応酬がなされた直後にしたためられた弁明の書なのである。

漸進主義の胚胎

このように、明治初年の伊藤は、急進的改革を説いてやまない志士的な新進官僚だった。

だが、伊藤のなかにはそれとはまったく対照的な現実判断があったことも合わせて記しておく必要がある。これまで新貨条例の急進性に論及してきたが、そこには内外の金融環境との連続性もあったことが指摘されている。すなわち、近世後期の幣制、特に万延幣制改革後の幕末のそれが、そもそも金本位制への収斂《しゅうれん》傾向を示していたこと、そして伊藤の提案にしたがって金本位制を選択した場合、一ドル＝一円＝一両という両円関係が「歴史の偶然」として成立し、両から円への切り替えがスムーズになされるとの政策判断があったと考えられることである。経済史家の山本有造氏は、新貨条例における金本位制採用には、性急なナショナリズム的発想の裏で、近世との連続性が見え隠れする、と述べている（山本前掲書、二七〜二八頁）。

このような現実認識に根差した連続性の重視は、後年の政治家伊藤の基本姿勢となるものである。文明の政治という理想を堅持しつつも、現実の政治的社会的状況を見据えながら漸進的に改革を進めていくというのが、彼の「立法者」としてのスタンスだった。一見、過激な理想主義を吐露しただけに映る金本位制の提言だが、その背後には後に伊藤を伊藤たらしめる漸進主義の思考が胚胎していたのである。

そのような漸進主義の志向がうかがえるものとして、やはりこのときに伊藤が強く主張した発券銀行の設置案がある。一八七二年（明治五）一一月に国立銀行条例が公布され、わが国にも近代的銀行制度が発足することになったが、それはアメリカの制度に範を取ったものだった。金本位制採用と同様、ここでも伊藤の強い意向があったことが指摘されている。

伊藤の案は次のようなものである。アメリカにはナショナル・バンク（国法銀行）という名称で、紙幣発行の許可を得た民間の銀行がいくつかある。その制度に倣《なら》い、日本でも紙幣発行のための民間銀行の設立を促し、その銀行に発行した国債を政府へ抵当として預託することで銀行券発行権を与える。このようにして、伊藤は民間銀行が自由な金融市場のなかで貨幣の取引を進め、それを通じて現行の政府発行の不換紙幣の回収と正貨兌換《だかん》の銀行紙幣の流通が実現されることを遠望した。「漸《ぜん》を以《もつ》て紙幣を国債に引替候様に処置致候はゞ、数年の後は新紙幣半《なかば》は正金に引替へ、半は国債と変じ、通用の紙幣は皆会社の紙幣而已《のみ》と相成、実に信証の紙幣真貨に異らざる物に至らん」（『伊藤伝』上、五二七～五二八頁）というわけである。これは、貨幣制度の漸進的生成と定着を重視した議論と見なすことができる。

伊藤の構想は、結局は失敗に帰する。発行された銀行券はすぐに正貨と兌換され、市場にはほとんど流通しなかった。それは、「悪貨は良貨を駆逐する」というグレシャムの法則の典型となってしまったのである。だが、ここでは、そのような経済史上の厳然たる事実とは別に、このとき伊藤が示した制度の漸進的生成論のほうに注意を促しておきたい。

議会開設の遠略

漸進主義的制度観というものは、政体改革においてもその萌芽を認めることができる。一八七一年（明治四）八月、アメリカから帰国後の伊藤は、この時期矢継ぎ早になされた一連の官制改革に異を唱える意見書も著している。前月の七月に敢行された廃藩置県に連動して、中央の統治機構にも大きな変更がもたらされる。天皇親臨のうえ万機を総覧するための内閣として正院が設けられたほか、実際の行政をあずかる右院、そして立法を議する左院が設置された。伊藤が木戸に建策していたような立法権と行政権を建前上分離した統治の体制が布かれたわけである。

しかし、伊藤はこのとき同時に行われた大蔵省の職制改革に大きな不満を示し、抗議の書面を残している。伊藤は六月上旬に「会計の良法を得たりとの名誉ある」（『伊藤伝』上、五七七頁）アメリカ大蔵省の官制に倣った大蔵省組織案を提出していたが、実際の組織改編にそれが反映されていないとして、憤激しているのである。彼の異議は諸点に及ぶが、なかでも次のように述べているのは注目に値する。

大蔵省より出納する所は、皆政府の公金にして、日本全州より出す所の租税なり。故に一銭も之を忽《ゆるが》せに出納すべきに非ず。〔中略〕目今《もっこん》の如きは、緊要の証書たりとも、之を各寮各司の書匣《しょこう》中に堆埋《たいまい》し、之を失ふも亦《また》之を顧みず、出納の簿冊にして全州の会計を知るべき根本たる書も、僅かに一小冊に止《とど》まるに付《つき》、之を失ふ時は再び之を推知するの法なし。若《も》し如此《かくのごとく》の状にて数十年を経ば、如何《いか》にして当時の会計出納の証を知ることを得んや。他日開化の進歩大に拡充し、国民より名代人を出して議院に臨ましめ、以《もつ》て当時の会計を難議せば、其時に当り大蔵卿は何の書冊何の証書を披《ひら》いて其支払を探知し国民の問に答へん歟《か》。（『伊藤伝』上、五八〇頁）

管見の限り、これは伊藤の国会開設論の最も早い例である。彼はここで、いつの日か「開化の進歩大に拡充し」た暁には、国民の代表者を集めて議院を開き、国の会計を過去にわたってまで審議させなければならず、そのためにいまのうちから政府の公金出納の記録をきちんと残しておくことが肝要と主張しているのである。

右に見られるのは、目先の統治機構の改革のみならず、将来の議会開設という遠略を見定め、そのためにいまからできることを着実にやっておくという姿勢である。急進的な政府改革を唱える一方で、彼は文明国の理想に向けて漸進的に歩を進めるという視野をも兼ね備えていたのである。そしてその文明国とは、自由な個人が集まってひとつの国民を形成し、協働して国家という制度を担うという国民国家を意味していた。

前述のように、このような漸進主義こそ、後の政治家伊藤博文の本質をなすものとなる。そのひとつの契機となったのが、一八七〇年（明治三）のアメリカ行きと考えられる。国民国家の理念と漸進主義という点において、この時期の伊藤はアメリカをモデルとして自らの国家構想を育んでいたのである。

3 急進から漸進へ――岩倉使節団の体験

得意満面の副使・伊藤

一八七一年（明治四）までの伊藤は、西洋文明に魅了され、その真髄を吸収して日本に適用することに躍起となっていた。確かに彼は、西洋文明の理想的な姿ばかりをいたずらに追い求めていたわけではない。彼はアメリカのナショナル・バンクの調査を通じて、貨幣という制度の漸進的生成という考え方に敏感に反応していた。だが、総じて言うならば、この時期の伊藤は文明の理念にいささか浮かれた急進的な革新官僚だった。

急進主義者から漸進主義者への転身のきっかけとなったのが、一八七一年から七三年にかけての岩倉遣外使節団による欧米諸国巡歴である。この史上名高い明治国家による文明視察団に伊藤は副使として加わり、再度アメリカはじめ西洋諸国を訪れることになる。

この使節団派遣は、そもそも伊藤の建策になるという部分もあった。一八七〇年一二月にワシントンで貨幣制度に関する建議書を執筆した翌月、伊藤は同地よりさらなる建言を行っている。それは、明年に迫った西洋諸国との条約改正交渉期限についてのものだった。ここで伊藤は、「坤輿《こんよ》開化諸州にて行はるゝ所の人理と政体とを以て根拠」とし、「東西諸州にて遵奉する各国之諸条約書を以て比較」して、改正条約の指針を立てるべきことを説いている（『岩倉文書』⑦、三三二頁）。そのうえで、政府から優秀な人材を選んで、条約改正調査のため西洋諸国に派遣すべし、と唱えている。そうすることによって、「明年改正之《の》時を以て、人理公法みな開化之諸邦に比肩し、故習を洗却《せんきゃく》するの一大紀元之運となし、十分之独立不羈《ふき》自守自立之大基本を固め」（『岩倉文書』⑦、三三六頁）るべきだと言うのである。

条約改正を遂げて一挙に開化諸国と肩を並べ、もって旧習を一新すべしとは、ほとんど蛮勇とも言える物言いである。このような提案がそのまま岩倉使節団に帰結したわけではもちろんなかろうが、いずれにせよ右のような提議をした伊藤は使節団の中心メンバーに迎えられたのである。その得意や思うべしであろう。

岩倉使節団での伊藤の振る舞いについては、以前に拙著で詳述したことがある（『文明史のなかの明治憲法』）。一一月に横浜を出港してアメリカへと向かう船上からすでに、伊藤は自慢の英語を駆使して一行の顔気取りであった。洋式トイレの作法について訓戒を垂れ、洋上での暇つぶしの酔狂に、女子留学生にちょっかいを出した随員を裁く模擬裁判を演じた。岩倉はじめ他の使節たちは洋行経験がない。二度の海外体験を持ち、幕末から欧米人との折衝に奔走してきた伊藤に頼らざるを得ない面があったのは仕方あるまい。だが、その挙動は多くの団員の顰蹙《ひんしゅく》を買い、そして反感を抱かせるものだった。一員の佐佐木高行は、伊藤に対する苦々しい思いを日記のなかで、「伊藤などは、例の才子故、副使の体裁はなく見えて、

岩倉使節団　左から木戸孝允，山口尚芳，岩倉具視，伊藤博文，大久保利通．サンフランシスコで

我輩は驚きたり。されども、当今の世の有様にて、右様なる仁こそ世に行はるゝと見えて、勢を得たり」（『保古飛呂比』⑤、二四五頁）と綴っている。

アメリカに到着してからも、伊藤のはしゃぎぶりはとどまるところを知らなかった。一二月一四日、サンフランシスコの歓迎会でスピーチに立った彼は、堂々と以下のように弁じて、維新以来の開化政策を誇ってみせた。

我国民は、読むこと、聞くこと竝《ならび》に外国に於て視察することに依り、大抵の諸外国に現存する政体、風俗、習慣に就き一般的知識を獲得したり。今や外国の風習は日本全国を通じて諒解《りようかい》せらる。今日我国の政府及び人民の最も熱烈なる希望は、先進諸国の享有する文明の最高点に到達せんとするに在り。この目的に鑑《かんが》み、我等は陸海軍、学術教育の諸制度を採用したるが、外国貿易の発展に伴ふて知識は自由に流入せり。我国に於ける改良は物質的文明に於て迅速なりと雖も、国民の精神的改良

は一層遥かに大なるものあり。（『伊藤伝』上、六二五頁以下）

スピーチの末尾を伊藤は、「我国旗の中央に点ぜる赤き丸形は、最早《もはや》帝国を封ぜし封蠟《ふうろう》の如くに見ゆることなく、将来は事実上その本来の意匠たる、昇る朝日の尊き徽章《ちょうしょう》となり、世界に於ける文明諸国の間に伍して前方に且《か》つ上方に動かんとす」と述べて締めくくった。この演説が「日の丸演説」と呼ばれる所以である。高橋秀直氏は、使節団に横溢《おういつ》していた「一種の多幸症」を指摘している。派遣直前の廃藩置県という一大改革の成功に気をよくしていた当時の政府指導者たちの間には、自国の改革の前途への楽観・自信が漲《みなぎ》っており、その最高の表現が日の丸演説だとされる。

確かに伊藤自身のなかでは、そのような多幸症が生来の陽気で開放的な気質とも相まって、増殖されていたようである。滞米中、彼は「金をめちゃくちゃ使って遊びまわ」り、高価な買い物や夜遊びに現《うつつ》を抜かしていたとの実子による言明があることは前述の通りである。

委任状事件

我がもの顔で振る舞う伊藤の言動の極めつきが、条約改正交渉のフライング事件である。一八七二年二月にワシントン入りした一行は、米国国務長官フィッシュの勧奨を入れて方針変更し、直ちに条約改正交渉を行おうとする。日本側にあって使節たちをそのような方向へとシフトさせたのが、伊藤であった。「立派に条約を改正して見せる見込あ」り（『保古飛呂比』⑤、二九一頁）と大見得を切った彼は、交渉に必要な全権委任状を持参するため、大久保利通とともにいったん帰国する。

だが、ワシントンに帰還後の二人を待っていたのは、最初からの予定に立ち戻ることを決した使節たちの憤激のまなざしだった。伊藤と大久保の不在の間に、イギリスやドイツの外交官から列強との条約で締結されている片務的最恵国待遇の意味について教えられた岩倉らは、アメリカ一国と条約改正してみても、そこでアメリカに特権を付与した場合、それがそのまま自動的に何の見返りもなしにその他の締約国にも認められるという不平等条約のからくりを知り、愕然《がくぜん》となった。

伊藤らがワシントンに到着したその日の六月一七日、岩倉具視は日本の三条実美太政大臣に宛てて、「衆議の帰する処《ところ》は会同条約を以て良法なりとし、各自条約を以て尤《もっとも》不可なりとせり」（『外文』⑤、六四頁）と書き送った。列国一同との条約改正会議を他日開催するとの当初からの方針を最良とし、訪問した国ごとに個別的に条約改正交渉を行うは不可ということで、衆議一致したというのである。大久保・伊藤と日本から帯同した寺島宗則は、外務卿の副島種臣宛に、「前議に復し、今般御渡の国書は欧洲各国にても不差出《さしださず》。矢張昨年御渡の御国書遵奉の事に相決し、使節一同は永々当府に延滞の上右の次第にて甚《はなはだ》後悔相致居候」（『外文』⑤、六七～六八頁）と一行の様子を報じている。四ヵ月も足止めを食らった一行にとっては、まさに骨折り損なだけの結果となってしまった。

以上が、有名な岩倉使節団の委任状事件である。伊藤にしてみれば、まさに顔色をなくす一件であった。既述のように、明治初年以来、伊藤はアメリカの建国の歴史とその制度に心酔していた節がある。このたびの軽挙には、そのような思い入れも与《あずか》っていたことが推察される。

木戸孝允の怒り

伊藤のフライングに対して、誰よりも怒ったのが木戸であった。伊藤自身が後年、アメリカに舞い戻ってきた後、「〔木戸〕公の吾輩に対する態度が変つてゐた」（『伊藤伝』上、七〇九〜七一〇頁）と語っているように、これ以降、伊藤は木戸との間にしこりを残したまま、行を共にせざるを得なくなる。これまた伊藤の回顧だが、ドイツに滞在していた折、青木周蔵や品川弥二郎から「どうも木戸と君との間が面白くないやうだから、我々が調停したいものだ」と持ちかけられたが、「吾輩は不承知を唱へ、自分と木戸公との間に就ては君達の労を煩すに及ばぬと断はつた」との話が伝わっている（『伊藤伝』上、七一一頁）。

思うに、右の談は二つのことを指し示している。ひとつは、両者の関係がドイツ訪問時の一八七三年（明治六）四月頃までギクシャクとしていたこと、そしてもうひとつは、伊藤が自分と木戸との間を第三者が取り持つことを潔しとしなかったことである。それだけ彼は、木戸との関係を特別なものと見なしていたのである。前節で引用した木戸宛の伊藤の手紙を思い出してみたい。そこに表れていたように、伊藤は木戸と時に激論を闘わし、そのために怒りを買うこともあった。伊藤にとって木戸は、忌憚《きたん》なく意見を言うことができる兄貴分であった。そのような間柄なので、今回の不興《ふきょう》もいつもの木戸との感情の行き違いの延長で捉えられ、根底にある盟友関係はこんなことではビクともしないという自負があったのであろう。

それは伊藤の虚勢との理解もあり得る。だが、注意する必要があるのは、ここで伊藤が失脚していないことである。アメリカでの不始末は、本来ならば政治生命にかかわるほどの失態のはずである。しかし伊藤は、なるほどその後の行程においてはいささか鳴りを潜めているものの、これからみていくように徐々に復権を遂げていく。その好運には様々な要因が考えられる。

第一に、例の条約改正交渉事件で、大久保を〝共犯〟に巻き込んだことである。伊藤一人ならば何らかの処分があり得たかもしれないが、委任状下付のために大久保とともに帰国したことは、伊藤への制裁を困難にした。大久保に累を及ぼせば、その使節団内部での存在感ゆえに、この派遣自体が頓挫してしまったかもしれない。

第二に、木戸の使節団内部での権威がそれほど高くはなかった。よく知られているように、この頃木戸は痔疾《じしつ》や歯痛、さらにはホームシックも重なり、心身ともに不安定であった。そのために感情的になりやすく、周囲を辟易《へきえき》とさせることが多々あった。そのことは、木戸の伊藤への憤激の同調を相対的に低下させる結果をもたらしたであろう。

第三に、伊藤自身の内面的な変化である。アメリカでの失態の後も、彼は持ち前の楽天的な思考で捲土重来を期していたものと推測できるが、それは単にいままでの急進論者がほとぼりの冷めるまで雌伏を決め込んだという程度の話とは異なる。彼はここでの失敗を機に、新しい政治理性の持ち主へと脱皮を遂げていくのである。それは、漸進主義者としての伊藤の誕生であるが、そのような変容によって、木戸との関係も修復されていく。その過程をたどってみたい。

「キリスト教改宗論」の真偽

一八七二年（明治五）七月一四日、大使一行はロンドンに到着した。伊藤らがワシントンで合流してから一ヵ月も経っていない。木戸の憤慨は当然収まっていなかった。この頃、ドイツに留学していた青木周蔵がロンドンに木戸を訪問している。ドイツに心服していた青木は、滞欧中の木戸に何かとコンタクトを図り、日本にドイツ・コネクションを形成しようと躍起になっていた。

青木は自伝のなかで、このときロンドンで木戸と伊藤の間に次のような一幕があったと記している。ある日、伊藤も同席するなか、木戸は青木に対して、アメリカで有力者より全国民こぞってキリスト教へ帰依すべしとの助言を受けたことを伝え、「我等一行中には、畏《かしこ》く

も此事情を　叡聞《えいぶん》に達し、陛下率先して基督教《キリスト》に御帰依あらせられんことを奏請し、在廷の高官大員亦《また》相次で改宗せば、国民も漸次之に倣ふに至るべし。果して然らば、政治上若《も》くは列国交際上最も便宜なるべしと主張する者あり。之に関する貴説如何」と尋ねた。条約改正を遂げ、西欧列強と対等の地位に立つためには、欧米諸国と同じキリスト教国となることが必要であり、そのためにまず天皇に入信してもらい、次に政府高官が、そしてさらには国民一般が相次いで改宗していくべしとの提議が日本側からもあがったというのである。

これに対して青木は、宗派の分裂に起因する欧州の戦乱の歴史を説き、「聖上に改宗の事を奏請し及び一般国民に対して政略的改宗を勧むるに於ては、国内到る処擾乱《じょうらん》の滋生《じせい》を見るべし」と答えた。すると木戸は伊藤に向かい、「在欧の学生は、之を在米の学生に比すれば其の学問該博深遠にして、理路井然《せいぜん》たるものあるが如し。況《いわ》んや、未だ嘗《かつ》て米国にすら留学せざる者が、漫《みだり》に同国の宣教師若《も》しくは浮薄なる政治家の言を聞て、卒然一種の空想を画《えが》き、軽挙国家を乱さんとするが如きことありては、実に恐懼《きょうく》に堪へざるなり。青木氏の論ずる所と、足下平生の所説とは、全く正反対なり。足下の言は、予、之を信ずる能はず」と一喝し、伊藤は青くなってそこから退出したという（以上、『青木周蔵自伝』、四一頁以下）。

歴史通の間で名高い伊藤のキリスト教改宗論であるが、果たしてこれは事実であろうか。青木の自伝には、功名を自らに帰そうとする意図が濃厚で、右の引用のなかでも自己のドイツでの修学の成果を誇示しようとの底意が隠せない。加えて、青木は伊藤とはそりが合わず、自伝のなかでその憂さを晴らしているという側面が多分にあり、記述の信憑《しんぴょう》性について慎重となる必要がある。

内面的自由の保障

実際に伊藤は宗教についてどのような考えを持っていたのか。それがうかがえる史料として、一八七三年(明治六)一月二日付の大隈重信・副島種臣宛の書簡をみてみたい(『伊藤伝』上、六八四頁以下、『大隈文書』①、二〇四頁以下)。伊藤は、各国を歴訪するなかで、それぞれの国の意向を察するに、やはり彼らは、日本が東洋旧来の習いでキリスト教を嫌忌《けんき》しているとの憂慮を脱却できないでおり、法律がどうあろうとも、旧習に固着して政治上偏った処置を施そうとしているのではないかと危惧していると報じている。そして、そのような一般的感情を外交の議論にも及ぼそうとしていると説く。これを受けて、彼は「教法之事は唯之を黙許《もっきょ》して、法律上において区別せざるを主とすへし」と信教の黙認を唱える。

こう述べつつ、単に事実上、信教を黙許していたのでは埒《らち》があかない、と伊藤は付言する。彼によれば、西洋各国はわが国の実情についてわれわれよりも熟知しており、高札で依然キリスト教が禁止されていることもよくご存知である。したがって、キリスト教は黙認されていると西洋人に話しても、向こうは説得されない。さらに付け加えれば、禁令があるのに、それが守られていないとあっては、「国威何を以て乎《か》立つべき、又誠心赤子《せきし》を安んずるの訓にも恥づべき」である。「独立の権理を保有する国の律法に於ては、其自国の領海内に於て、其法力の及ぶ所、内外人民の別あることとなし。唯自国の人民、其法権の保護を得ること、外国民よりも厚き而已《のみ》」だ、と。しかし、これに対して、現今のキリスト教禁令は、外国人の信教は黙認し、日本国民のそれは圧制するというあべこべの事態を招いている。かくて、伊藤はこのような倒錯の解消のために、同令の廃止を暗に求めているのである。

右のように、伊藤の宗教論は、信教の自由の容認であり、それが国家主権の貫徹という見地から展開されていることに特徴がある。ここで前出の一八七一年六月二〇日付の木戸宛書簡を想起されたい。木戸に対して堂々と「人生之在此世人各殊想考、議論随て不出於一轍」と啖呵《たんか》をきった伊藤は、各人の内面の自由を保障することこそ文明国の習いと見なしていた。その論法と軌を一にして、伊藤は信教を個人の内面的自由の問題として放任する姿勢を示している。そして重要なことは、もし仮に青木自伝の語るイギリスでの木戸と伊藤の悶着が事実だったとしても、その後も伊藤は個人の精神的自由という信念を主張してやまないでいるということである。[4]

ところで、この大隈・副島宛書簡と同じ頃、青木も日本に宛て対キリスト教策を書き送っている（『木戸文書』①、四四〜四五頁）。そこで提示されているのは、禁令はそのままにして、信教それ自体を黙認するという方策であり、伊藤の考えと明白なコントラストを示している。伊藤と青木の宗教問題における認識の相違がしのばれる。

改心——政体の調査、制度の学習

このように、アメリカで失態を演じた後の欧州の地にあっても、伊藤はかねてからの開明的な姿勢を崩していない。だが、ヨーロッパでつぶさに彼の地の政情を観察できたことによって、伊藤の文明観に新たな支柱が確立される。同じ大隈・副島宛書簡で、伊藤は「仏国も協和治体未《ち》一定《たいいまだいってい》、大統領一人之力にて今日の無事を維持仕居候様被窺《うかがわれ》申候。孛相《はいしょう》ビスマルクも各省卿と議論不合《あわず》して孛の宰相を辞せり」と伝えている。ここに端的に表れているように、伊藤はヨーロッパにおいて、その政治体制の不安定さに留意しているのである。この書簡に先立って、伊藤は井上馨にも次のようにしたためていた。

当今仏国政府之景状頗《すこぶる》難渋之趣に相聞、大統領之地位も無事に相保候事出来候乎《や》、或《あるい》は他人を選択する乎、又は立君政体に帰する乎、議論紛々動《やや》もすれば人心再び内乱を生ずとも難計《はかりがたき》形勢。（一八七二年一二月六日付書簡、『井上馨文書』六二八—八）

大統領という職位もビスマルクという政治的カリスマも、決して盤石の地位を築いているわけではない。文明の政治の意外な脆《もろ》さを伊藤は実見したわけである。ここで改めて伊藤は、制度の重大さに思い至ったのではなかろうか。実際、伊藤は三月にドイツに入るや、政体の調査に従事している。国会図書館憲政資料室所蔵の『伊藤博文関係文書』には、ドイツ滞在中に伊藤が記していた日誌が残されている。そのなかには、「政体及び政府」と題して、プロイセンの議会制度について調査したメモがあり（「伊藤博文手記　外遊日記」『伊藤文書〈二〉』書類の部一）、彼の勉強の跡がしのばれる。それまでの浮かれた行いとは訣別し、伊藤はいままた腰を落ち着けて制度の学習を始めたかのように見受けられる。

そのような改心の裏には、諸国巡歴中一貫して各国の政体調査に打ち込んでいた木戸の姿があったものと推察される。伊藤は六月二日付で井上馨に宛てて書簡を出し、じきに木戸がこちらを発して日本へと向かうから、彼が着いてから十分に熟議するようにと求め、次のように記している。

木戸翁回歴《おうかいれき》中頗る勉強にて、各国の形勢にも熟通《じゅくつう》に付、前途の事に付屹度《きっと》見込も可有而《あるべきの》已《み》ならず、又今日迄《まで》の変動等に充分適意ならざる処《ところ》も可有之乎《これあるべきや》と相察仕候間、到着の上は老台御直に是迄の事情委敷《くわしく》御話可然《しかるべく》存候。（『伊藤伝』上、七二五頁）

伊藤が木戸に一目置いていることがうかがえる文面である。実際、木戸の日記を繙《ひもと》けば、アメリカから始まり、イギリス、フランス、ドイツと行く先々で彼がそれぞれの国の政治制度に携わっていたことが明記されている。すなわち、一八七二年（明治五）一月二二日に、

「余御一新の歳匆卒《そうそつ》の際建言して五ヵ条の誓約を天下の諸侯華族有司なさしめ稍《いよいよ》億兆の方向を定む。而《しか》して至今日確乎《かっこ》の根本たる律法定《さだま》らずんはあるべからず。故に此行先各国の根本とする処《ところ》の律法且《かつ》政府の組み建等を詮議《せんぎ》せんと欲し何《が》〔使節団随員の何礼之〕に其意味を申達《しんたつ》せり」（『木戸日記』②、一四二頁）と書き留めて以降、木戸の日記には「政体書取調」の文字が散見される。彼は配下の者に命じて、アメリカ憲法やイギリスの重要法令を訳させたり、議会の議事風景についてレポートさせたりしていたほか、フランスやドイツではそれぞれモーリス・ブロック、ルドルフ・フォン・グナイストという著名学者について調査を進めた。

伊藤はそのような木戸の姿を見て、思うところがあったのではなかろうか。自らもドイツで議会制度について取り調べたり、井上馨に宛てて前記のように伝えるあたり、彼は木戸を通じて改めて制度の政治家へと回帰したと言うことができるように思われる。ちなみに井上宛の書簡では、「卒然変遷等無之様《これなきよう》御高配偏《ひとえ》に奉願上《ねがいあげたてまつり》候」として、「僕は成丈《なるだ》け徐々《ゆるゆる》と事を運び候様只管《ひたすら》祈居申候」と日本の留守政府の急進的改革に異を唱えているが（一八七三年六月二日付書簡、『伊藤伝』上、七二五頁）、これは伊藤が漸進主義者へと名実ともに転身した宣言として読むことができよう。

木戸との関係修復

伊藤の内面的変容により、彼と木戸との関係も確実に修復されていった。それを象徴する挿話を挙げよう。木戸は一八七三年四月一四日にサンクトペテルブルグを発って一行と別行動をとり、彼らに先駆けて帰国することになる。途中、彼はローマを訪れ、西洋文明の淵源《えんげん》の遺跡群を目の当たりにして、深い感銘を受けている（『木戸日記』②、三六二頁以下）。木戸はその感動を書にしたため、伊藤一人に寄せた。それを読み、自らもローマの地に立った伊藤は、木戸に次のように応じている。

伊太利《イタリー》は成程《なるほど》開化の原地丈《だけ》ありて、築造其外には眼を驚かし候程の物数々有之《これあり》候様相見、閣下は余程御勉励にて大概無所残《のこすところなく》御覧相成候乎と想像仕候。

（五月一二日付木戸宛書簡、『伊藤伝』上、七一八〜七一九頁）

伊藤も木戸と同様に、ローマ文明の面影を嘆賞した。そのことは、木戸に続けて発せられた大久保利通への書状からもうかがえる。

御滞欧中伊太利を御回歴不相成《あいならざる》こと頗《すこぶ》る遺憾に奉存候。二千年古の遺跡、宮殿、寺観等壮大可驚《おどろくべき》物不可枚挙《まいきよすべからず》。

（五月一九日付大久保宛書簡、『伊藤伝』上、七二二頁）

まさに、ローマは一日にしてならず、である。伊藤が文明の表面的な光輝ばかりでなく、その奥にある悠久な時間の堆積にまで視線を届かせたとき、もはや木戸には伊藤を峻拒《しゅんきょ》する理由はなかった。帰国間際にローマを再訪した木戸は、そこで伊藤と落ち合っている。木戸の日記には、伊藤から「本邦の近況を聞得《もんとく》せり」と記してあるが、二人の間では西洋文明の往古を偲《しの》びながら、日本の今後の改革をいかに進めていくかの論議が交わされたのではなかろうか。六月七日、帰国の途に就く前日のマルセーユでも、木戸は伊藤からの来信を得ている。「伊藤の伝《ママ》信相達す。青木の書簡伝信も亦《また》相達す」（『木戸日記』②、三九一頁）との記述に、木戸と伊藤との親密さの回復がうかがえよう。

西洋文明恐れるに足らず

以上のように、アメリカで木戸の逆鱗に触れた伊藤であったが、ヨーロッパの地においてその怒りを解きほぐすことに成功した。だがそれは、木戸にことさら取り入ったからではなく、伊藤自身の内面的変化によって自ずともたらされた和解と言える。木戸に促され、ローマの遺跡を観賞したとき、彼は木戸同様に、「皮膚上之事は暫《しばらく》差置《さしおき》、骨髄中より進歩いたし不申候而は今日之開化も他日之損害如何《いかん》歟《か》」（一八七二年一一月二七日付渡辺洪基宛木戸書簡、『木戸文書』④、四二四頁）との境地に達していたのである。

だからといってその心境が、西洋文明との本質的な差を痛感して立ちすくむというものとも異なっていたことも指摘しておく必要がある。一行がローマにあったとき、岩倉大使は伊藤に対して、「これまで各国の状況を視察したるも、英、米、独、仏の如き強大国はいふに及ばず、二流三流の国々といへども、その文化の隆盛なる、我国の追及し能《あた》はざるほどに懸《けん》絶《ぜつ》し居れば、我等如何にこれを研究したればとて、到底これを実地に採用すべき見込なし、かくては欧米巡視の使命を辱かしむるに至らんことを恐る」と語った。これに対して伊藤は、「そは無用の御心配ならん、閣下の任は唯々その親しく目撃せし事情をその儘《まま》に復命せらるゝを以《もつ》て足れりとするのみ。我国に施設すべき文化の取捨按排《あんばい》等に至《いた》ては、自分等及ばずながら駑力《どりよく》を尽すべければ、決して御懸念あるべからず」と応じたという（『伊藤伝』上、七二四頁）。

伊藤のなかにはかえって、西洋文明恐れるに足らずとの確信が屹立していた。その根拠は何か。それはやはり、維新以来の開化政策の定着という事実があろう。明治国家初発の改革路線は、日本が文明国としての制度的枠組みを具備する手応えを与えた。開化して西洋列強と伍することは決して夢見事ではない。だが、その手順には慎重を期する必要がある。西洋文明がローマ以来の興亡のなかから育まれていったように、わが国にも同様の歴史の蓄積がある。それが開化の妨げとなるものでないことは、ここ数年の成果が証明した。これを受けて次になされるべきは、開化政策を推し進めつつ、それを「骨髄」へと及ぼしていくことであろう。かくして伊藤は、理念としての開化主義と方法としての漸進主義を携えて帰国するのである。

第二章　立憲国家構想——明治憲法制定という前史

1　立憲政体の導入へ——一八八〇年の憲法意見書まで

征韓論

一八七三年（明治六）九月一三日、伊藤は大使岩倉らとともに日本に帰着した。帰国した伊藤たちの眼前に立ちはだかっていたもの、それは留守政府によって推し進められていた急進的な改革政策であった。

このような日本での情勢の変化を受けて、副使の大久保と木戸が一行と別れ、急ぎ帰国の途に就いたことはよく知られている。大久保は五月二六日、木戸は七月二三日、それぞれ帰朝した。大久保と木戸の関係は決して良好ではなかったが、使節団の留守を預かりながら性急な開化策をとる留守政府に対しては、政見の一致があった。それは、漸進主義である。前章で伊藤について見てきたように、これは使節団の幹部一同の共通見解と言ってよい。文明の地の開化というものが、その国々の歴史と社会に根差して花開いたものであり、その道のりや制度もそれぞれの国情にあわせて多様であり得るということを彼らはひとしく学んできたのである。

そのような漸進主義を抱懐するに至った使節団と留守政府との緊張は、この年一〇月のいわゆる征韓論問題で破裂した。新政府発足以来、国交を求める日本側の要請を拒絶し続ける韓国に対する討伐の声が留守政府内で高まり、八月一七日には西郷隆盛の遣韓が内決され、その後天皇の裁可を得ていた。しかし、西郷の渡韓は、そのまま韓国との開戦を導くことが予想され、岩倉帰国後に再評議することも指示されていた。[1]

九月に岩倉とともに帰国後、風雲急を告げる政局の渦中に直ちに置かれた伊藤は、岩倉、木戸、大久保三者の間を行き来し、反征韓派の結束のために奔走する。松陰が認めた「周旋家」の面目躍如である。だが、そのような活動の奥には、「制度の政治家」のパトスが脈打っていたことを見逃すべきではない。そのことを念頭に置いて、この間の伊藤の動向を追ってみよう。

岩倉の帰国を受けて、一〇月一四日と一五日、再評議の閣議がもたれた。その結果、西郷の遣使が支持される。「西郷の辞任より生じる軍の暴発への不安」のため、三条が変説したのだった（高橋秀直「征韓論政変の政治過程」）。岩倉ら使節団グループはいったん敗北したわけだが、「ならぬ迄も人事の限りは尽し申度《もうしたし》」と岩倉が伊藤に書き送ったように（一〇月一五日付大隈・伊藤宛岩倉書簡、『伊藤伝』上、七五五頁）、彼らは即座に巻き返しに向けて動き始める。政府は分裂し、その狭間に置かれた三条は精神錯乱に陥り、人事不省となってしまった。

三条の卒倒は反対派に有利に働いた。執務不能となった彼の代役に岩倉が就いたからである。岩倉は派遣の是非について天皇に上奏してその判断を仰ぐことを提案し、自ら宮中工作を行い派遣反対の自説が入れられるよう働きかけた。そして二四日、そのように天皇の命が下り、西郷ら征韓派参議は下野したのである。

参議兼工部卿への就任

この政変の舞台裏で、伊藤は既述のように征韓論打破のために走り回っていた。そのために彼は木戸と大久保の間を取り結ぶことに腐心した。政変後の実質的な指導者として期待されたのが木戸と大久保であったことは衆目の一致するところだったが、両者の間には微妙な不協和音が奏でられていた。伊藤はこの二人の関係を改善し、征韓派参議一掃後をも見据えて、政府の体制固めを図っていたものと思われる。征韓論の過熱化していた一〇月二〇日、伊藤は木戸を訪問し、岩倉と大久保の働きをその耳に入れた。木戸は日記に、「内閣紛紜《ふんうん》の情実を具《つぶさ》に了聞。また岩大久等の決意を聞、漸《ようやく》心思《しんし》を慰するものあり」（『木戸日記』②、四三五頁）と記している。伊藤の弁舌の力で、木戸の心中には大久保に対する憂国の連帯感が芽生え、目の前の伊藤への信頼いや増しに高まっていた。この日、木戸は伊藤を参議に推薦する書状を岩倉に送り、そのなかで「伊藤博文儀は孝允十有余年の知己にて、兼て御承知も被為在《なされあり》候通、剛凌強直《ごうりょうきょうちょく》の性質に御座候処、近年専ら意を沈実《ちんじつ》に用ひ、細案精思其力亦《また》孝允同朋《どうほう》には稀有の者に付」と記している（『伊藤伝』上、七六二頁）。岩倉使節団時の行き違いなどもはや微塵も感じられない。木戸は伊藤に対して心服の念すら抱いていたものと推察される。

翌二一日、前日に続き木戸のもとを訪れた伊藤は、征韓派が再び蹶起《けっき》して岩倉に迫り、岩倉が再議論に応じたことを伝えるや、「再議論の艱難《かんなん》に趣かんことを憂ひ、為天下不堪悲慨《ひがいにたえず》。博文亦《また》号泣数刻」（『木戸日記』②、四三五頁）した。悲憤慷慨《ひふんこうがい》して涕泣《ていきゅう》する伊藤の姿に、木戸は国家の経綸に与《あずか》る者の資格を改めて見出していたに違いない。かくして伊藤は、政変後の二五日、参議兼工部卿に就任し、新政府の中心人物として名実ともに認められることになる。

木戸と大久保の憲法意見書

周旋の限りを尽くして閣僚のポストを掌中にしたかにみえる伊藤だが、重要なのはここから彼の「制度の政治家」としての本領が発揮されることである。一一月一九日、参議一同は閣議を開き、政体取調の担当者として伊藤と寺島宗則を選任した（『大久保日記』②、二一四頁）。政体取調とは、立憲制度導入のための調査に他ならない。欧米巡遊を経た後、岩倉使節団一行は文明国として自立するためには立憲政体の採用が不可欠との意識を抱いて帰国した。それを代表するのが、木戸と大久保の両巨頭が著した二つの憲法意見書である。前章で見たように、外遊中から各国の制度取調に熱心だった木戸は、帰国後直ちに憲法制定に関する意見書を起草し、上奏した。他方で大久保は、一一月に意見書を執筆し、政体取調に従事する伊藤に託した。

　二つの憲法意見書には、一見、顕著な相違がある。何よりも木戸の意見書は、彼が「建国の大法はデスポチックに無之ては相立申間敷《あいたちもうすまじく》」と伊藤に説いていたように（『木戸日記』②、四五三頁）、天皇独裁《デスポチック》の憲法論を説いたものだった。これに対して大久保のものは、「定律国法は即《すな》はち君民共治の制にして、上《か》み君権を定め、下《し》も民権を限り、至公至正《しこうしせい》君民得て私《わたくし》すへからす」（『大久保文書』⑤、一八六頁）と明記されているように、君民共治を謳っていた。開明家として自他ともに認める木戸が独裁論を唱え、専制政治家のイメージがある大久保が民の政治参加を認めるとは意外に聞こえよう。

　しかし、そのような違いは表層的なものだとも言える。仔細《しさい》に観察すれば、両意見書には同一の基調が認められる。それは、「民主」と「漸進」である。両者はともに、民の開化を促す国民政治のシステムを追求したものなのであり、木戸はその目標への漸進的方策として独裁を説いたに過ぎず、大久保も君民共治の実現は自国の歴史に則り、国民の開化にあわせて漸進的にもたらされるべきものと考えていた。

このように木戸も大久保も西洋体験を経て、ともに立憲体制の採用を不可欠の課題と見なしていた。けれども、二人が自らこの問題に着手することはなかった。大久保は制度構築よりも殖産興業の指導に専念することを欲し、木戸は帰国直後から心身の不調に悩まされ、持続的に執務に携わることが困難だったからである。ここに両人の意を受けて、伊藤が政体取調のエキスパートとして登場することになるのである。

漸進主義による制度設計

政体取調専任を拝命した伊藤は、早速木戸に意見を求めた。伊藤の求めに応じて木戸は、「政体上而已《のみ》変換して其形美麗に相成候とも、人智懸隔所詮俄《けんかくしょせんにわか》に欧州文明の政府の如き事は実際六《む》つヶ敷《しき》に付、軽挙率行《そっこう》の弊《へい》を防ぎ制令に齟齬《そご》せず、総《すべ》て着実に帰し候処を只《ただ》祈る」(『木戸日記』②、四五二頁)と述べ、「漸《ぜん》を以《もつて》開化文明の域に進歩し馳形《はせあらわし》て実を不誤様《あやまたざるよう》有之度《これありたく》」(同、四五四頁)との漸進主義の思いを伝えた。

同じ方針は大久保からも伝えられた。政体取調掛となった伊藤に、大久保は自己の所見を披露した。それが、前述の大久保憲法意見書に他ならない。伊藤はそれを「急劇なる変動を之れに与ふることは、勿論《もちろん》国を保つ所以でない。併《しか》し将来に期する所は我が人情、風俗、時勢に循《したが》つて立憲の基を樹《た》つることでなければならぬ」というものと後年述懐している。つまり、「漸進主義の立憲政治論であった」、と。続けて、伊藤は、大久保を世間は圧制家のように言うが、彼こそ早くから立憲政体を主唱していた有力な一人だったのだ、と追想している（『大久保文書』⑤、二〇三頁以下）。

このように、政体取調の任務とは、木戸と大久保の漸進主義の信念をベースにして、そこから具体的な制度設計を練り上げるという課題に他ならなかった。この任を受けて一〇日後の一一月二九日、早くも伊藤は一定の回答を示している。この日彼は木戸に宛てて次のように書き送った。

政体論も寺嶋と両人引受取調中に御坐候。先《ま》つ下は地方官を会する位之事《くらいのこと》に仕置、上は麝香間《じゃこうのま》を皇張《こうちょう》し人数は余り増加せぬ様注意仕度。（『木戸文書』①、二五八頁）

地方官を招集して下院議会とし、皇族華族による天皇の諮問機関たる麝香間を若干拡張して上院とするとの案である。これが約一年後の一八七五年（明治八）一月の大阪会議を経て、同年四月の漸次立憲政体樹立の詔に結実し、六月の地方官会議、そして翌七月の元老院の設置へと流れていく。木戸の最後の晴れ舞台というべき両会議の開設だが、その源流は伊藤の政体取調にあったのである。

三条実美への憤然たる抗議

伊藤自身もこの政体改革論に大いに自負するところがあった。一八七三年（明治六）一一月末にそれを開陳して以後、佐賀の乱や台湾出兵、木戸の参議辞職といった難題が重なり、政局は混迷した。それらを克服して、再び制度改革が緒に就くには、前述のように大阪会議を通じての木戸・大久保体制の立て直しが必要だったのだが、伊藤はこの間も前記の案に沿った漸進的改革に余念がなかったようである。

一八七四年六月に華族の研学討論機関として華族会館が創立された。当初、伊藤はこれをまさに先述のような麝香間拡張の制と見なしていたらしい。その設置規則から「会議之条款」が削除され、あたかも「学問処」のごとき様相を呈することが判明するや、彼は憤然して三条に抗議した。

会議之条款は御削除之御主意と被相窺《あいうかがわれ》、学問処或《あるい》は博物書庫館之建設に類似し愚見とは甚符合不仕《つかまつらず》。必竟《ひつきよう》会同之挙協議に出て国制に非《あら》すと雖《いえど》も、政府之黙許と又之を誘導する之上意あれは、将来に望む処立法上院之体に致らん事を期するなれは、自今黙許其端緒を御開き被成《なられ》候方にては有之間希歟〔ママ〕。

（一八七四年四月二三日付三条宛伊藤書簡、『岩倉文書』⑥、七六頁）

華族会同の機関は協議の結果、国制上のものではないとされたが、いったん設けられた後、立法府上院となる志をもって結集すれば、政府の黙許を得、さらにはその意思を誘導することもできようという趣旨である。伊藤の漸進主義と自生的制度観が見て取れよう。伊藤の制度に対するセンスが如実に表れた一節と言える。

その後、一八七五年に漸次立憲政体樹立の詔が出され、その一歩として地方官会議と元老院が創設されたことは既述の通りである。だが、これに対して、肝心の憲法の制定は店晒《たなざら》しになっていた。西南戦争、木戸の病没、大久保の暗殺というように体制の動揺が続いたからである。ようやく一八八〇年（明治一三）に入り、政府内部の立憲運動が覚醒されてきた。この年、天皇は各参議に立憲制度導入についての意見書の作成を命じた。このうち、伊藤が提出した案は次のようなものである（『伊藤伝』中、一九二頁以下）。

伊藤の憲法意見書

彼の主張の第一点は既存の元老院の拡張論である。伊藤は、「国会の未た遽《にわ》かに起すへからさる」ことを説く。彼によれば、国会開設による君民共治の実現は「国体の変更」を意味し、「実に曠古《こうこ》の大事決して急躁《きゅうそう》を以て為すへきものにあらす」とされる。「漸進の道」を掲げる彼は、これに対して、元老院を拡張し、華士族から広く元老院議官を選出することをまずは提起する。それこそが、大阪会議の精神を受け継ぎ、木戸・大久保という「先輩の遺図《いと》に従ひ、漸進の塗轍《とてつ》を履《ふ》む」途なのである。

第二点は公選検査官の設置である。国民のなかから会計検査官を選出し、国の財政実務に習熟させようというのである。伊藤によれば、この検査官の「権限の如きは、専ら会計検査にとどめ、敢《あえ》て用財の大政に干渉することを許さず。是れ一には以て財政を公議するの路《みち》を為し、二には以て人民をして実務に慣熟せしめ、経験する所あらしむへし」とされている。おそらく伊藤は、地方官会議にこのポストを設け、まずは財政の決算機能に民意を与らせ、漸次財政の民主的統制を実現しようとしたのであろう。

そして第三点として、伊藤は「聖裁より断し天下の方向を定むるを請ふ事」を掲げ、稿を閉じている。過熱化している自由民権運動による国会開設の要求を宥《なだ》めるためにも、天皇が改めて「漸進の義」を明示することが肝要というのである。

以上のような伊藤の見解は、次節で紹介する大隈の憲法意見書と比較して微温的保守的な現状維持の策としか見なされてこなかった。けれども、そこに岩倉使節団の経験以来培われてきた漸進主義の哲学がぶれることなく表明されていることも事実である。一八七三年（明治六）の征韓論政変直後に取りまとめた漸進的議会制導入案を伊藤は堅持していると評することができる。

だが、現実の政情は伊藤の認識を超えて沸騰しつつあった。この翌年に大隈重信の提出した一通の意見書を発端とする事件が、明治憲法史を大きく旋回させる。いわゆる明治一四年の政変である。

2　明治一四年の政変

物議を醸した大隈の意見書

征韓論の敗北により下野した板垣退助を中心に一八七四年（明治七）一月、民撰議院設立建白書が政府に提出された。それ以来、国会開設を求める自由民権派の動きは格段の盛り上がりを見せ、民間における立憲知識の向上も着実に進展していた。そのような声に耳をふさぎ、「漸進、漸進」と自らに言い聞かせるには、機はあまりに熟していたと言うべきだろう。政府の内部で、そういった時勢に鋭敏だったのが、大隈重信である。参議だった大隈は、やはり憲法意見の作成を求められていた。そして彼が提出した意見書は、大きな波紋を引き起こすことになる。明治憲法史上特記される明治一四年の政変である。その経緯をたどってみよう。

事の発端は、一八八一年（明治一四）三月に大隈重信がイギリス流議院内閣制を主張する憲法意見書を提出したことにある。既述のように、当時参議職に就いていた者はみな、自らの憲法制定に関する考えを文書にまとめて提出することを求められていた。大隈もそれに倣ったのだが、それは提出方法および内容の二点において物議を醸した。

まず提出方法についてであるが、大隈は意見書の提出に際して秘密主義を貫き、そのことがこの問題の担当大臣有栖川宮熾仁《ありすがわのみやたるひと》親王を通じて天皇に密奏しようとしたのではないかとの嫌疑をかけられることになる。この点で特に憤激したのが、伊藤であった。大隈と伊藤は井上馨も交えて、この年の一月に熱海で来るべき日本の憲法のあり方をめぐって熟議の機会をもっていた。伊藤にしてみれば、ここで彼は大隈との連帯を確認したはずであった。にもかかわらず、大隈が伊藤に内密に天皇に憲法意見を上奏しようとしたということを伊藤は裏切りと捉えたのである（坂本一登『伊藤博文と明治国家形成』）。

他方で、憲法史的にみてより重要なのは、大隈意見書の内容である。六月に有栖川宮からそれを内示された右大臣岩倉具視は、その内容に衝撃を受けた。大隈がそこで主張していたのは、翌年には国政選挙を行い、二年後に国会を開設するという急進論で、しかもイギリスに範を取り、選挙で多数を獲得した政党が内閣を組織するという政党政治に立脚した議院内閣制が掲げられていた。

岩倉はこの意見書を井上毅《こわし》に見せ、意見を請うた。井上は明治を代表する法制官僚であり、明治憲法の実質的起草者である。早速調査にあたった井上は、「先日秘書〔大隈意見書〕内見《ないけん》被賜《たまわられ》候後、潜心《せんしん》熟考致候に、欧州各国殊に独乙《ドイツ》国の如きは、決《けっし》て英国の如き十分之権力を議院に与へ、立法之権而已《のみ》ならず、併て行政之実権をも付与するに至らず」と回答した（六月一四日付岩倉宛井上毅書簡、『井上毅伝』④、三三八頁）。これを受けて、岩倉は井上に対し、大隈に対抗する憲法意見書の作成を命じた。その結果成立したのが、七月五日に岩倉によって政府に提出された「大綱領」、「綱領」などからなる一連の憲法意見書（岩倉憲法意見書）である。それは大隈のものと好対照をなしており、ドイツのプロイセンをモデルとする欽定憲法体制の採用が提唱されているほか、広範な天皇大権や、議会で予算案が議決されなかった際の前年度予算執行制度など、後の明治憲法に規定される事項が先取りされている。以上のような大隈憲法意見書事件は、明治一四年政変の第一幕と言える。

開拓使官有物払下事件

その第二幕をなすのが、開拓使官有物払下事件である。これは、開拓使（北海道開拓のために設置された政府機関）が政府の資金で建立した諸々の官有物を破格の値段で民間の一会社に払い下げようとしたことに起因する。その民間会社が、政府の一有力者（黒田清隆）と密接なつながりがあったため、この政府の措置をきっかけにして、大がかりな反政府運動が惹起された。

政府としては、秘密裏に事が運ばれていたにもかかわらず、なぜ払下の処分が社会に漏洩したのかということが問題とされ、その「犯人」探しに鵜の目鷹の目となった。最も疑いをかけられたのが、大隈である。政権交代を念頭に置いたイギリス流政党政治の採用を促していた大隈が重要な容疑者として浮かび上がってきたのは、不思議ではない。大隈の説く政党政治論は、そもそも政府批判を展開する自由民権派が主張していたものであった。伊藤は岩倉より大隈意見書を示された直後、「大隈之建言は恐らく其出処同氏一己之考案には有之間《これあるま》布様狐疑《じきようこぎ》仕候」（七月一日付三条実美宛書簡、『三条家文書』一八八一―一二）と推察しているが、実際大隈は小野梓、矢野文雄、犬養毅といった民権派の青年知識人たちを自分の部下として政府にリクルートし、政策研究集団を形成していた。そのような人脈を通じて、大隈が在野の自由民権運動とつるんで、政府転覆を企てているとの噂がまことしやかにささやかれていたのである。

大隈意見書が導火線となり、開拓使事件によってそれに火が点じられ、明治一四年の政変がもたらされる。一〇月一一日、政府は高まる政府弾劾の声に屈して開拓使官有物払下の中止を決定した。だが、それと同時に大隈重信の閣僚罷免と政府からの追放も発表された。これが明治一四年の政変と呼ばれるものであるが、重要なのはその翌日に出された国会開設の勅諭である。これによって、一八九〇年を期して国会を開くことが、天皇の名によって公とされたのである。

このように、明治一四年の政変は、憲法制定と国会開設に明確なタイムリミットを政府が自ら設定したこと、そして来るべき憲法の内容はドイツ（プロイセン）に倣うという方針が採られたことにおいて、憲法史上画期的な事件であった。だが果たして、プロイセンは本当に明治憲法のモデルだったのだろうか。少なくとも、唯一のモデルだったのだろうか。この問題設定の有効性を説明するために、明治一四年の政変の翌年に敢行された伊藤博文のヨーロッパでの憲法調査について検討してみよう。

3　滞欧憲法調査

ベルリンへ

一八八二年（明治一五）三月、伊藤博文は欧州に渡るため、日本を発った。このときの伊藤の出張の名目は、「憲法取調」というものである。前年に出された国会開設の勅諭を受けて、伊藤は日本に施行されるべき憲法を模索するために、ヨーロッパ諸国で調査に従事したのである。

今日、明治憲法の生みの親としての名をほしいままにする伊藤が自ら渡欧し、一年以上も調査を行ったという英雄譚に、何ら不思議を感じない。しかし、同時代の声を拾えば、このときの伊藤の派遣は、官民を問わず疑念や戸惑いをもって受け止められていた。政府の第一人者たる伊藤が、この多事多端《たじたたん》の折になぜ長期にわたって日本を留守にし、憲法の条文の調査ごときでヨーロッパにまで行くのか理解に苦しむというのが、大方の反応だった。そのようなことは担当の官僚を派遣したり、現地にいる外交官に任せればよいはずだという意見が、政府内部からも民間の新聞紙上でも挙がっていた。

確かに、伊藤の渡欧の目的は、単に憲法の条文の調査に尽きるものではなかった。そのことは、出発に先立ち、彼が天皇から「欧州立憲の各国に至り、其政府又は碩学の士と相接し其組織及ひ実際の情形に至るまて観察」せよとの勅命を受けていたことに端的に表れている(『伊藤伝』中、二五三頁)。憲法という国家の骨組みにとどまらず、その具体的肉付けまで調査してくることが究極の目的だったと考えられるが、実際の調査はどのようなものだったのだろうか。伊藤のヨーロッパでの足取りを簡単にたどってみたい。

伊藤はまずドイツを目指した。前年の政変の結果、政府のドイツ化路線が定まっていたことを受けて、彼はとりもなおさずドイツ帝国の首都ベルリンを訪れ、そこでベルリン大学の公法学教授ルドルフ・フォン・グナイストに教示を乞うた。

しかし、ここでの調査は円滑に進まなかった。当初、グナイストは調査に対してきわめて消極的だったらしい。調査団の一員によれば、グナイストは最初の会見で、憲法は民族精神の発露であり、民族の歴史に立脚している。日本の歴史に無知な自分が、お役に立てるか甚だ自信がない旨述べたという。当時ドイツで支配的だった歴史法学のテーゼである。グナイストは歴史法学派の総帥フリードリヒ・カール・フォン・サヴィニーのベルリン大学における講座継承者であった。サヴィニーの衣鉢《いはつ》を継ぐグナイストは、法は言語や習俗と同様、民族精神に根差した歴史的生成物であることを教え諭そうとしていたのである。

だが、伊藤としてはそのような学理の修得のためにはるばる海を渡ってきたのではなかった。気を取り直し、グナイストとの談話を重ねて調査の足がかりを得ようと欲し、また彼の弟子アルバート・モッセからプロイセン憲法の逐条解釈的講義を受けた。しかし、それらは伊藤にとって満足できるものではなかったらしい。この頃ベルリンから日本に宛てて送られた手紙では、言葉の不通を嘆き（伊藤は英語は堪能だったが、ドイツ語はできなかった）、調査の進行に大きな不安の念を表明し、滞在期間の延長を願い出ている。[2] 伊藤はこのままでは、渡欧は完全な失敗に終わるかもしれないと危惧していた。

滞欧中の伊藤博文（1883年）

グナイストとシュタインの差

伊藤の様子が変化するのは、八月にウィーンを訪れてからである。ウィーン大学の国家学教授ローレンツ・フォン・シュタインと面会した伊藤は、国家の行動原理としての行政の意義を説くシュタインの国家学（Staatswissenschaft）から大きな啓示を得た。それは、ベルリンでグナイストや彼の弟子アルバート・モッセから受けていた憲法の釈義的な講義からは期待できないものだった。伊藤は、日本に宛てて、シュタインという「良師」に会うことができ、「心私《ひそか》に死処《しにどころ》を得るの心地」だと書き送っている（八月二七日付山田顕義宛書簡、『伊藤伝』中、三〇三頁。同一一日付岩倉宛書簡、『伊藤伝』中、二九七頁）。

ウィーンとベルリンでの調査を分かつものは何だったのだろうか。ひとつには、既述のように、シュタインとグナイスト（モッセ）の講義内容の違いがある。伊藤が求めていたのは、憲法に書かれるべき具体的条文の理解ではなく、立憲国家の全体像と憲法施行後の国家運営の指針だったのである。その問題意識にとっては、シュタインの国家学のほうが親和的だった。

もうひとつは、ベルリンで伊藤がしばしば聞かされた議会制度に対する敵対的な発言である。伊藤はグナイストと初めて面談した後、日本へ向けての手紙で、グナイストの説は「頗《すこぶ》る専制論」だと書いている。伊藤によれば、グナイストは「縦令《たとい》国会を設立するも兵権、会計権等に喙《くちばし》を容《いれ》させる様にては、忽《たちま》ち禍乱《からん》の媒囮《ばいか》たるに不過《すぎず》、最初は甚微弱の者と作るを上策とす云々」と述べたらしい（五月二四日付松方正義宛書簡、『伊藤伝』中、二七一頁）。

同じような見解は、ドイツ皇帝によっても表明されていた。伊藤は八月二八日にヴィルヘルム一世から陪食を賜わっているが、その際に、「日本天子の為めに、国会の開かるゝを賀せず」と「意外の言」を聞いている。伊藤によれば、皇帝はさらに語を継いで、「竟《つい》に日本の形勢不得止《やむをえず》して国会を開くに至らば、能《よ》く注意し、国を定め、而《しか》して縦令《たとい》如何様《いかよう》の事あるも国費を徴収するは、国会の許諾を不得《えざ》れは不出来《できざる》様の下策に出る忽《なか》れ」と諭したという（九月六日付松方宛書簡、『伊藤伝』中、三一四頁以下）。

ドイツ側のこのような反応は、日本の文明度に対する疑念というよりも、議会政治に対する自国の苦い経験に起因すると推測される。議会による軍事費の承認の効果をめぐって、一八六二年に有名なプロイセン憲法紛争が引き起こされているが、伊藤が訪独していたときも、帝国議会において煙草専売化法案の審議がなされており、議会内でそれは「甚不評判」で「中々折合不申」という状態で、ビスマルクはつむじを曲げて、自宅に引き籠《こ》もっていることが報じられている（五月二四日付松方宛書簡、『伊藤伝』中、二七一〜二七二頁）。

このようなドイツにおける議会政治の現実が、ドイツ皇帝やグナイストの伊藤に対する助言となって表れたという側面もあったわけである。ドイツ側にしてみれば、自分たちですらこれほどに難渋している議会制度が、日本人に使いこなせるわけがないという気持ちも当然強かったであろう。

しかし、このような助言にもかかわらず、また伊藤自ら煙草専売化問題でのビスマルクの苦境を正確に観察しているにもかかわらず、彼のなかに議会制導入へのためらいが萌《きざ》した形跡は認められない。議会と共同で政治を運営していくとの構想において、伊藤は一貫していた。だとすれば、伊藤の関心は、議会制度の移植をどのようにすれば免疫不全を起こさずに施術することができるか、という点に向けられていたと推察できよう。

シュタインの国家学への感服

この点、シュタインの講義は伊藤の志向にマッチしていた。「憲政（Verfassung＝議会制）はその最も本来的な概念に基づけば、行政の行為なくしては無内容であり、行政はその概念上、憲政なくしては無力」と説く彼の国家学は、議会政治と行政の調和を図るものだったと言えるからである。シュタインによれば、Verfassung（議会制度）は国民の政治参加の原理とシステムとして不可欠だが、それは利害関心によって左右される安定性を欠いた政治しか行えない。これに対して議会制度を補完して国家の公共的利益を実現するシステムとしてVerwaltung（行政）が必要とされる。そのように説くシュタインの国家理論に、伊藤は感服した。帰国後、伊藤はシュタインの存在を吹聴し、以後ウィーンのシュタインのところへ日本の政治家や官僚、学者、留学生などが引っ切りなしに押し寄せてその教えを請うという「シュタイン詣で」なる現象が生じることになる。

伊藤は前述のように一八八二年八月にウィーンでシュタインに会った後、いったんベルリンに戻り、九月にウィーンを再訪し、一一月五日までシュタインの講義を受けた。その結果、「憲法丈《だ》けの事は最早充分」（一〇月二二日付井上馨宛伊藤書簡、『伊藤伝』中、三二〇頁）と喝破し、「一片の憲法のみ取調ても何の用にも立たない」としたうえで、「縦令如何様《たといいかよう》の好憲法を設立するも、好議会を開設するも、施治の善良ならざる時は、其成迹《せいせき》見る可き者なきは論を俟《ま》たず。施治の善良ならんを欲する時は、先《まず》其組織 準縄《じゅんじょう》を確定せざる可からず」との認識を示している。施治の「組織準縄を確定」すること、それはすなわち「政府の組織行政の準備を確立する」ということに他ならない（『続秘録』、四六〜四七頁）。

シュタインとの邂逅《かいこう》によって、伊藤は立憲体制の全体像のみならず、その制度的基盤たる行政に開眼したのだった。藩閥政府内にあって「制度の政治家」を自負していた伊藤にとって、シュタインの国家学は渇望していたものだったと言える。だが、彼がシュタインから受けた影響はそれにとどまらない。シュタインを通じて、伊藤は制度とは知によって成り立ち、知によって動かされるものという視点を得ることになる。この点は、次節において詳論しよう。

その後伊藤は、再びベルリンでモッセの講義を受け、翌年の二月一九日までそこに滞在した。ベルリンを離れてからは、三月三日にロンドンに赴き、約二ヵ月そこでさらなる調査に携わった。

伊藤はロンドンでも精力的に調査に励んだ。そのことは、井上馨に宛てた手紙で、「英国滞在殆《ほと》んと二箇月間。毎日取調に従事、徹頭徹尾要領を尽し候心得に御座候。乍《さりなが》ら去憲法政治之事は学得るに随て其難事たるを感覚仕候」と記していることから察せられる（一八八三年四月二七日付書簡、『井上馨文書』六二八―七)。だが、イギリスでの調査の実態は、史料が存在せず、不明である。そのため、このときの憲法調査の意義は、これまで筆者も含めてもっぱらドイツとオーストリアでのグナイストやシュタインの影響ばかりに即して論じられてきたが、[3]本書では後ほどイギリスでの調査の成果について仮説を披露したい。

五月九日、イギリスを後にした伊藤は、ロシア皇帝アレクサンドル三世の即位式に日本の全権大使として出席し、その後六月二六日にナポリより帰国の途に就いた。そして八月三日、日本に帰着したのである。約一年半に及ぶ調査旅行であった。出発前、その派遣に大きな異議が政府の内外から起こっていたことは前述したが、伊藤は憲法制定に大きな自信を持って帰ってきたのである。

4 憲法制定期の伊藤の思想――国制知の造形

憲法発布

大日本帝国憲法、いわゆる明治憲法は、一八八九年(明治二二)二月一一日に発布された。その日、東京の街は国家的な祝祭の空間と化した。このときの巷《ちまた》の様子については、御雇い外国人によるものを中心にすでに様々な証言が残されているが、ここでは当時を回想する市井《せい》の声を拾っておこう。

なんしろあたしは憲法発ポをこの目で見てんですからねえ。ありゃアまアえらい騒ぎでした。さアーあたしのたしか九つ位の時だと思うけど、いたる所の商店で四斗樽の鏡を抜いてまるでお祭り。酔っぱらいは出放題で、それが日本国中ってんだから。そのあとの凱旋祝いもたいしたもんだったけどとても追っ付くもんじゃなかったね。

（斎藤隆介『職人衆昔ばなし』、三六頁）

このとき、日本の官民は挙《こぞ》って、文明の一等国への切符を手にしたとの陶酔に浸ったのである。

そのような国家的威信をかけて制定された明治憲法は、どのような歴史的意義を持つものなのか。従来、この憲法は、見せかけの立憲主義（Scheinkonstitutionalismus）の産物であり、強大な君主大権を定め、議会の権限を弱体化させた、近代化に対する反動的性格を刻印されたものと捉えられてきた。だが、一九二〇年代までは、この憲法のもとで議会政治が進展し、イギリス的な二大政党制と政党内閣が実現したというのが歴史の歩みであった。それは、憲法の父たる伊藤にとって、予想外の事態だったのだろうか。本節以降ではこの点を念頭に置いて、憲法制定期の伊藤の憲法観を解説したい。その際に重要なのは、「憲法」＝constitution

を単に法典としてのみならず、国家の構造という側面（国制）、政治のあり方という側面（憲政＝議会政治）からも考察することである。

国家全体の構築

まず法典としてのconstitutionを考えてみたい。条文だけから見た場合、それは第一条で天皇の位は万世一系で神聖かつ不可侵な存在と規定していることによく表れているように、神権的な天皇絶対主義の憲法と性格づけられるだろう。神権的な側面はともかくとして、[4]一連の君主大権をはじめ憲法の諸規定のモデルを提供したのは、プロイセン憲法（一八五〇年）だった。その背景には、明治一四年の政変があった。ここで大隈が提唱するイギリス・モデルの憲法案は排斥され、岩倉と井上毅が推し進めるドイツ・モデルが選択される。憲法起草方針はここに確定したのであり、それは明治憲法の理念的成立と言ってもよい。

だが、この翌年の伊藤博文によるヨーロッパでの憲法調査によって、明治のconstitutionに新たな側面が付与される。日本語の「憲法」は、英語・フランス語のconstitutionやドイツ語のVerfassungの訳語として、この伊藤の派遣の際に公定されたと言われる。しかし、日本語の「憲法」が想起させるところとは異なって、constitutionやVerfassungはきわめて多義的な概念である。それは「憲法」という以前に、事物の構築や策定、あるいはその成り立ちや構造といった意味を持つ言葉なのである（拙稿「伊藤博文の立憲デザイン」）。

そして、前節で見たように伊藤の憲法調査とは、まさに「憲法」を超えて、国家の全体的構造を対象とするものだった。シュタインの講義を聴いて、伊藤が憲法など一片の紙切れに過ぎない、重要なのは行政だと看破していたことは前述の通りである。この教示そのままに、帰国後の伊藤は行政組織の改革に乗り出す。

国制確立のための諸改革

まず彼が着手したのは宮中改革だった。その際の指導理念は、宮中府中の別の確立である。この頃、明治天皇は三〇歳代になって青年君主としての威風を身につけていた。それを受けて天皇親政運動というものが起こる。天皇に直接執政を委ねようという運動である。伊藤はそれに反対する。君主という一個人の意思によって政治が左右されることは望ましくないと考えた伊藤は、まず宮中と府中とを切り離すという改革を行い、天皇親政運動を封じ込めるのである（坂本一登『伊藤博文と明治国家形成』）。

次に、一八八五年（明治一八）一二月、内閣制度の導入をはじめとする行政機構の改革が行われる。その結果、初代の内閣総理大臣に伊藤が就任した。それまで大臣になれるのは有栖川宮や三条、岩倉など皇族華族に限られていたが、国家の今後は身分に関係なく、国民であれば誰もが大臣の職に就くことが形式上可能になった。

さらに伊藤は、大学制度の改革に着手する。すなわち一八八六年に帝国大学という新たな高等教育体制を構築した。今日の東京大学である。そして、彼は帝国大学を国家の行政を担うエリート官僚のリクルートシステムとして位置づけた。これに合わせて、帝国大学法科大学——今日の東京大学法学部——のなかに、国家学会という組織が作られる。国家学会とは、今日でも東京大学大学院法学研究科のスタッフを中心に運営されている学術組織であるが、それは元来、このときに伊藤の支援で、わが国初の政策シンクタンクの意味合いを持って創設されたものだったのである。

一八八八年（明治二一）には枢密院が創設される。これは当初、憲法典や皇室典範の草案を審議するために設けられたものであったが、伊藤はそれをさらに天皇の政治的行為のための諮問機関として位置づける。既述のように、彼は宮中を政治から区別し、そこに天皇を押し込めようとした。しかし、明治憲法の規定上、天皇は形式のうえでは統治権の総攬《そうらん》者であり、主権者である。そのような主権者としての天皇が、政治的な意思決定を行う場合には、枢密院の場に出て、そこでの審議を通じてなすべきであるとされた。枢密院は、天皇の政治活動を制度化し秩序づけようとする伊藤の構想の一環なのである。

以上のような一連の国家の構造改革に画竜点睛を施したものが、一八八九年（明治二二）の明治憲法の発布であり、これによって、立憲国家のいちおうの体裁が整ったと言える。

このように明治憲法制定期の伊藤は、狭義の憲法のみならず、それを一齣《ひとこま》とする、より広義の国制の確立に腐心していたのである。以上に述べた国制を構成する諸ファクターのなかからここでそのひとつを取り上げ、伊藤がこの時期に思い描いていた国のかたちをより立体的に浮かび上がらせてみたい。そのファクターとは、帝国大学である。

大隈重信の挑戦

伊藤は立憲体制を布《し》くには、それに先立って、新しい国制に見合った新たな知の制度化が不可欠だと考えていた。ここに来て彼は、国家というものがまた知を基盤として成り立っているという考えに至ったのである。それをもたらしたのが、憲法調査でのシュタインの講義だった。そのような観点から、シュタイン国家学の意義を改めて論じておこう。

そもそも伊藤は知を愛すること一方ならぬ政治家だった。人はすべからく知によって身を立て、知によって社会に認められるべきであると彼は考えていた。それは、少年期からの体験に根差した思想だと言える。伊藤自らが、新しい知への憧憬に掻きたてられて世のしがらみを破りながら身を立てていったこと、前章で論述した通りである。

そのような伊藤にとって、政治家としての大きなアイデンティティの危機をもたらしたのが、明治一四年の政変だったと思われる。[5] 既述のように、ここで大隈は伊藤を凌駕する憲法構想・制度構想を展開した。それは「制度の政治家」伊藤の根底を揺るがすに足るものだった。だが、それだけではない。大隈の構想は、「知の政治家」伊藤にとっても大きな危機を意味していた。それは、このとき大隈が、伊藤の株を奪うかたちで知識人の糾合と制度化を着々と進めていたからである。

大隈は官にあったときから優秀な知識人を自己の配下に集め、影響力の増大に努めていた。その面々を列挙すれば、農商務卿河野敏鎌、駅逓総監前島密のほか、次のような少壮官僚が挙げられる。すなわち、矢野文雄（統計院幹事兼太政官大書記官）、牛場卓蔵（統計院少書記官）、犬養毅（統計院権少書記官）、尾崎行雄（同上）、中上川彦次郎（外務権大書記官）、小野梓（一等検査官）、牟田口元学（農商務権少書記官）、小松原英太郎（外務権少書記官）、中野武営（農商務権少書記官）、島田三郎（文部権大書記官）、田中耕造（文部権少書記官）、森下岩楠（大蔵権少書記官）といった人々である。これら若き俊秀知識人は、ほとんどが福沢諭吉の慶応義塾で学び、大隈の斡旋で政府に奉職するに至ったという経歴を持つ。イギリス流政党政治の導入を考えていた大隈は、その地ならしとして、慶応義塾出身の青年書生を自分の構想を実現するためのスタッフとして活用しようとしていた。尾崎行雄は統計院に出仕した頃、大隈の腹心矢野文雄から、「時勢の進運に促がされて、内閣にも国会開設論が起り、大隈参議などは、明治十六年には国会を開く希望で、すでにその準備に着手した。国会が開かれれば、国務の説明をさせる政府委員が、多数必要であるから、今のうちに民間の人材を抜擢して政府に入れ、二年間政務の練習をさせることにしたのだ」（尾崎行雄『咢堂自伝』、七四頁）と聞かされている。大隈の急進的憲法構想に驚愕した政府が、大隈のもとへの知識人の結集にも疑惑を強めていったのは当然であろう。時の太政大臣三条実美も、「大隈氏建言已来《いらい》専ら福沢党之気脈内部に侵入之事に至ては一同憤激之模様に有之候」と記している（一八八一年九月六日付岩倉宛三条書簡。『実記』下、七五三頁）。政府側としては、政変を起こして大隈の急進的憲法論を封じるには、大隈一人のみならず、政府部内の福沢色をも一気に払拭せざるを得なかったのである。

「政談的知識人」対「科学的知識人」

しかしそれは問題の根本的な解決とはなり得ない。野に放たれた大隈一派は、立憲改進党と東京専門学校（後の早稲田大学）を設立し、公然と政府との対決色を強めることになる。「片手に政党、片手に学校」を具備することによって企図されていたのは、私立学校で政治的人材を養成し、それを政党にリクルートしていくというシステムに他ならない。例えば、大隈の懐刀小野梓の東京専門学校における講義は次のようなものであったという。

> 小野先生の講義は丸で政治演説のやうだ。財政の原理などはそち除《の》けで、盛んに政談をせられる。かういふ風にして、学生の気風を政治弁論に導かれたのは実に非常なものである。〔中略〕全校の生徒約二百人は、総て是れ年少気鋭の政治家であった。
>
> （『早稲田大学百年史』①、四七四頁）

ここに反政府勢力の再生産装置は見事な整いを見せたと言えよう。このことは藩閥政府にとって大きな脅威であった。同時に、政府側としては、これまで政治エリート養成のイニシアティブが私立学校に握られ続けてきたことの反省も余儀なくされていたであろう。そしてこの点を人一倍痛感していたのが、他ならぬ伊藤であったと考えられる。土屋忠雄氏は、「明治二年の「国是綱目」以来、一貫している伊藤博文の考え方は、近代統一国家、法治国家としての機構、組織の確立と、その中における教育行政、学校制度のありようをいかにすればよいか、またそのような国家に相応しい人間をつくるには、どのような教育が適当であるかという」ものだったと述べる（土屋『明治前期教育政策史の研究』、二七四頁）。

前章でも言及したように「国是綱目」のなかには、「速《すみやか》に人々をして弘く世界有用の学業を受けしめ」、そのために「新に大学校を設け、旧来の学風を一変せざる可らず」との表現があった。伊藤にとって、新しい国家は「世界有用の学業」を修めた新しい人間によって担われるべきものだったのであり、そのための知の機関としての「大学校」の設立は、早くから彼の念頭にあったものだった。

前記のような大隈の大学計画は、それゆえに伊藤にとって大きな挑戦であった。加えて、両者の間には知識人の「質」をめぐる見解の相違も介在していた。一言でいって、大隈のもとに集い、彼が育成していこうとしたのは「政談的知識人」である。そのことは先に引用した、東京専門学校における小野の講義風景の描写が端的に物語っている。これに対して伊藤が念頭に置いていたのは、「科学的知識人」だった。そしてこの「科学」によって、「政談」を克服することこそ伊藤の最大の関心事だったのである。

一八七九年（明治一二）に建策した「教育議」のなかで伊藤は、維新後の不平士族や欧米過激思想の台頭に対処するためには、高等教育の再編成が不可避であると論じているが、そこで彼は科学による政談の「暗消」について語っている。

> 高等生徒を訓導するは、宜《よろ》しく之を科学に進むへくして、之を政談に誘ふへからす。政談の徒過多なるは、国民の幸福に非《あら》す。今の勢に因《よ》るときは、士人年少稍《やや》才気ある者は、相競ふて政談の徒とならんとす。〔中略〕今其弊《そのへい》を矯正するには、宜しく工芸技術百科の学を広め、子弟たる者をして、高等の学に就《つ》かんと欲する者は、専ら実用を期し、精微《せいび》密察《みっさつ》、歳月を積久《せききゅう》し、志嚮《しきょう》を専一にし、而《しか》して浮薄激昂《げっこう》の習を暗消せしむへし。蓋《けだ》し科学は実に政談と消長を相為す者なり。
>
> （『伊藤伝』中、一五三～一五四頁）

井上毅への危惧

しかし伊藤の提議とは裏腹に、事態は深刻の度を深めていく。「政談の徒都鄙《とひ》に充《み》つる」という状況は、大隈の手引きもあって、一八八一年（明治一四）に入ると政府の内をも浸食していくのである。伊藤はこの時期、「今日生意気の書記官等、頗る急進論等を以て差迫る事時々あり」（『保古飛呂比』⑩、一八八一年三月四日の条、一〇五頁）と苦言を漏らしている。

そのような伊藤が政府の他のリーダーたち以上に、政変後の大隈の東京専門学校の動きに神経を尖《とが》らせていたのは当然だろう。そして伊藤にとっての憂慮の種は、外のみならず内にもあった。明治一四年の政変は、国家構想の覇権争いという性格を持つが、夙《つと》に指摘されているように、そこでの真の主役は伊藤や大隈ではなく、井上毅であり、小野梓であった（山室信一『法制官僚の時代』）。彼らのような西欧の国家論・政治理論を身につけた知識人の台頭を前にして伊藤は、自己の権力の安定とリーダーシップの強化のためにも、これら新興知識人をしのぐほどに立憲政治について把握しておく必要を感じていたと考えられる。

確かにこの頃、政府側にはすでにプロイセン型立憲君主制を知悉《ちしつ》し、それを唱道していた知恵者井上毅がいた。彼こそ大隈の急進論を破砕し、伊藤を勧説して憲法起草の任にあたらしめた政府のイデオローグである。しかし井上の存在は伊藤にとって決して安心できるものではなかった。というのも、井上はしばしば伊藤の頭越しに行動し、岩倉や井上馨らを頤使《いし》するかのような行動をみせていたからである。そうやって井上は、自己の抱くプロイセン流憲法構想へ向けて政府全体をシフトさせていこうとしていた。

伊藤に対しても、彼は井上馨に取り入り、その口を通じて元老院改革に固執する伊藤の憲法観を批判させ、「早く独乙之憲法に習」うよう督促している（一八八一年七月二七日付伊藤宛井上馨書簡、『伊藤文書〈塙〉』①、一六五頁）。井上毅の陰での働きによって、伊藤は彼のプロイセン型憲法構想実現のための先兵に祭り上げられようとしていたのである。そのような井上の活動は、官僚としての分を超えたものと伊藤の目に映じたであろうことは想像に難くない。小野をはじめとする在野の理論家のみならず、体制内の井上のような知識人の政治的突出にも伊藤は心を砕かねばならなかったのである。彼らをはじめとする知識人を馴化《じゅんか》し、自己の権力を支える知のシステムを確立すること、憲法調査に出かけるにあたっての伊藤の懸案とはそのようなものだったと推察される。

シュタイン国家学からの自信

以上のように伊藤には、大隈―小野ラインのみならず、岩倉―井上ラインの憲法構想をも克服しなければならないという個人的要請があった。彼がかなりのコストとリスクを負ってまでも海外に出ることを決意したことの背景には、そのような彼の政治的動機が働いていたと考えられる。大隈―小野と岩倉―井上の両者からの挟撃を乗り越え、立憲制への第三の道を追求するにあたっては、日本にとどまっていたのでは埒があかなかった。それではいつまでも、小野や井上の後追いをすることにしかならないからである。台頭する政治的知識人に対抗し、独自の立憲国家のビジョンを獲得するには、日本をいったん離れ、いちはやくドイツを訪れて彼の地の国家論を学ぶ必要があった。その意味で、伊藤にとってヨーロッパでの憲法調査は、単に憲法起草者としての箔付けというにとどまらない、勝《すぐ》れて実践的な意義を持つものだったと言える。

伊藤のこのような要請に応えてくれたのも、シュタインの国家学だった。前記のように、政府内外の政治的知識人の興隆に危惧の念を募らせながら渡欧した伊藤だったが、シュタインとの邂逅後、いまや彼はそれら知識人を「ヘボクレ書生」と呼び、[6] 彼らの説くところを克服する「道理と手段」を得たと高らかに宣言している。自己の立憲制に対する学識を誇示することになる。


実に英、米、仏の自由過激論者の著述而已《のみ》を金科玉条の如く誤信し、殆《ほと》んど国家を傾けんとするの勢は、今日我国の現情に御座候へ共、之を挽回するの道理と手段とを得候。

（一八八二年八月一一日付岩倉宛伊藤書簡、『伊藤伝』中、二九六頁）


かくも深甚な自信は何を根拠に得られたのか。一言でいって、それは民権派の唱える憲法論が欧州の地ですでに過去のものとなっているのを知り得たことが大きい。在野の反政府勢力が依拠していたのは、ルソーをはじめとする前世紀の社会・国家理論が主であった。しかも彼らの間で支配的だったのは、反体制勢力の常として、抽象的な自然法思想だった。それによって議会主義に対する急進的な信仰が表明され、その正当化が促されていたのである。

けれども、伊藤がヨーロッパで見出したのは、そのような抽象的自然法論から歴史主義的思考への転換という事態の進展だったのである。一八八二年（明治一五）九月六日付の松方正義宛書簡において彼は次のように記す。

青年書生が漸く洋書のかじり読みにて拈《ひ》ねり出したる書上の理屈を以て、万古不易の定論なりとし、之を実地に施行せんとするが如き浅薄皮相の考にて、却《かえつ》て自国の国体歴史は度外に置き、無人の境に新政府を創立すると一般の陋見《ろうけん》に過ぎざる可し。

（『伊藤伝』中、三一〇頁）

確かに当時のヨーロッパでは社会契約論などの仮設的な——それゆえに抽象的な——理想論的社会理論は退潮し、代わりに具象性を掲げた歴史主義や実証主義が学問の指導理念を形作っていた。それはまた抽象化された個人ではなく、それを様々に規定する社会の諸要素が認識の対象として浮かび上がってきたことをも意味している。ドイツでもそのようにして、かつてのイデアリスムスの哲学は学問の玉座から追われ、歴史学、経済学、社会学といった諸学が主潮流をなしていくのである。そしてそのような傾向のなかで、シュタインは階級対立の体系としての社会が独自の法則をもって立ち現れることを主張し、かのカール・マルクスにも影響を与えるなどドイツの社会主義思想史や社会学史において独特の地位を占める人物だった（シュタイン『社会の概念と運動法則』）。

かくして欧州の最先端の政治思想と社会認識を摂取したとの自負を抱いた伊藤は、「彼改《かの》進先生〔大隈〕の挙動、実に可憐《あわれむべき》ものなり」（九月六日付松方正義宛書簡、『伊藤伝』中、三二〇頁）と気炎を上げるほどに精神的に蘇生するに至ったのである。

シュタイン招聘の最大の目的

だが、彼の示す自信の背後には、さらにもう一つの理由があった。シュタインを通じて伊藤は、「将来我国の治安を図るの目的を以て教育の基礎を定むる」との考えを新たにすることができたのである。それは就中《なかんずく》、立憲制に先立ってそれを支える知の機関を作り上げること、すなわち大学を政治エリート供給のための国家機関として整備するとの方向で顕現することになる。そこに、伊藤がシュタインを日本に招こうと画策した最大の要因があった。シュタイン招聘を最初に建策した八月二三日付井上馨宛書簡にそもそも、「日本の形勢に付て必用として論する所は大学校の基礎を定め学問の方嚮《ほうきよう》を正すに在り」（一八八二年一〇月二四日付三条太政大臣宛山県有朋建議書、「スタイン氏傭入《やといいれ》」）との言明が認められるが、この点は引き続いて発せられた日本への通信のなかで、繰り返し唱えられることになるのである。

小生此便井上外務卿えの書中に、澳国《オーストリア》の学師スタイン氏を我国に聘し度きことを勧告せり。若し廟議《びょうぎ》此師を傭入、大学校を支配せしめ、学問の方嚮を定めしなば、実に現今の弊を矯《た》め、将来の為め良結果を得ること疑なしと信ず。

（一八八二年八月二七日付山田顕義宛書簡、『伊藤伝』中、三〇五〜三〇六頁）

先便已《すで》に博士スタイン傭入《やといいれ》の儀申上置候処《ところ》、如何御考慮に候哉。小生独逸学問の根柢《こんてい》あるを見て、益《ますます》此等の人物の今日我国に必用なるを覚へ申候。此人日本に至り学校の創立、組織、教育の方法を実地に就《つい》て見込を立てしむるを主とし、現政の法度《はっと》情況に就て政府の顧問たらしめば、只《ただ》に目下の便益を得る而已《のみ》ならず、百年の基礎又随て牢固《ろうこ》ならん。

（一八八二年九月二三日付井上馨宛書簡、『伊藤伝』中、三一八頁）

伊藤のシュタイン招聘案が、大学改革案と連動していることが明瞭に見て取れよう。この伊藤の立場は一貫している。招聘の承諾を促しながら、彼は日本へ向けてさらに次のように書き送っている。

スタイン傭入御許可の上は、政府のアドバイセルにして、学問上のシステムをレホルム為致《いたさせ》候事も傍ら為致従事度《じゅうじいたさせたく》、人民の精神を直《ただ》すは、学校本《もと》より改正するの外無之《ほかこれなく》候。

（一八八二年一〇月二二日付井上馨宛書簡、『伊藤伝』中、三二〇〜三二一頁）

「人民の精神を直すは、学校本より改正するの外無之候」のくだりに、伊藤の並々ならぬ意気込みが看取されよう。そしてシュタインのほうも、伊藤の申し出を辞退したとはいえ、次のように対案を提示して、大学改革に側面から援助を与える意思を表明するのである。

猶《な》ほ余は傍らに当府留学の貴国青年書生を幇助《ほうじょ》し、独り彼輩《かのはい》の為めに、大学入門の周旋を為すに止《とど》まらず、余が一身の学友として彼輩の学事を勧奨すべし。是《ここ》に於て乎余は自ら日本書生の欧州の学科を修むるもの丶為に、一個の中点となりて他日貴国に大学を作与するの元資を生ずるの媒介者たらんとす。夫《そ》れ智識の発達を謀るは、大学を興すに若《し》くはなし。若《も》し貴国にして大学校の教育を振作せば、則ち其洪益《こうえき》は自《おのずか》ら東洋諸国に波及するに至らん事必せり。余此の志を懐く事既に久し。唯《た》だ未だ之を実際に試みざるのみ。

（一八八二年一一月一五日付伊藤宛シュタイン書簡、『伊藤伝』中、三二九〜三三〇頁）

大学設立の不可避を説き、そのために自分は「媒介者」として働くと述べる。そしてそのようにして東洋に大学の理念を広めることは、自分の年来の夢であったとまで言い切っている。この問題にかけるシュタインのただならない熱意が感じられる。この両者が意気投合することができたのはまさにこの大学論を通じてであったことは、いまや十分に明らかであろう。[7]

「立憲カリスマ」へ

このように、伊藤はシュタインを通じて、大学を国家機関として、国制の不可欠のファクターとして改革するとの構想に開眼したのだった。政治的知識人の勃興の渦中で憲法制定のイニシアティブを掌握できずにいた彼は、いまやそれら知識人を凌駕し得たとの自信を胸に日本に戻ることになる。それはまず何よりも、大隈を頭目とする在野の反政府勢力を念頭に置いてのものであることはもちろんだが、同時に政府部内の官僚知識人に対しても向けられていたであろう。伊藤はウィーンから、日本政府にとってのドイツ学の知恵袋であったロェスラーを指して「ロエスレルの説は自由に傾斜せることを往々発見せり」(一八八二年八月二七日付山田顕義宛書簡、『伊藤伝』中、三〇五頁)と書き送っているが、そこにロェスラーとは別のドイツ学の御本尊を見出し得た彼の満足感を嗅《か》ぎ取ることは、あながち無理なことではあるまい。このとき伊藤は、既存のドイツ学にも対抗し得る「道理と手段」を獲得することができたのである。

かくして立憲制についての認識を飛躍的に増大させることができた伊藤は、見事に立憲指導者としての変容を遂げて帰国した。伊藤にとって滞欧憲法調査とは、「立憲カリスマ」へと脱皮するための不可欠の経験だったと言えよう。

『伊藤文書』のなかに残されている、あるシュタイン国家学の講義ノートには、次のような一節が見られる。

堅牢なる政体の基礎となるへき官吏を養成するは大学校の務《つとめ》なりとす。故に大学校は政事上に関し緊要なる目的を有するものにして、唯其学術のみを教授するを以《もっ》て目的とするものは未た其目的の半途なるものにして、完全なる主義を備へたるものなりと云ふことを得さるなり。

（「スタイン氏講義筆記」上・下、『伊藤文書』二三四―一、二）

シュタインにおいて大学とは、何よりも「堅牢なる政体の基礎」となるべき国家の機関であった。大学で生産される知と知識人をまって初めて、国家の行政は可能となるのである。換言すれば国制を刷新するには、その前提となる学識階層と知の装置を創出しなければならない。シュタインはそのような知の存在形態――「国制知」――の強力なイデオローグだったと見なすことができる。そしてシュタインを媒介にして、この国制知という思想を吸収した伊藤は、「制度の政治家」のみならず「知の政治家」としても再生するに至った。そのための歴史事象として、伊藤憲法調査はあったのである。

5　超然演説——憲法成立と政党政治

シュタインという師を得て、伊藤は国制と行政、そしてそれらの基盤となる国制知に開眼して帰朝した。以後、彼が行政の確立に意を注いだことは既述の通りである。

ところで、このときの伊藤の問題関心は、これにとどまるものではなかった。伊藤は同時に、立憲国家という形式にどのような政治の内実を盛り込むかという点にも関心を向けていた。彼が求めた政治の内実とは何か。それは、国民政治というものである。行政を中心として国制を整備するが、その国制という器には国民政治という精神が注入されるべきと伊藤は考えていた。それは師説を乗り越える彼独自の境地と言える。この点は憲法発布直後の講演で明快に論じられているので、それらを素材に彼が希求していた立憲政治の精神を考察し、明治憲法制定時の伊藤の思想の全容を明らかにしたい。

欽定憲法の意味——主権不可分論

発布後、伊藤は憲法の普及のためにいくつかの講演を行っている。最も有名なものが、一八八九年（明治二二）二月一五日の府県会議長たちに宛てた演説である。その三日前に時の首相黒田清隆が行った演説と同様、それは政府が政党から超然として施政を執ることを闡明《せんめい》した超然主義の宣言として、しばしば引き合いに出される。しかし伊藤が実際にその場で述べたことは、もっと含蓄に富んだものである。そこで、すでに言及され尽くしたかの感あるこの演説をあえてもう一度考察してみることにしたい。

劈頭《へきとう》伊藤は「今般発布せられたる憲法は、言ふまでも無く欽定憲法なり」（『伊藤伝』中、六五一頁）として、この憲法が天皇自ら制定し、臣民に下賜したものであることを強調する。「此憲法は全く天皇陛下の仁恵《じんけい》に由《よ》り、臣民に賜与し玉ひしもの」とされる（同前）。

この欽定性というところに明治憲法の大きな特色が求められる。そのことを伊藤は次のように語っている。

> 今我が憲法制定の体式《たいしき》を以て他の立憲諸国の憲法と比較するに、其間大差別の存するものあり。乃《すなわ》ち第一章に君主の大権、即ち主権を明記するものは、他国の憲法に其例あるを見ざる所なり。而して其然《しか》る所以のものは、一考直に了解するを得べし。抑々《そもそも》我が日本国は開闢《かいびゃく》の始より、天皇親《みずか》ら開き玉ひ、天皇親ら治《しら》しめすを以て、之を憲法の首条に載するは実に我が国体に適応するものと謂《い》ふべし。是れ他国の憲法と大に其構成体裁を同くせざる所以なり。
>
> （『伊藤伝』中、六五二頁）

日本国とは天皇が築き、天皇が統治してきた国家なのであり、したがって天皇こそが日本国の主権者であることが謳われている。そのことを裏打ちするために、憲法はまず第一章で天皇に主権が帰属することを明記するという他国に類をみない条文構成をとったのだと説かれている。ここでの伊藤の口吻《こうふん》は、さながら天皇即国家とでも言えるかのようなものである。実際、伊藤は「我国の如きは開闢《かいびゃく》以来の歴史と事実とに徴して主権は君主即ち王室に存し、未だ曾《かつ》て主権の他に移りたるの事実なく、又移るべきの道理あらざるなり」（『伊藤伝』中、六五四頁）として、次のように言う。

主権は帰一にして分割すべからず、独り君主の一身に存する以上は、国家の官吏たるものの動作は主権之を為さしむるなり。故に行政各部の機関の活動は、主権の委任権に過ぎずして、決して固有のものにあらず。故に官吏の動作は委任権にして行政各部の機関は支派を別《わか》ち、各々定分を有して独立に運転するの機能を有するに拘《かかわ》らず、帰一の主権は君主の総攬せらるゝ所なり。之を以て仮令《たとい》議会を開き、公議輿論の府と為すも、主権は唯だ君主の一身に存在することを遺忘すべからず。（『伊藤伝』中、六五五〜六五六頁）

伊藤は、このような主権帰一論は、かつて世に喧伝《けんでん》されたモンテスキュー流の権力分立論に対する批判として今日のヨーロッパでも受け入れられている議論だと述べて自説を補強している。つまり、今日有力なのは国家を人体に比定する有機体的思想であるが、それによると精神の本源が頭脳の専有であるのと同様、「主権を講ずるの学者は、概ね皆主権の分割すべからず、必ず帰一せざるべからざることを唱導せざるものなし」(『伊藤伝』中、六五五頁)というのが趨勢だと言う。これはわが国の国体とまさに合致した考え方であり、それがゆえにわが憲法は第一章で率先して主権の不可分性を明記したとされる。

このように伊藤には、明治憲法こそ最先端の国家理論を先取りして具現したものという自負があった。それは主権の不可分論・帰一論であり、日本の場合、その担い手は天皇ということになる。「日本に於ては開闢以来の国体に基き、上元首の位を保ち、決して主権の民衆に移らざることを希望して止まざるなり」(『伊藤伝』中、六五六頁)として主権の不動性が唱えられ、施政も「皆之を至尊に総《す》べて其綱領を攬《と》らせらる丶なり」(『伊藤伝』中、六五三頁)とあるように天皇親政が掲げられる。そもそも政府とは「天皇陛下の政府」であり、「我政府は主権の存する所に支配せられ、活動すべきもの」なのである(同前)。

政党政治不可避の根底

『伊藤博文伝』所収の演説内容をたどってみれば、そこで展開されているのは、天皇主権の専制国家の弁証に他ならないようである。だが、伊藤の議論には続きがある。以下、当日の伊藤講演の全容を筆録した『東京日日新聞』の記事からそのさらなる展開を追っていこう。伊藤が超然主義を吹聴しつつ、その実俗解された超然主義から超え出た認識を示しているのは、『伊藤伝』に収められなかったこの部分に求められる。

伊藤によれば、「憲法を設け議会を開かんとするに当り党派の起るは人類群集の上に於て免るべからざるの数なり」とされる（『東京日日新聞』一八八九年二月一九日。以下、引用は同紙より）。ここから端的にうかがえるように、伊藤は憲法施行後の政党政治化をそれ自体としては不可避のことと見なしている。[8] その根底には、憲法政治とは利害政治であるとの彼の観察がある。つまり、国民の政治参加を保障する憲法政治とは、国民が自己の利害を主張し、それに立脚して政治活動を行うことを保障した政治のあり方だと言うのである。

そこで重要となるのが、そのような利害政治をどのような方向へと誘導するかということとなる。先の引用に引き続き、伊藤は次のように述べている。

他日国家の政事を以て臣民代表者の議決に付するに当ては其利害は一府県の利害得失に非ずして則ち延《のべ》て全国の利害得失となるべし。故に苟《いやし》くも帝国議会の議員たるものは自己の選挙せられたる一部の臣民を代表するにあらずして全国の臣民を代表して敢《あえ》て郷里の利害に踞蹐《きょくせき》せずして汎《あまね》く全国の利害得失を洞察し専ら自己の良心を以て判断するの覚悟なかるべからず。

「私は選挙区民たる諸君の代表として議会へ赴く。しかし議会に着いた後、私は諸君の代表としてではなく、全国民の代表として振る舞う」とは、エドマンド・バークの有名な「ブリストル区民への演説」の言である。[9] この一節を伊藤は後年好んで引用するようになるが、その素地はこのときすでに確立していたことがわかる。伊藤は一人ひとりの議会政治家が特定の利害を背負いつつも、議会という公論の場において最終的には国民的利害の代弁者となることを期待していたのである。

とはいえ、そのような議員各人の志操に放任していたのでは、あまりに理念的に過ぎよう。伊藤はさらに次のように言葉を継いで、議会政治と政府との分断を図る。

互に其意見を異にするに至ては勢ひ党派を生ずべし。蓋《けだ》し議会又は一社会に於《おい》て党派の興起するは免れ難しと雖《いえど》も一政府の党派は甚だ不可なり。

急進論の否定

ここで念頭に置かれているのは、伊藤の憲法調査時の師シュタインの国家理論であろう。シュタインの学説の特色をなすのは、国家と社会の二元論である。それによれば、社会（Gesellschaft）が営利を中心とする個別的な特殊利益によって構成されるのに対し、国家（Staat）は共同体全体の普遍的利益の体現者とされる。換言すれば、欲望の体系に他ならない人間社会のなかから公的な価値を救出するために、私的利害関心から中立的な国家の活動が不可欠なのである。これと平仄《ひょうそく》を合わせるかのように伊藤も、「畢竟《ひつきよう》党派は民間に在ては止むを得ざる結果なりと雖《いえど》も之を以て政府にまで及ぼすは難事なりと愚考せざるを得ず」と述べている。「政府たるもの其は彼の党の為めなり此は我の党の為めとして自党を庇護《ひご》することあるべからず」なのである。

このように伊藤は、民間レベルにおける利害の自由競争を担保する傍《かたわ》らで、そこから冠絶《かんぜつ》した政府のあり方を称揚している。これはまさに超然主義の主張に他ならないとも言えよう。だが、伊藤が次のように議論を展開していることを無視するべきではない。

遽《すみやか》に議会政府即ち政党を以《もっ》て内閣を組織せんと望むが如き最も至険の事たるを免れず。蓋《けだ》し党派の利を説く者少からずと雖《いえど》も既に一国の基軸定り政治をして公議の府に拠らしむるには充分の力を養成するを要す。若《も》し此必要を欠て容易に国家の根本を揺撼《ようかん》するが如きことあらば将来の不利果して如何ぞや。

ここからうかがえるのは、政党内閣の即行という急進論の否定である。現時点で政党が一国の基軸を定め、公議の府の担い手となるには時期尚早であるといって戒めているが、議会政府それ自体を排斥しているわけではない。つまり、将来における政党内閣の実現は、伊藤の脳裏において必ずしもその可能性を抹消されていたわけではないと考えられるのである。

換言すれば、「政治をして公議の府に拠らしむる」ための「充分の力を養成する」ことが達成されれば、十分に政党内閣の余地が認められることになる。そして伊藤において、憲法政治のあるべき姿はまさにそのような方向に求められていた。それというのも、彼にとって憲法政治とは国民政治の謂《いい》に他ならなかったからである。この点を同時期の彼の発言から論証していこう。

6 国民政治としての憲法政治――皇族華族宛演説

華族に対しての演説

憲法発布前後に伊藤が公の場で行った講演はこれのみにとどまらない。この二日後の二月一七日には裁判官を前にして明治憲法下の司法権と行政権の関係につき講じ、両権はともに独立不羈《ふき》の地位にあるとして、司法権による行政権の干渉を牽制している（『東京日日新聞』二月二一日）。また、伊藤は華族層の立憲的啓蒙にも腐心しており、一八八八年（明治二一）一二月八日、一八八九年二月二六日ならびに翌二七日の三回にわたって華族同方会などの場で講演を行っている。[10]この他にも、国立国会図書館憲政資料室所蔵の『伊東巳代治関係文書』のなかには、憲法発布の翌三月、伊藤が関西を漫遊した折に大津と京都で行った講演の草稿が残されている。

このうちここで取り上げたいのは、『伊東文書』所収の一八八九年二月二七日付の「各親王殿下及貴族に対し」と題された演説である（書類の部一〇四）。読んで字のごとく親王や貴族を集めてなされたこの講演は、伊藤が皇族やかつての主君層を中心とした華族に対して、腹蔵なく憲法政治のあるべき姿を開陳しているものとして注目に値する。既述のように、この時期の伊藤は華族の立憲主義的啓蒙に熱心だった。皇室の藩屏として明治憲法体制の重要な一翼を担うべきものと位置づけられていた華族層に対して、伊藤が政治的責任の発揚に努めていたことは容易に想像できる。しかしその内容は、新聞紙上で公にされた演説のように、議会や裁判所による掣肘《せいちゅう》から超然とした自由な行政活動を弁証するものとは趣を異にしている。逆にそこで展開されているのは、国民主体の民主政治の弁なのである。従来、取り上げられることのなかった史料なので、以下、その内容を詳しくたどってみよう。

国体とは何か

まず伊藤は、日本の国体の特質を称揚することから始める。

日本に於ては今日まで歴史の伝へることに於て開闢以来主権者は万世一系の皇統によつて統治されて居り人種も亦斯《またかく》の如く続いて居ります。尤《もっと》も中古の歴史などを繙《ひもと》いて見ますと或《あるい》は朝鮮の人種なども這入《はい》つた様なことも有りまするなれども、先《ま》づ大数の部分に於ては開闢以来の人種のひろがりと云はなければなりませぬ。

日本国は開闢以来、大体において単一民族によって構成され、万世一系の皇統がこれを統治してきたという皇国史観である。そしてこのような国家は世界のなかでも比類がないと説かれる。その他の国々のなかで王家の交代や民族的な変容を経ていない国はないからである。このような典型的な国体論を伊藤も掲げるが、注目すべきなのは、これに続けて彼が次のように述べて、この日本の国体（彼は「国柄」という言葉を用いる）を同時代史的な視座のうえで相対化していることである。

今日の如く外国と交通の無い時分の日本の学者が只日本独り貴くして外は野蛮の様に言つて居りましたものも段々ありまするが、其の外が野蛮であつて我が国のみ開けて居ると云ふことを以て貴しとするよりは、自国は生れて来た以来今日に存続したものが一つものであると云ふことの方が世界に誇るに足りるものと考へます。

ここに表れているのは、万世一系という国体を掲げつつも、その卓越性に閉じこもるのではなく、むしろ国際社会との関係性を意識したうえでその特質を捉え直そうとの姿勢である。

伊藤は幕末期の神国論的な攘夷思想やこの時期まだ一定の力を有していた儒教的保守主義とは一線を画し、諸外国と開かれた関係を構築していける近代的独立国家の像を前提としている。伊藤の国体論とは、そのような国際社会のなかでの主体的かつ協調的なアクターたり得る独立国家を弁証するための方便だったのではないかとすら考えられるが、次の伊藤の発言を味読すれば、そういった発想も是認され得るだろう。

日本は箇様に世界に比類なき国柄であります。此の世界に比類なき国柄の国が今日世界万国と交通を開くと云ふことになつて参りまして、其交通上から間接を及ぼして来ると云ふことは種々様々のことが有りますが、併し何《いず》れにしましても此の関係より皆我れに取つて利することが無ければなりませぬ。己れを保護し己れを進めて行くと云ふことと見なければなりませぬ。

進化はどこに向かうか

いずれにせよ、伊藤は国際社会と広く関係を結び、それを通じて国の利益を高めていくことを標榜している。そのようにして海外との全面的な交通を行えば、やがては日本の国体の変容が生じるのではないかとの懸念が聞かれるが、それに対しては次のように述べて反駁《はんばく》している。

仮令《たと》ひ変するにしても変する事柄は定つて居ることで、皆我れを保護し、我れを進めて他に侵されず、外と競争をして以て己れの独立の位置を保つて行くと云ふ便宜上だけで有りますから、我れの「からだ」を変すると云ふことでは有りませぬ。其の改良よりして又内部の改良進歩も必要を感じて来たすものと考へなければなりませぬ。

ここには、伊藤の進化論的発想が読み込める。つまり、伊藤の立場とは、国家の「体」は外界との接触によってまったく別のものに変身するというのではなく、むしろそれとの相互作用を通じて自生的に改良されていくのであり、またそうあるべきだとの漸進的な進化論のそれだと見なすことができよう。さらに付言すれば、伊藤は身体という外面以上にその内部の変容を問題としている。その内部とは何か。伊藤がここで強調しているのが、国民の精神状態である。国民をより一層文明的に導いていくこと、それが国家の進化を決定づける重要なファクターとされる。

他国と競争して以て独立の地位を保ち国威を損せぬ様にしなければならぬと云ふには、人民の学力を進め人民の智識を進めなければなりませぬ。其結果は一国の力の上に於て大いなる国力の発達を顕《あらわ》すと云ふことは自然の結果で有りませう。

広く諸外国に国を開くことになったいま、日本の国際競争力を決するのは国民の民度だと言う。「人民を暗愚にして置いては国力を増進することに於て妨げが有るゆえに、人民の智徳並び進ましめて学問の土台を上げて国力を増進する基としなければならない」のである。従前の論旨とつなげれば、国民の知力の向上を図れば、国家は自生的に進化の方向をたどっていけるということであろう。

では、伊藤は進化の方向にどのような政治体制を構想しているのか。この点に関する彼の言明を聞いてみよう。

人民の学力智識を進歩さして文化に誘導さして参りますと人民も己れの国家何物である、己れの政治何物である、他国の政治何物である、他国の国力何物である、他国の兵力何物であると云ふことを学問をする結果に就《つき》て知つて来るので、其れが知つて来る様になれば知つて来るに就て支配をしなければなりませぬ。若し其の支配の仕方が善く無いと云ふと其の人民は是非善悪の見分けを付けることの出来る人民で有るから黙つて居れと言つて一国は治まるもので無い。

支配者にとって人民の開化とは両刃の剣である。開かれた知は国力の増強をもたらすのみならず、現実の統治を批判する精神をもたらすからである。しかし伊藤は、あくまでそのような人民を礎とする政治のあり方を唱える。なぜならば、人民の開化は文明諸国にとって「普通の道理」だからである。

支配とは何か

では、開かれた知性を有し批判精神をも兼ね備えた国民を前にして、支配の方法はどのように変わるべきなのか。伊藤はそれを「曖昧模糊の間に物を置くことが出来ませぬ」と前置きして、次のように述べる。

> 君主は則ち君主の位置に在つて君主の権を有《も》つて一国を統治しなければならぬ。臣民は臣民の尽すべき義務が明かにならなければならぬ。是れが憲法政治上に於て必要なることで有ります。

このように、治者と被治者の権限と義務を画定することが必要とされる。それを実現するのが憲法に他ならない。さらに語を継いで次のように説かれる。

> 支配す可きものは君主即ち一国の主権者で有る。其の働きは何に依て動作を為すかと云

ふと、其の権力と云ふものは各種の政府の機関に由つて働かなければなりませぬ。然らば其の組織構造は如何と云ふに、其の組織構造に依つて権力の働きの度合ひ働く方法を規定するのが憲法の妙所で有りませう。

憲法のもと、治者の支配は決して恣意《しい》的になされるのではなく、その権力の発動と運用には憲法の規定による規制が課される。曖昧模糊でない支配とは以上のように説明される。すなわちそれは、憲法によって権力が制約され、その運用が規律されている政治なのである。

国民中心の政治へ

皇族華族を前にした講演において伊藤が展開したことは、国家の国際競争力の強化のために国民の文明的成熟が不可欠であり、その結果として立憲政治が不可避だというロジックである。政治的特権層たる彼らにノブレス・オブリージュを説くというにとどまらず、被治者たる臣民の政治的地位の向上があるべき政治の姿として諭され、それに対する譲歩が強く要請されているのである。

ここには巷間《こうかん》通用しているような超然主義者伊藤の姿は片鱗《へんりん》も見出せない。むしろ主張されているのは、国民中心の政治である。教育ある国民が政治的意識を高め、国家の統治のあり方に関心を寄せるのは当然と捉えられ、そして理想視されている。そのような国民の政治的活力を吸い上げ、国家の全体的な統治構造のなかに秩序づける枠組みが立憲制度なのである。

このような定式化に対して、右に見られた伊藤の主張は啓蒙専制主義的な「国民のための政治」にとどまっており、彼は国民の一定の政治参加を認めてはいるが、他方で天皇や藩閥政府の政治的支配権を保障するための国民に対する閾《しきい》として立憲制度を設けたに過ぎないのではないかとの疑問が起こるかもしれない。

だが、ここで無視すべきでないのは、伊藤の説く「国民」の内実である。繰り返すが、伊藤は国民の絶えざる開明を国力増強の基礎としていた。そしてそれに合わせて支配の様式も変容していくべきことを認めていた。そのことを勘案すれば、「国民のための政治」がやがては「国民の国民による政治」へと進展していく可能性も当然彼の視野には入っていたであろう。少なくともそのような針路を遮断する論理は、これまで紹介してきた彼の議論のなかには見出せない。

あるべき国制へ向けて

本章で論じてきたことをまとめておこう。明治憲法制定時の伊藤は、constitution を複合的な概念として把握していたと思われる。彼は、形式的な constitution（憲法）理解を超え出て、国家の実質的構造の問題としてそれを捉え直し、さらにはその構造のなかに注入する国民政治の精神を追求したのである。次章以下で考察するように、その帰結が一九〇〇年（明治三三）に伊藤自ら結党した立憲政友会という政党である。政権担当能力のある責任政党の誕生であり、戦前の二大政党制の一翼を担うものへと発展していく。この伊藤による政友会の創設は、政党からの超然主義を掲げていた彼の政治理念の変節と見なされているが、先ほどの皇族華族向けの演説に現れていたように、国民の政治参加を進めて議会中心の政治体制を確立するという発想は、憲法成立当初から彼の国家構想のなかにインプットされていたと考えられる。

その傍証となるのが、憲法調査時の伊藤の言動である。伊藤はヴィルヘルム一世やグナイストによる反議会制的言辞に反発していた。彼のなかで議会制度は来るべき憲法体制のなかで重要な比重を占めていた。そのことは、このときロンドンから発せられた井上馨宛書簡からうかがえる。すでに紹介した文章だが、あえてもう一度引用しておこう。

伊藤は、「英国滞在殆んと二箇月間。毎日取調に従事、徹頭徹尾要領を尽し候心得に御座候。乍去憲法政治之事は学得るに随て其難事たるを感覚仕候」と記していた。イギリスにいた二ヵ月間も毎日精力的に調査に従事していたという。では、イギリスで彼は何を調べていたのか。それは、「憲法政治」だという。シュタインの説くVerfassung/constitutionである。シュタインの国家学体系において、国民の政治参加の原理としての憲政＝Verfassungは、行政＝Verwaltungによって相対化される立場にあったのだが、イギリスにおいて伊藤は、師説を乗り越える手がかりを模索していたことが推察できる。行政（Verwaltung）を通じて国家の全体的構造という Verfassung/constitution の第二の意味合い（国制）に開眼した伊藤は、イギリスで議会政治を実見して、国民参加の政治という Verfassung/constitution の第三の含意（憲政）についても体得するところがあったのではなかろうか。そして、この国制と憲政を架橋するところに伊藤の国家思想が成立するのである。

岩倉使節団の帰還以降、伊藤のなかには一貫した思想家の姿が認められる。それは、漸進的な制度の進化論者というものである。征韓論政変後、伊藤は政体取調掛として、木戸と大久保の憲法意見を接合する漸進主義の立憲制度導入論を取りまとめた。それは大阪会議を経て、木戸のリーダーシップによって実地に移され、元老院と地方官会議が創設される。このときの伊藤の描いた青写真は、この二つがそれぞれ上院下院へと発展し、国会が自生的に成立することであった。

自生的立憲化の途は、大隈憲法意見書の登場によって、頓挫する。大隈意見書に起因する明治一四年政変によって、国会開設と憲法制定には明確なタイムリミットが設定され、立憲化は国家の第一の政策課題となったのである。

そのようななか、伊藤は欧州で憲法調査に従事し、その結果、狭義の憲法にとどまらない全体的な国家のかたち（国制）に開眼すると同時に、議会を舞台とする国民政治（憲政）への確信を新たにする。

これに合わせて、伊藤の漸進主義も再生した。立憲制度を布いたからといって、そこから一足飛びに政党政治や議院内閣制が導出されるわけではない。立憲制度を国民政治により即応したものへと脱皮させる制度革新は、国民の政治的意識の成熟と対外的環境の変化を見据えたうえでの慎重な政治的実践を必要とする。その意味で、明治憲法の制定は、彼にとって明治日本の「国のかたち」＝国制の終着点ではなく、あるべきそれへ向けての起点を築くものだったと言える。あるべき国制へ向けて、次に伊藤が本格的に舵《かじ》を切るのは、憲法発布後一〇年を経てからである。

第三章　一八九九年の憲法行脚

1　万物は流転する——伊藤の世界観

国民政治の実践へ

伊藤は後年、憲法制定の頃を回顧して次のように語っている。

当時我国は方《まさ》に旧を送り、新を迎ふる過渡の時代にあり、従つて国内の議論は多岐複雑、甚しきは是非の意見全く相返するものさへ往々これ無きに非《あら》ず。一方に於《おい》ては前代の遺老にして、尚《なお》天皇神権の思想を懐《いだ》き苟《いやしく》も天皇の大権を制限せんとするが如きは其罪叛《はん》逆《ぎゃく》に等しと信ずる者あり。他方に於ては彼《か》のマンチェスター派の論議が全盛の時代に於いて教育を受け、極端なる自由思想を懐抱《かいほう》せる有力なる多数の少壮者あり、政府の官僚が彼の反動時代に於ける独逸《ドイツ》学者の学説に耳を傾くるに反し、民間の政治家は未だ実際政治の責任を解せずして、徒《いたずら》にモンテスキウ、ルーソー等仏蘭西《フランス》学者の痛快の学説、奇警の言論に心酔して揚々たるものあり。
（『全集』①「文集」、一八二～一八三頁）

当時を振り返り、それを様々な思想の跋扈《ばっこ》していた過渡的時代だったと述懐している。伊藤は当時の思想地図を、①天皇神権の国学派、②マンチェスター学派的自由主義者、③官僚を中心とするドイツ学派、④フランス啓蒙主義を掲げる民権運動家の四つに色分けしている。
さて、右のように当時の思想界を腑分《ふわ》けした伊藤自身は、天皇の神格化とも、極端な自由思想とも、反動的ドイツ学とも、あるいは過激なフランス学とも距離をとって次のように言う。

憲法の円滑なる運用に必要なる識量、例へば言論の自由を愛し、議事の公開を愛し、若《も》くは自家に反対の意見を寛容するの精神の如きは、更に幾多の経験を積み然る後始めて之を得べき也。
（同前、一八三頁）

以上の引用で述べられていること、それは何らかの教義をドグマ化することへの嫌忌である。これに対して、議会制度を成り立たせるのに不可欠なのは、それとは対極的な寛容の精神だということが唱えられている。伊藤にとって憲法制定の頃は、自己閉鎖的で不寛容な諸学派が跋扈し、「言論の自由を愛し、議事の公開を愛」する立憲的精神が普及するには未だ道遠しという過渡的な時代だったと見なされている。

繰り返すが、これは後年の回顧であり、そのまま憲法成立時の伊藤の考えと見なすことには慎重であるべきだろう。だがしかし、前章で紹介した憲法発布直後の皇族華族宛演説で展開された憲政論を思い合わせれば、右のような思考もこのとき伊藤のなかに胚胎《はいたい》していたのではないかと再考してみることも十分に根拠があるだろう。伊藤は、皇族華族といった人々の面前で、これからの時代は国民が政治の中心となること、統治のあり方も国民の知力の向上に合わせて変化していかなければならないことを弁じていた。伊藤によれば、それこそが文明諸国の「普通の道理」にしたがった政治であった。

このように、国民政治という潮流を見据えたうえで、それに対する譲歩と自重を伊藤は既存の支配層に説いていたのである。これに対して、右の引用では、憲政に参与する国民に対して寛容の精神を説き、彼らへも自重を呼びかけていたと見なすことができる。そのような寛容の精神に立脚した国民政治の実践へ向けての試みが、伊藤による政党の結成、すなわち一九〇〇年（明治三三）の立憲政友会の創設と考えられる。

本章と次章ではそのような国制構築という観点から、伊藤による立憲政友会の創立を検討する。従来、伊藤による一九〇〇年の政党結成は、超然主義者伊藤の変節として捉えられてきた。しかし、前章で確認したように、憲法成立時に伊藤は皇族や華族の面々を前にして国民政治への展望を語っていた。行政中心の国制改革を行う一方で、その国制という容器のなかでは国民の政治参加を促す憲政の運動が展開されるべきというのが、彼の国家構想だった。以下では、通説と異なり、伊藤の政友会設立を憲法成立時からの一貫した思想の所産として捉え直してみたい。

伊藤の世界観

政友会創立の考察に入るに先立ち、伊藤の世界観に言及しておこう。前述のように、政友会の創立は、藩閥政治家伊藤にとって変節であるとの理解がなされてきた。議会開設後の民党勢力の隆盛に屈従しての変わり身というのである。しかし、伊藤には独特の世界観に裏づけられた政治哲学があった。それはこの世の存在は流転常無きものであり、政治もそれに合わせて絶えず変容していかなければならないというものである。その変遷の行方に彼が見据えていたのが国民政治であり、藩閥中心の超然主義からの脱却は、早晩実現されるべきものとして憲法成立時から彼の脳裏にあったと考えられるのである。

そのような伊藤の秩序観を端的に言い表している言葉を引用しよう。次に引くのは、憲法発布後半年近くが経過した一八八九年（明治二二）八月四日付の井上馨宛の書簡の一節である。

此儘《このまま》に而《て》立憲政治之夢も見られ候とも不覚《おぼえず》、奈何様《いかよう》之大事出来《しゅつたい》候とも動かぬとか飽迄《あくまで》遣《や》り付《つけ》るとか、軽威張《かるいばり》先生達之胸中には此人民を養成して文明之民たらしめんとの意嚮《いきよう》は毫《ごう》も無之《これなく》、多分天地間之百事百物は転〔じ〕、瞬間《か》も止息することなく一定之秩序中にありて動作変遷するものたることは御承知無之歟。到底此専制治下之人民を立憲体之人民たらしむるには、幾多之歳月を費し之を養成するあらされは不能《あたわず》。而《しか》して、之を養成すること恰《あたか》も草木の蕾《つぼみ》を養成するか如くならさるべからすと信す。

（『井上馨文書』三〇三－一）

この手紙は、直接的には条約改正問題で紛糾する当時の黒田清隆内閣の内情を批判したものである。自ら初代内閣総理大臣となって組閣した第一次伊藤内閣での井上馨外相による条約改正交渉が、外国人裁判官採用問題という国辱的要素をはらんだものであることを政府の内外より批判されて失敗に帰した後、条約改正の課題は一八八八年二月に外相となった大隈重信に委ねられた。四月末、伊藤は新設の枢密院の初代議長となるため総理を辞職し、黒田清隆が後任の首相となった。大隈は黒田内閣でも留任し、引き続き条約改正に挺身する。しかし、大隈外相のもとでも改正条約案に対する世論の激昂が生じ、それは閣内の分裂をもたらした。

右の手紙はそのような緊迫した政局を背景として、大隈外相と黒田首相の条約改正推進派の硬直した政治姿勢を批判する文面のものである。あくまで条約改正に固執する大隈らを難詰し、そのような執政によっては、これまでの専制体制に慣れ親しんだ人民を嚮導《きょうどう》して立憲体制下の文明の民たらしめることは及びもつかないと伊藤は論じ、その果てに万物は流転しているとの世界観を弁じている。

やや鶏を割くに牛刀を用いるのきらいなきにしもあらずだが、痛憤の余り自己の世界観の吐露にまで筆が走ってしまったと考えることができる。右に言明されているように、天地の間の事物はみな変転を繰り返している。世界は終極的には一定の秩序のなかに収まってはいるものの、そのなかで一瞬としてとどまることなく流転している。それが、伊藤が知覚しているこの世の姿なのである。

政治秩序というものも例外ではあり得ない。そうした場合、政治指導にとって重要なのは、変化の流れに抗することなくそれに棹差しながら、他方でその変化が一定の秩序に収まるように方向付けていくことであろう。換言すれば、その潮流が激流と化することなく、滔々《とうとう》とした大河となって大海に流れ込むように導くことである。伊藤にとって、現下の政治の潮流が流れ込む先が立憲政治に他ならなかったが、そこへと至るには草木の蕾を育てるように、歳月をかけて国民を立憲政体の担い手へと養成していかなければならなかったのである。先の引用の言葉を使えば、「言論の自由を愛し、議事の公開を愛し、若くは自家に反対の意見を寛容するの精神」の持ち主へと、である。

したがって、一八八九年（明治二二）の大日本帝国憲法の成立によって、明治日本に立憲国家の外観が与えられたとはいっても、そのことは伊藤にとって終着点ではなかった。それは立憲政治の実現という長い旅路の起点に他ならなかった。実際、憲法施行後（一八九〇年一一月二九日）一年も経っていない時期に彼は、「国家は実に一朝之構造に無之候」（一八九一年八月一九日付松方正義宛伊藤書簡、『松方文書』⑥、四四二頁）と記している。彼の眼前には、憲法という骨組みに沿って国家の構造を肉付けし、そこに住まう国民を立憲政治の担い手へと変革していくという課題が横たわっていたのである。

伊東巳代治との齟齬

憲法成立前後の伊藤の立憲政治観を伝える事例をもうひとつ挙げておこう。一八九一年（明治二四）九月二一日、伊藤は山口で立憲政治のあり方について一場の講演を行った。この講演は同月二六日の『時事新報』にその梗概《こうがい》が掲載され、その内容が東京府下の民党勢力を刺激した。その模様は、首相の松方正義や腹心の伊東巳代治によって東京を離れていた伊藤にも伝達された。一〇月四日付の書簡で伊東巳代治は次のように報じている。

山口に於ける閣下の御演説は、今回の御手教《ごしゆきよう》に依《よ》り候ても無余儀《よぎなく》御話被遊《あそばされ》候事と拝察仕。時事新報に載《の》せ候要綱は、格別差障《さしさわ》り無之《これなく》、又悪意を交へ候ものとも不被存《ぞんぜられず》、小生初め閣下の御論旨を得たるものと被存候。然《しか》る処《ところ》改進党は不聊《ぶりよう》の折柄屈強の論種と思ひ候ものか、鋒鋩《ほうぼう》を閣下に向け揣摩《しま》憶断《おくだん》を恣《ほしいまま》に致候に付、打捨置《うちすておき》候も如何と存、早速日々新聞と東京新報に論旨を授け反駁致《はんばくいたし》置《おき》候。

（『伊藤文書〈塙〉』②、一四五頁）

伊藤の演説は福沢諭吉の主宰する『時事新報』にその要綱が掲載された。伊東の見るところ、記事の内容は問題のないものだったが、立憲改進党が騒ぎ立てたので、『東京日日新聞』と『東京新報』に講演の論旨を掲げ、反駁しておいたというものである。

では、『時事新報』の記事とはどのようなものだったのか。くだんの九月二六日号を開けば、確かに「伊藤伯の政談演説」という記事が載っている。それによれば、伊藤は「吾国人将来の覚悟」と題して同地の官吏や一般人約三〇〇人を前に次のように述べたとされている。維新以後、わが国は国を開き、西洋の文物を輸入して今日の文明を築き、その結果、立憲政体を立てるに至った。しかし、だからといって、世上の政治家が欧米の政党内閣に心酔して今現在の内閣を倒そうなどと唱えているのは嘆かわしい限りである。政党内閣は不可である。それは英国の歴史に照らしても明らかであり、心ある政治家ならば誰も政党内閣に与しなどしない。今日の政党は幼稚で、その言論は無責任である。結局のところ、「国民は共同団結して漸次に国力の充実を図り、国権の恢復《かいふく》を企て」なければならない。なお、官吏を職員のように見なし、これを「人民の傭奴《ようど》」と誤解することも嘆かわしい次第である。以上が、

『時事新報』の伝える伊藤演説の大略である。

この記事をきっかけに、『郵便報知新聞』や『読売新聞』という改進党系の諸紙が騒ぎ立てた。政党政治は不可、との論断が彼らの神経を逆なでしたことは容易に察せられる。伊東にしてみれば、望むところであった。演説の草案作りにも参与したであろう彼は、調子づく民党に対して、牽制の一撃でも見舞いたかったことと推察できる。したがって、『時事新報』の報道に対しては、「格別差障り無之」、「小生初め閣下の御論旨を得たるもの」と評しているのである。

これに対して伊藤のほうはどうだったか。彼にとって、『時事新報』の記事は得心のいくものだったのだろうか。実は、伊藤の真意と『時事新報』の要約の間には、したがって彼と伊東の立憲政治観との間にも、看過できない齟齬《そご》があった。伊東に対する返信で、彼は『時事新報』の送付に礼を述べつつ、「小生演説之主旨と者《は》頗《すこぶる》相違《そうい》有之《これあり》候」と記している（一八九一年一〇月一一日付伊東宛伊藤書簡、憲政記念館所蔵）。では、実際に伊藤が述べたこととは何だったのか。長くなるが、彼自身の筆で語ってもらおう。

伊藤の真意

晩近《ばんきん》世人の頻《しき》りに唱道する政党及政党内閣等の起原は英国に発生し、其歴史は大略如斯《かくのごとし》と陳述し、次には憲法に不文明文即《すなわち》移動不動の別ある基礎を示し、各種の行はる丶国々を挙指《きよし》し、次に我憲法の我国体に根拠せるに不関《かかわらず》之を類推する時は学問上何《いず》れの部中に入るへきかを説明し、随《よっ》て立憲君主制体の議会政府と異同ある所以《ゆえん》を示し、結論に憲法は立国の体に依遵《いじゅん》適合せざるべからす、憲法既に国体と密着す、君主の大権不可下移、然《しか》れは則政党内閣の説は我憲法国体に適合すると云を得へき乎《や》多弁を不須《もちいず》して明瞭なるものあらん。

政党内閣がイギリス史の所産であることは説かれているが、『時事新報』の書くような「政党内閣の不可なるは彼の英国の歴史に徴しても明瞭」との論旨を展開したとは述べられていない。むしろ、伊藤はそこから憲法の一般論に移り、憲法に不文明文の違い（不文憲法と成文憲法）があるとしている（これを伊藤は移動不動の違い、すなわち憲法学上で言う軟性憲法と硬性憲法の違いと同視している）。そして、日本の憲法がどの類型にあてはまるかを説いたうえで、立憲君主制と議院内閣制とは異なることを示し、憲法は国体に適合したものでなければならず、したがって天皇の大権は不可譲であること、それゆえに政党内閣が日本の憲法および国体に適《かな》っているか否かは明らかであるとしている。

これだけを見れば、やはり伊藤は日本の国体を掲げて、政党政治を封殺しようとしているものと捉えられるかもしれない。だが、続けて彼は次のようにも記している。

然《しか》れとも余は将来の変遷に於《おい》て予言を為すものにあらす。覇府《はふ》の鎌倉に起りたるか如く、大勢の変遷は以て逆視すへからさるものありと述へ、附言して我憲法条章の明文に於て行政官吏の専横に陥るを防遏《ぼうあつ》し臣民の権利を保証せられたれは、政党内閣を仮《か》らさるも憲法政治の美果を収むるに於て其難きを見さる所以を述たり。

「将来の変遷に於て予言を為すものにあらす」。つまり、以上のように述べたが、それはこの先の事態の展開について予言を行ったものではない、と言う。かつて朝廷の権力を簒奪《さんだつ》するかたちで鎌倉幕府が興ったように、大勢の変遷というものは抗することのできないものだ、と。あたかも、政党内閣は国体に合致しないから不可だという先ほどの議論は机上のもので、時勢がそのように進めば逆視すべきでない、と述べているかのようである。

それまでの論調を一転させたこの発言のほうに、伊藤の真意は込められていると考えられよう。そしてそれは、前章で紹介した一八八九年の皇族華族宛演説とも平仄の合うものである。すなわち伊藤は、大勢の向かう先は国民を中心とした政治であり、政党政治の勃興は避けられないと見なしていると考えられる。

そのように情勢判断をする一方で、彼が政党政治それ自体についてアンビバレントな見解を抱いていることも事実であろう。伊藤の頭のなかには政党政治を相対化する思考回路もインプットされていた。それが、先の引用文末尾に表れている「憲法政治」、すなわち立憲政治である。ここで伊藤は、憲法上、行政官吏の専横を制約して国民の権利を保護する規定は設けられてあるので、ことさら政党内閣に執着せずとも立憲政治の美果を収めることは可能と論じている。取り上げられているのは行政官吏のみだが、一八八九年演説で唱えられていたように、立憲制度の妙とは国家を構成するすべての機関が「専横に陥る」ことなきよう調和を保つことにあった。

つまり、君主、議会、行政といった国家機関相互の調和と統一をもたらすことを眼目とするのが立憲政治であって、それと政党内閣とは本来別物だと考えられているのである。「政党内閣を仮らさるも憲法政治の美果を収むるに於て其難きを見さる」とされる所以である。

だが、既述のように、政党政治を伊藤は歴史的趨勢と把握していた。かくして、彼にとっての政治課題は、次のようなものとなる。それは、政党政治の漸次的育成を通じて国民の政治参加を推進し、国民政治と立憲体制の融合を図ること、すなわち国民国家としての有和《ゆうわ》と協調の政治体制を築くことである。その具体的実践が、一九〇〇年（明治三三）の伊藤による立憲政友会の創設に他ならない。

2　全国遊説——憲法の伝道

政党内閣の出現

一八九〇年（明治二三）一一月二五日、第一回帝国議会が開会した。前年に発布された明治憲法はここに施行されたのである。前章でも言及したように、戦後の日本の学界では長らく、この憲法の規定する議会制度は大きな制約を受けたものであって、それは天皇に強大な大権を認めた君権主義の見せかけの立憲主義の憲法でしかないとの評価がもっぱらだった。

だが、この憲法のもとで戦前に議会政治の着実な進展が昭和初期まで認められるのも事実である。政党政治家が首相となる例も早くから見られ、一九一八年（大正七）の原敬政友会内閣を経て、一九二四年の加藤高明を首班とする護憲三派内閣以降、五・一五事件（一九三二年）までの八年の間は「憲政の常道」期として、二大政党の間で政権の交代が行われるというイギリス流の議会政治が展開した時期と見なされている。[1]

このような政党政治の伸長には、様々な要因が働いているといえようが、そのうちの重要なものとして、明治憲法上の仕組みが挙げられる。プロイセンに倣って議会政治に様々な掣肘を加えていた明治憲法だが、それには議会による予算の議決権が明記されていた。もちろん、予算案が議決されなかった際の前年度予算執行制を定めた第七一条や大権に基づく既定の支出の削除には政府の同意を要するとする第六七条など無視し得ない制約が課されていたのは事実である。だが、その一方で、政府は議会の同意なしに予算を増額することはできなかった。そして、富国強兵政策で絶えず税収と支出の増加を強いられていた薩長藩閥政府は、予算案を呑んでもらうために、時に政党に対して膝を屈せざるを得なかったのである。[2] このように議会政治の発展は、明治憲法に内在する論理的帰結でもあった。

議会政治発展の結果として政党内閣が出現するのは、議会制度が開設されて八年後のことだった。一八九八年（明治三一）六月、大隈重信を首班として、第一次大隈内閣が組閣された。これがわが国初の政党内閣である。隈板《わいはん》内閣と称されるこの内閣では、大隈率いる進歩党と板垣を戴く自由党との野党大連合により結成された憲政党を基盤として、外相と陸相海相を除いた全閣僚が憲政党から抜擢された（板垣は副首相格として内相に就任）。

もっともこの内閣の誕生は、多分に偶発的な面があった。同年一月に第三次内閣を組織していた伊藤が、政府内部では山県有朋率いる官僚勢力、そして議会からは自由・進歩両党の狭間で思うように政局運営ができず苦慮していたところ、先に述べたようなかたちで憲政党が結成されるや、政権を板垣・大隈の民党領袖《りようしゆう》に投げ出して、この政党内閣が実現したのである。それは、政党勢力にとっては棚からぼた餅であり、藩閥政府にしてみれば明治政府の「落城」（『山県伝』下、三二九頁）と言わしめるものだった。

しかしこの画期的内閣は、政党人の猟官運動のなかでわずか四ヵ月にして倒れてしまう。その後首班指名を受けたのは山県有朋であり、彼によって再び超然主義の内閣が組閣される。とはいえ、政党勢力が短期にせよ政権を担ったということの意味は大きい。隈板内閣の出現は、政党が政権を取ることは決して不可能な絵空事ではないことを知らしめるものだった。

そもそも地租増徴を不可避とする日清戦争後の国家財政運営は、明治憲法上、議会の野党勢力の協力なしには成立し得ず、政党を蛇蝎《だかつ》のように嫌っていた山県首相ですら、最大野党憲政党との提携を宣言せざるを得なかったのである。[3]

政党結成の画策と失敗

そのようななか、伊藤による政党結成の噂がまことしやかに語られていた。政権投げ出し後、韓国や中国を漫遊するなどして政界から身を引いていた彼だが、かねてパイプのあった憲政党内星亨派（旧自由党）と配下の官僚を中心に、一大政党の樹立を目論んでいると衆人は注視していた。

そもそも伊藤が政党を作ろうとしたことは、これが初めてではない。一八九二年（明治二五）一月という早い時期に彼は、議会の政府党を基盤にして政党を結成しようとしている。だが、このときは天皇の理解が得られず、失敗した。また、一八九八年の第三次内閣時にも彼は政党結成へと乗り出そうとしているが、山県有朋の反対に遭い、実を結ぶことなく終わった。

このとき、伊藤新党問題をめぐって六月二四日に開かれた御前会議で、伊藤に対して山県は、「閣下の政党組織は遂に政党内閣の端を啓《ひら》くに至らん、而《しか》して政党内閣制は我が国体に反し、欽定憲法の精神に悖《もと》り、民主政治に堕《だ》するものにあらずや」と論難した。伊藤は「政党内閣の可否を論ずるは抑々《そもそも》枝葉末節のみ、要は皇国の進運に資するや否やを顧みるに在り」と応酬した（『伊藤伝』下、三七七頁以下）が、大方の賛同を得られないことを認めるや、直ちに天皇に首相の辞任と次期首班として大隈と板垣の政党指導者を奏上し、下野した。政府から離れた伊藤が、本腰を入れて自らの政党を創立せんとしていると目されたのは当然だろう。

このような周囲の視線を尻目に、当の伊藤は、既述のように辞職後の一八九八年八月から一〇月まで清韓両国へと外遊したほか、翌年四月から一〇月までは断続的に日本各地を巡り歩く遊説旅行に出ている。ここでは後者の伊藤の遊説に焦点を当てたい。明治憲政史の一大転換点とも目されるこのとき、伊藤は何を国民に語りかけようとしたのだろうか。まずは伊藤の足取りをたどってみよう。

長野、西日本への遊説

一八九九年（明治三二）四月九日、伊藤はこれから半年に及ぶ遊説の皮切りとして、長野軽井沢へ向けて東京を発った。一行は計一八名で、そのなかには尾崎三良、大岡育造といった人々が含まれていたほか、『東京日日新聞』記者や当時の代表的総合誌『太陽』を刊行する博文館の社員が同行していた。

東京を発った翌一〇日、伊藤は長野市に入り、一二日まで滞在した後、一三日に帰京した。

わずか五日間の旅程にしか過ぎなかったが、この間、彼は三回の講演を行っている。講演は盛況だった。随行した尾崎は、日記のなかでそのさまを次のように伝えている。伊藤を乗せた列車が通る各駅では郡長、村長をはじめとした有志が敬礼してその通過を見送り、彼の降りる駅のプラットホームにはこれまたその土地の名士が整列して出迎え、家々には国旗や提灯が掲げられ、時には花火が打ち上げられる。人々は伊藤を一目見ようと沿道に繰り出し、幾重にも垣根を張り巡らしているかのようである、と（『尾崎三良日記』下、二〇一頁）。

五日間という短い期間ではあったが、長野訪問は伊藤に手応えを感じさせてくれるものだったであろう。それは彼にとって、より本格的な遊説旅行のための前哨戦の意味合いを帯びていたと目されるのである。帰京して一月足らずの後、伊藤は今度は西日本を一ヵ月以上にわたって巡遊することになる。その行程は以下の通りである。

五月　八日　関西・九州方面への遊説に出発
一〇日　四条畷神社に参拝。河内有志者歓迎会にて講演
一一日　神戸着
一二日　馬関（下関）着
一三日　馬関実業家請待会にて講演
一四日　別府着

一五日　大分県官民連合歓迎会および大分豊国同志倶楽部発会式にて講演
一六日　別府歓迎会にて講演
一七日　中津着。中津町歓迎会にて講演
一八日　福岡県に入る。宇島を経て行橋着。宇島、行橋の歓迎会にて講演
一九日　久留米着。歓迎会にて講演
二〇日　福岡市着。歓迎会にて講演
二一日　小倉、門司での歓迎会にて講演。馬関に戻る
二二日　長府着。功山寺にて講演
二五日　若松築港工事を船で視察し、同日馬関に戻る。過密な旅程たたり、体調崩す
二九日　体調不良をおして馬関発し、徳山を経て三田尻着
三〇日　三田尻歓迎会にて講演。山口着。山口県官民連合歓迎会にて講演
三一日　山口尋常中学校、山口歓迎会にて講演
六月　一日　萩着
二日　萩町歓迎会にて講演
四日　萩発
五日　山口帰着。風邪にかかる

伊藤が久留米来訪時に残した揮毫　能書家の伊藤は，訪れた先々で求めに応じて書を残している　萃香園所蔵

九日　体調快復し、山口を発つ。徳山、生地柳井津
　　　での講演会を経て、厳島着
一〇日　厳島歓迎会にて講演
一一日　広島着。歓迎会にて講演
一二日　神戸着
一六日　大磯帰還の途次、名古屋での愛知県官民連合
　　　歓迎会にて講演

四〇日に及ぶ日程の間、ほとんど一夜限りで次から次へと移動を繰り返し、立ち寄ったここかしこで講演を行っているほか、甚だしいときは移動の途上に一時下車して講演会に臨んだ後、直ちに次の目的地へと急いでいる。そのような過密スケジュールがたたり、旅行の後半には体調を崩すほどであったが、結局伊藤は二二回の講演をこなしたのだった。

遊説とメディア戦略

六月中旬の帰京後も、彼はさらに遊説の機会をうかがっていた。七月一六日には宇都宮の実業家連の招請を受け、彼の地に足を伸ばしているほか、翌八月には北陸への巡遊を企てている。

実際に伊藤が北陸に旅立ったのは、一〇月になってからである。北陸遊説の旅程を記せば、以下のようになる。

一〇月一四日　北陸に向けて出発
　一五日　名古屋から福井に入る
　一六日　羽二重機業工場を見学。福井市歓迎会にて演説
　一七日　福井から三国に入る。歓迎会にて演説
　一八日　三国を発し、金沢へ向かう。小松で途中下車し、本覚寺にて講演。同日金沢着
　一九日　金沢県会議事堂にて講演
　二〇日　羽二重工場を見学。第四高等学校、金城学友会にて講演。七尾へ向かう
　二一日　七尾にて講話会。港湾視察。同地より高岡着。憲政党員による歓迎会
　二二日　富山県工芸学校視察。伏木町にて港湾視察。高岡に戻り聖安寺にて講話会
　二三日　高岡発し、富山にて講話会。福井へ
　二四日　永平寺参詣

二五日　福井を発し、帰京の途に着く

このときも伊藤は一二日間の間に八つの地で計一〇回の講演を行っている。強行軍といってよい。政友会結成の前年、伊藤は憑《つ》かれたように日本各地に赴いて演説をし、国民に何事かを訴えようとしていたのだった。

確かに、伊藤はこの遊説に明確なメッセージを託していた。そのことは、彼の行軍がメディア戦略を伴っていたことからも察せられる。四月の長野行きに『東京日日新聞』（以下『日日』）の記者などメディア関係者が同行していたことは先述した。その後の伊藤の漫遊にも、『日日』記者の帯同は一貫して認められる。傍らに記者をはべらせ、放言も交えながら賑々《にぎにぎ》しく旅する伊藤の姿は、政界の一部からは顰蹙《ひんしゅく》をかっていたようだが、[4] 彼自身は恬然《てんぜん》として記者を引き連れての地方遊説を重ねた。

このような随行記者を通じて、伊藤の道中の一挙手一投足は直ちに東京へ発せられ、記事となって巷間《こうかん》に伝えられた。かくして、読者は彼の動静を日を追うように知らされていたのである。『日日』ではこれまでも伊藤の遊歴が報じられ、地方でのその演説が掲載されることはあった。だが、今回の報道ぶりが目を惹くのは、「伊藤侯遊西録」、「伊侯北征記」と題する克明な随行記が連載され、旅行中のその言動を漏れなく読者に伝えようとしていることである。

伝えられんとしたのは、足取りばかりではない。伊藤が各地で行った演説もまた、逐次『日日』紙上に掲載され、読者の閲覧に供された。六月に九州から帰還後、山県有朋に宛てた手紙のなかで伊藤は、「過月来《かげつらい》各地漫遊到処《いたるところ》多数群集之《の》前にて平素蘊蓄《うんちく》する愚見及陳述新聞紙に為致掲載《けいさいいたせし》候故、必御一読被下《くだせられ》候事と推察仕《つかまつり》候」と記している（六月二九日付山県宛伊藤書簡、『山県文書』①、一二六頁）。自らが各地でなした説話をできるだけ多くの人の目に触れさせたいとの伊藤の強い意志がうかがえよう。彼の遊説は地方の選挙民の支持や歓心を得るというよりも、新聞というメディアをも通じて、国民のできるだけ幅広い層に自己の所信を直接間接に浸透させていくことを企図したものだったと考えられるのである。紙面に掲載後、伊藤の演説はさらに『伊藤侯演説集』としてまとめられ、『日日』購読者に頒布された。このことは、伊藤が遊説の内容を一過性のものではなく、より持続的に国民の脳裏にとどめておかんと欲していたことを推測させる。

遊説の目的——立憲国家の民として啓蒙

それでは、このようにメディア戦略も駆使して、伊藤は何を訴えようとしていたのだろうか。通常、この遊説は、その翌年の伊藤による立憲政友会結成の準備作業として説明される。政権を担えるような責任政党の創設を目指していた彼は、その下準備のために民心の掌握を図って遊説活動を行ったというのである。

確かに、伊藤がそのような効果を狙っていたことは否定できないだろう。だが、このときの伊藤の講演録を精読すれば、彼が日本中を回り、人々に直接語りかけることを欲した初発の動機がそれだけだったとは思えなくなる。むしろ、伊藤はこのとき、日本国民を立憲国家の民として啓蒙しようとしていたのである。

そもそも一八九九年（明治三二）とは、憲法発布一〇周年の年にあたる。それを記念する会の席上で、伊藤はこれまでの一〇年は憲法の「試験」の時期だったと述べ、その結果を「甚だ良かつた」と総括している（『演説集』①、一八〜一九頁）。その理由を聞こう。

其《その》証拠には憲法発布の当時即ち明治二十二三年の国家の状態と今日の状態とは大いに変つて居る。憲法発布当時の人民の負担は僅《わずか》に八千万円に過ぎなかつたのであるが、今日は実に之に倍して居る。人民が斯《か》くの如くに政権を享有《きょうゆう》して大政に参与する事を得ると同時に、此人民が国家に尽す義務はどうであるか。縦令《たとい》財力が進だとか進まぬとか云ふ事を以《もっ》て、財政が斯くまで膨張したのも当然であると云ふ議論をする者があるかは知らぬが、己れの代表者を出して之に賛襄《さんじょう》せしめて出して居るのである。圧制の下にある者とは大いに異なると云ふ事を見なければならぬ。之を以つて見ても此試験の歳月は誠に好都合に経過したるものと言つて宜《よろし》からうと考へる。

（『演説集』①、一二三頁）

伊藤は憲法施行後、曲がりなりにも国民の政治参加が実現し、それがここまで続いてきたことを讃えるのである。この一〇年間に国家の財政も膨張し、それはそれだけ増税など国民の負担が増したことをも意味するが、わが国はその政策を国民の代表者に諮って行ってきたのであって、圧制政治とは根本的に区別されるという。

もとより、その道が平板であったわけではない。非西洋世界で初めてといってよい日本における議会制の開始は、度重なる解散という憲法停止の危機を乗り越えながら何とか持ちこたえてきたというのが、実状であった。しかし、伊藤が強調するように、議会制が確固とした地位を築いていることは、もはや誰も否定できない。特に議会を土俵とする政党勢力の伸長は、いまや既定の事実である。

その試験期を終えたいま、次なる段階として日本は、立憲制の本格的始動という新たな課題に直面している。それが伊藤の意識するところであったろう。そのために各地で人々に直接訴えかけ、立憲国民としての意識を覚醒させるというのが、この遊説に込められた彼の真意だったのであり、その姿はさながら憲法の伝道師とでも称されるべきものと言える。伊藤はまさに立憲国家の布教のための行脚(憲法行脚!)に出かけたのだった。その意気込みを彼自身の言葉に聞いてみよう。

憲法と云ふものに就いては、先輩の遺志を継いで而して　今上皇帝の勅命の下に私は欧羅巴《ヨーロッパ》に遣はされ、之を取調べて帰つて来て、其草案を奉り、欽定憲法と相成つて発布致されたものであるから、此憲法と共に生死するの無限の責任を私は負ふて居ると考へる。故に此憲法に就《つ》いては、如何《いか》なる学者が来やうが如何なる政党が出やうが、其屈すべからざる所に於《おい》ては私は屈せざる積《つも》りである。

（『演説集』①、一六九～一七〇頁）

3　改正条約の施行と文明国への参入

「国土開放」の積極的評価

既述のように、一八九八年（明治三一）という年は、藩閥政府が「落城」し、政党内閣が誕生したという意味で、明治憲政史上の一大転機といえる。そのような画期性を伊藤も強く意識していた。もっとも、転換期に直面しての彼の危機意識は、単に国内政治にのみ向けられていたのではない。

他方で国際関係の観点からも、この頃大きな画期を迎えていた。一八九九年七月、先に陸奥宗光外相のもとで妥結していた不平等条約の改正が施行され、日本は治外法権の撤廃と関税自主権の一部回復を実現している。これに伴い、それまでの居留地制度も廃止され、日本国内は外国人に完全に開放されることとなった。いわゆる内地雑居の始まりであり、これによって幕末以来の開国のプロセスが名実ともに完成したということができる。

伊藤が重視しているのはこの点である。遊説のなかで、彼は重ねて改正条約施行後の国民の心構えを説いている。伊藤によれば、この条約改正によって日本は「開闢以来未だ曾て会はざるの形勢に遭遇する」こととなった。つまり、神武天皇の即位以来初めて、「外国との交際を開いて世界中の人と交はる」ことになったとされる（『演説集』②、二五五頁）。改正条約の施行は、世界の動きから孤立していた島国日本が、そのダイナミズムに自ら参入する歴史的な壮挙と伊藤は見なしていたのである。

このことには二重の意味合いがある。ひとつには国を開放した日本が本格的に世界市場に組み込まれ、ヒト、モノ、カネ、そして「智識」の格段の交流が展開されることである。それによって西洋諸国による日本の経済的侵略が惹起されるとして、新条約に対する激しい反発が当時見られた。これに対して、伊藤はむしろ国土の開放によって日本の経済発展が促されるとの期待を表明する。

欧米諸国は資本に富饒《ふじよう》なる国であるのみならず智識にも富み経験にも富んで居るから、日本に来て日本人と協同して事業を起し或《あるい》は又彼等が独立に事業を起すこともあらうが、独立に事業を起せば彼等のなす所を見て、我国人も之と競争をしなければならぬ、而《しか》して其競争の結果として日本の商工業を進歩せしめ又其経験を目撃する所より大に利益する所があら〔ママ〕と考へる。

（『演説集』②、一八一～一八二頁）

幕末以来の西洋通の伊藤には文明というものに対する信頼と、維新以降の日本の国力に対する自信があったのであろう。それゆえに彼は、一層の開国による外国の進んだ技術や知識の流入が日本経済の成長を促すというポジティブな側面を強調したのだと思われる。

むしろ伊藤が憂慮するのは、次のことだった。開国の完遂とは日本がこれまで以上に世界の目にさらされるということでもある。いまや日本は「大国の襟度《きんど》を以《もっ》て」世界と相対さなければならなくなった。それは日本が文明国に列班されることになったということを意味する。逆に言えば、新参の文明国としてそのレベルが常に測られるということでもある。前述のように、内地雑居とそれに伴う外国人による日本国内での経済活動の自由化を受けて、彼らによる日本の不動産や資本の収奪を懸念する声が高まり、排外的な言動が頻発していた。伊藤の巡遊のもうひとつの目的として、そのような内地雑居に対する社会的不安の沈静ということが挙げられる。この関連で、彼の愛国心についての考え方を紹介していこう。

「文明国」とは何か

この時期、排外熱の高まりから「愛国心」が流行語となっていたらしい。そのような風潮に対して伊藤は、「特に愛国心々々々と言つて、外の業務を忘れて愛国心の作興《さっこう》に従事するなど云ふことは真に学者の僻見である」（『演説集』③、四七頁）と警告している。彼によれば、愛国心を煽っているのは、「事実」を忘却し虚学に身をやつした観念的な「学者」的政論家の所業なのである。だが、「本統の愛国心とか勇気とか云ふものは其様な肩を聳《そびや》かしたり目を怒らしたりするやうなものではない」（『演説集』③、一二三頁）。本当の愛国心とは、国を豊かにしようとするプラクティカルな意思なのである。

富に頼らなければ人民の文化も進められぬ。愛国心の発達も是《こ》れよりしなければならぬのである。国を護《まも》ると云ふけれども、赤土を護った所で何の役にも立たぬ。

（『日日』一八九九年一一月一五日）

伊藤は、観念的なナショナリズムよりも、実生活に根差した経済活動にいそしむよう求めている。その際、伊藤の脳裏にあったのは、日本は文明国たらねばならないという意識であった。例えば、曰く。

改正条約を実行する上に於《おい》て円滑に之を進行せしむることが出来ぬとは、即《すなわ》ち日本の文明が所謂《いわゆる》社会的の観念に於て進歩して居るや否やと云ふことを証拠立てるに足るのである。若《も》し此れが渋滞して円滑に行はれぬと云ふことになれば乃《すなわ》ち日本は復《ま》た文明の伍伴《ごはん》から突出さるゝと云ふことを覚悟しなければならぬ。

（『演説集』②、二二〇頁）

このように、伊藤が求めてやまなかったのは、何よりも国際社会に伍していける文明国の完成ということであった。それに見合った政治体制と国民の意識改革こそ伊藤が第一に要請していたものだったのである。では、このとき、文明国とはどのようなものとして観念されていたのか。伊藤自身に語ってもらおう。

文明の政治なるものは即《すなわ》ち人民の智能を発達し、而《しこう》して一定秩序の範囲に於《おい》て人民の当《ま》さに享取《きょうしゅ》すべき権利を得て、而して其れを統合した所のものが文明的の国家でなければならぬ。

（『演説集』①、一五一頁）

知的水準が高く、権利の保障された人民によって構成される国家、それが文明国だという。伊藤によれば、文明国の必要条件として挙げられるのは、何よりも知的に開化された国民の存在なのである。国民の知力や学力の向上こそ国力の礎であるという憲法発布直後に皇族や華族の面前で行った講演が想起される。政治は国民を中心としたものでなければならないというのが、伊藤の変わらぬ政治観だったのである。

議会制度――「文明国」としての完成

他方で、先の引用にも認められるように、国家はそのような国民を統合し、秩序づけなければならない。だが、それはかつてのような暗愚《あんぐ》な民衆を支配することとはわけが異なる。文明国の政治とは、国民に意見を表明させることによって成り立つのであって、「昔時のやうに人民に物を知らせぬと云ふやうな」ものではないからである。これも一八八九年（明治二二）に伊藤が皇族ら国家の上層階級に秘かに説いていたことであるが、いまや彼はそのことを次のように公言する。

確かに教育を受け知識に目の開かれた文明の民に表現の自由を与えることは、支配という観点からは不都合なことでもある。それは彼らに自国の政府を批判する自由を与えることをも意味するからである。そうなった場合、政府が居丈高《いたけだか》に振る舞えば事が収まるものではない。秩序を保つためには、権力の側でも秩序だった支配が必要とされる。それにはどうすればよいのか。「一定の憲法又法律と云ふものを以て大法を示して、以て其範囲内に於て活動」するよう国民に求めることである。かくして、文明国は必然的に法治国であることを要請される。

凡《およ》そ国を治むるには一定の組織方法があるものであつて、所謂《いわゆる》文明の政治なるものは人民をして各其当《まさ》に得べき所の権利を得せしめ、又当《ま》さに尽すべきの義務は之を尽さしめて、而《しこう》して之を治むるに法律を以《もっ》てすると云ふことである。之を称して法治国と云ふ。此法治国の支配でなければ、決して文明の政治とは言ひ能《あたわ》はぬのである。

（『演説集』②、二六～二七頁）

法によって国民の権利が保障され、同時にその限界が確定されている国家、支配も法に則って行われる法治主義の国家、それが文明国のもうひとつの要件とされる。ここに表れているのは、国民に一定の自由な政治活動を保障することによる既存の支配権力の正当化、換言すれば藩閥政府による国民の馴致《じゅんち》と統合のロジックに過ぎないとの捉え方も可能かもしれない。だが、伊藤はさらに歩を進めて次のように論じ、教育ある国民に立脚した政治を主張している。長い引用になるが、彼の言葉を味読したい。

教育の力はエライものであつて、〔中略〕教育の力に依《よ》つて天下の事物に通ぜざることはないやうな訳になるのである。天下の事物に通ずれば、政治の得失も亦《ま》た分るやうになるのである。又之を知らしめんとするのが教育の目的である。之を知れば、必ず之を口に唱ふるのは自然の結果である。然《しか》らば専制の政治と違つて、依らしむべし知らしむべからずと云ふ手段方法とは大いに違ふのでありますから、之を知らしめて言はしむるに就《つい》ては自《おのず》から秩序がなければならぬ。然らば之を如何《いか》なる方法に依つて秩序を定むるかと云ふに、恰《あたか》も好し欧羅巴諸国及び亜米利加《アメリカ》の如き文明の進んで居る国の歴史又其形勢を見ると、彼の所謂《いわゆる》議会なるものを開いて国政の得失を議すると云ふことになつて居る。是非得失の論と云ふものは、之を緩漫に附すれば帰着する所のないものであるが、紛々として喧《かまびす》しく論争しても一定する所がなければならぬ。即ち国民の意思、国民の観念なるものは、議会と云へる一の機関に依つて之を発表すると云ふのが、憲法政治の一つの要素でありまする故に、憲法政治は文明の政治と云ふ言葉の代表となつても宜しい位のことである。

(『演説集』③、一一～一二頁)

文明の政治とは、あくまで国民を主体とした政治として観念されている。そしてそれは議会制度を前提とするものだったのである。すなわち、議会という場に国民の政治的意思を汲《く》み上げて公論として秩序づけ、それを国政に反映させるというのが文明の政治の手続きなのである。そしてそのような議会中心の政治とは「憲法政治の一つの要素」に他ならないのであるから、「憲法政治は文明の政治と云ふ言葉の代表」と喝破される。文明国、議会制、憲法——これらは三位一体のものとして伊藤のなかで把握されていた。そのうち起点をなすのが憲法である。

憲法の政治を布《し》かるると云ふことに立至つて始めて、日本国民は正確なる国民の位地を得たのである。即《すなわ》ち近代称して文明の政治と云ふ。文明の政治と云ふものは文明の民でなければ出来るものではないから、乃《すなわ》ち文明の民たるの位地を得た訳である。

（『演説集』②、二六四頁）

憲法の発布によって、日本人は文明の民として政治に参加する資格を得た。そのような文明の民としての国民が、議会を足場として秩序だったかたちで政治に参与することができたとき、文明国は完成する。次のように定式化することもできよう。文明国とはソフトとしての国民政治、ハードとしての立憲制度の両者によって構築されるべきものなのである。

4　国民政治の注入

国民を政治主体にするには

すでに示唆したように、一八九九年（明治三二）の全国巡遊には、しばしば指摘される政党形成の準備作業の一環というにとどまらない蘊奥がある。その詳しい論証は次章に譲りたい。ここで指摘しておきたいこと、それは、伊藤が残した演説を仔細に検討したときにそこから浮かび上がってくるのは、一政党の旗上げ計画というよりもむしろ、立憲政治の仕切り直しを企図した、より根源的な国家構想と呼ぶべきものだということである。[5]

伊藤の国家構想、それは既述のように、立憲制度を備えた文明国であり、それを作用させるエートスとして彼が呼びかけたのが国民政治である。憲法発布時に国家の上流階層に対して、閉ざされた扉の奥で語っていたことを、彼はここにきて広く世間一般に向けて語り始める。

封建時代の日本国民は政治に少しも与《あず》からず唯々《いい》支配さるゝのみであつたから、其時に当つては政治が如何に行はるゝかと云ふことを知らうと云つても、唯々己《おの》れの上に関《かかわ》つて来ることの外は知れなかつたのである。然《しか》るに今日は、己れの上に関係のないことまでも知らなければならず、又知るだけの権利があると云ふ人民になつたのである。さう云ふ人民になつた以上は、即ち国家の事に与かる権利があるのであつて、此の如き仕掛方法の行はるゝものを以て文明の政治と云ひ、文明の人民と云はるゝのである。

(『演説集』②、一五九～一六〇頁)

政治は国民を中心としたものでなければならない。それは、これまで論じてきたように、憲法制定以来、伊藤が繰り返し唱えてきた持論である。しかし、右の引用が示唆するように、いまや彼は国民こそ政治の主体たるべきことを説き始める。「国民其者が国家を担ふと云ふ観念が起らなければならぬ」（『日日』一八九九年一〇月一九日）。この政治信条を、彼は国民に直接呼びかけるのである。

伊藤は、「各種の事業に従事するもの何者か政治と相《あい》関連せざる者あらむ」（『演説集』②、二六五頁）と述べている。彼によれば、文明の世とは、政治が人間の社会活動の万端に浸透した世界なのである。それはつまり、人間の行うあらゆる事業の背後に国家が控え、必要とあれば国家がそれら事業を後押しし推進させていくことが予定されている世界である。このような認識に立脚して伊藤は、国民が政治の領域に客体のみならず、主体として登場することを切望していた。彼はこの時期、衆議院議員選挙法の改正を通じて有権者層を拡大し、また、所得税の比重を高める税制改革によって国民の広い層を納税者へと転換させようとしていた[6]。それは、都市の商工業者を政治的に動員し、日本をブルジョア国家へと脱皮させる政策であったことが指摘されている。

しかし、伊藤がその政策を一貫して「文明の政治」への階梯《かいてい》として語っていることは見逃されるべきでない。彼は単に都市ブルジョアの政治参加を訴えていたのではなく、「文明」という理念を掲げ、より一般的な政治哲学を終始展開しているのである。繰り返しになるが、その哲学とは、国民を政治の主体として確立するということである。

文明の人民は独り民間の事に通ずるのみならず、政府の事も知らなければならぬ、政府の事を知つて政府が如何《いか》なる事に人民から税を取立てるか、其《その》取立てた金をどうするかと云ふことも知らなければならぬ。

（『演説集』②、一六〇〜一六一頁）

伊藤は、国家に納税する国民が、国家の統治をチェックし方向付けるという意味で国民国家を考えていたのである。もとより、その国民には一定の要件があった。それは一つには財力、そして第二に知力である。この二つの力が国力の基盤だと伊藤は説く。一八八九年の皇族華族宛演説でも国民の開化こそが国力の源と唱えられていたが、それと軌を一にして彼は次のように述べている。

国民の力即《すなわ》ち国力なるものは如何《いか》なるものであるかといふと、人民の資力人民の脳力此《この》二つの者が進まなければならぬ。此二つの者が進むのは一は無形的の進歩、一は有形的の進歩でありまして、此有形的の進歩と無形的の進歩と相待つて国家の進運を図ると云ふ仕掛になるのである。故に無形的の進歩とは教育の発達する謂《いい》であつて、有形的の進歩とは即ち実業を益々進歩せしむると云ふことである。

（『演説集』③、一八三頁）

ここでは、国民の力を助成するものとして、実業と教育が挙げられている。このうち、より基幹的なのは、教育である。それによって実業も起こり、そして立憲政治の発展ももたらされるからである。そのような政治に参与する者としての国民を成り立たしめるもの、それは単に財産だったのではない。それ以上に強調されていたのが、教育であった。伊藤の遊説のさらなる大きな目的が、教育の重要性を国民に喚起するということであった。そこには、彼の思い描いた理想の政治の姿が秘められている。次にこの点を検討しておこう。

5 実学による国民の創出

非政治的な教育の主張

伊藤は、「一国を振起せしむるには国民の教育と云ふものが必要である」と語っていた。伊藤が教育を説くことの裏には、国民の政治意識の向上という含意があった。

専制の政治は多く秘密に渉《わた》ることが多いのでありまして、所謂《いわゆる》孔子が説いて居らるるやうに由らしむべし知らしむべからずと云ふ仕掛方法であるが、憲法の政治は成るべく国民に政治の利害得失を明《あきらか》に知らしむると云ふ仕掛方法である。而《しか》して之を知ると知らざるとは、其《その》教育の如何《いかん》に関係することである。素《もと》より教育のことは一朝にして進歩せしむることは容易ならぬことであるが、併《しか》し漸々《ぜんぜん》に子弟をして学に就《つ》かしめて教育の進歩するに従ひ、又時勢の変遷するに従ひ、憲法政治の仕掛方法を解釈することが段々に経験が積んで来るに従つて、政治のことも何でも分り易くなると云ふやうにならなければならぬ。

（『演説集』②、二六五頁）

これもまた、かつての皇族華族に向けてなされた演説を思い出させる。そこでは、教育を受け開化へと進んだ国民は、「己れの国家何物である、己れの政治何物である、他国の政治何物である、他国の国力何物である、他国の兵力何物であると云ふことを」理解し得る存在とされていた。そのような国民に対して、「黙つて居れと言つて一国は治まるもので無い」。そうではなく、教育ある国民に「政治の利害得失を明に知らし」め、その政治的公論を吸い上げて論議することが肝要とされる。そのためのフォーラムが議会に他ならない。

そこで問題となるのが、教育の中身である。伊藤は教育を通じて、どのような国民を創出しようとしたのか。それは政治にもっぱら携わる古典古代のポリス的市民だったのか。その答えは否、である。

逆説的だが、伊藤にとって、教育とは非政治的なものでなければならなかった。それは、まず何よりも、国民を実業にいそしむ専門的職業人に仕立てるべきものだった。伊藤は、「今日の学問は総《すべ》て皆実学」（『演説集』③、四〇頁）と述べている。実学とは具体的に何なのか。その意義はいくつかあるが、まず第一に挙げられるのが、非政治性ということなのである。学問の名のもと、伊藤は政談の排斥を唱える。このことは、前章でも言及した一八七九年（明治一二）の「教育議」においても明記されている。そこで彼は、実用的な科学を広め、「政談の徒」を「暗消」することを提唱していた。あらためて原文を引いておこう。

高等生徒を訓導するは、宜《よろ》しく之を科学に進むへくして、之を政談に誘ふへからす。政談の徒過多なるは、国民の幸福に非《あら》す。今の勢に因《よ》るときは、士人年少稍《や》や才気ある者は、相競ふて政談の徒とならんとす。〔中略〕今其弊《そのへい》を矯正するには、宜しく工芸技術百科の学を広め、子弟たる者をして、高等の学に就《つ》かんと欲する者は、専ら実用を期し、精微《せいび》密察《みっさつ》、歳月を積久《せききゅう》し、志嚮《しきょう》を専一にし、而《しか》して浮薄激昂《げっこう》の習を暗消せしむへし。蓋《けだ》し科学は実に政談と消長を相為す者なり。

（『伊藤伝』中、一五三～一五四頁）

漢学者批判——科学的教育のために

一八九九年（明治三二）においても、このテーゼは繰り返される。異なるのは、暗消の対象である。「教育議」においてそれは、私立学校において再生産される自由民権派の運動家だったが、それから二〇年後に批判の対象となるのは、すでに述べたように、愛国心を振りかざすナショナリズムの徒である。伊藤の見るところ、それを煽っているのは、漢学などに依拠した国体論者である。

伊藤は、漢学者は「何でも専制的のことでなければ日本の国体に適《かな》はぬが如く思ふて居る」が、それは「彼等の眼界の狭小にして又古今の政治と、其実体とを解する能《あた》はざる所」からきた謬見《びゅうけん》であり、「普天《ふてん》の下《もと》、率土《そっと》の浜《ひん》王土王臣に非ざるはなし」との古言の誤解だとして、次のように言う。

趣意は王土王臣にあらざるなしで些《いささか》とも差支ないが、併《しかし》ながら憲法政治は専制政治と違つて彼のものを彼のものとし、彼のものを若《も》し人が奪ふ時にはどうするか、然様《さよう》な乱暴なことは決してさせぬと云ふ即《すなわ》ち生命財産を法律の下に保護すると云ふことである、斯《か》くの如くならざれば、専制と云はんよりは寧《むし》ろ暴政なりと言はなければならぬと考へる。

（『演説集』①、一七四～一七五頁）

伊藤によれば、立憲政治の何たるかを理解しない漢学など「虚学」に過ぎないとして峻拒《しゅんきょ》される。

昔の学問は十中七八までは虚学であるから、纔《わずか》に論究を為《な》して応用を与ふる如きものであつた、故に今後は諸君が今日学んで居るが如くに一方に於《おい》ては事実応用の出来る学問をしつゝ、又文学的の手段などとしては支那の書物などを読むと云ふことも宜しいのである、併《しか》しながら支那の学問のみを以《もっ》ては殆《ほと》んど事実に応用せらるゝことは少い。
（『演説集』③、四〇頁）

伊藤はナショナリズムから常に距離をとった政治家であった。改正条約実施の反対を唱道する者たちが、多分に漢学などの伝統主義に基づいて政談を弄《ろう》していると見た彼は、二〇年前の「教育議」の精神に則り、「科学」的教育を通じてのその「暗消」を説くのである。

経験主義の称揚

実学の第二の意義は、直近の引用中にも示されているように、「事実に応用」されるべきものという側面である。伊藤によれば、学問とは実学として、事実に立脚したものである必要があった。そのような学問観は、英米流の経験論やプラグマティズムと相通じるものだったと見なすことができる。実際、伊藤はイギリスの経験主義への共感を隠していない。

駱駝《らくだ》と云ふものが如何《いか》なる生活をなすものであろうかと云ふ事を研究して見たいと考へて、仏人は直に動物園に趨《は》せて行つたと云ふことである。動物園には駱駝を飼つて居る、併《しか》しながら駱駝が如何なる生活をして居るかと云へば、動物園ではそれは見られない。それは駱駝の生活をして居る所ではない。次ぎに独逸人は如何なることをしたかと云ふと、一室に籠《こも》つて書物に依て其生活の理を究めた。然《しか》るに英国人は如何なることをしたかと云へば、直ぐに埃及《エジプト》の駱駝の生活して居る所へ往《い》つて、駱駝は此くの如き生活をなすものであると云ふことを見て研究致したと云ふことである。誠に浅薄な比喩ではあるが、日本国を進めるには、斯くの如き実地的の応用に依らざれば人に後《おく》るゝのである。

（『演説集』①、一五七〜一五八頁）

ラクダを研究するに、フランス人は動物園へ行き、ドイツ人は書物を求めるが、イギリス人は実際にラクダの生息する地へ赴くとして、その実地主義的姿勢が持ち上げられている。伊藤が漢学を虚学だとして厳しく糾弾していたことはすでに見てきた通りだが、彼はさらにフランスやドイツまで叩き台に乗せながら、観念的思弁的な知のあり方を徹底して排斥し、経験主義第一の学を称揚するのである。

来歴と学問

実学の第三の側面は、実用性である。伊藤にとって、知とは現実に応用されるものでなければならなかった。それがゆえに、経験主義が求められたのだとも言える。事実に立脚した知でなければ、事実に応用することはできないからである。このような実用的学問観は、学問の道具視をも導く。次のようにである。

学問なるものは如何《いか》なるものであるかと云ふに、学問は青年の人が成長の後に於《おい》て各々志す所の事業を為《な》さむと欲するの手段に過ぎぬ話である。学問其《その》ものが目的を達しさせる訳ではない。先《ま》づ学問を以《もっ》て世に処するの階梯《かいてい》として、而《しか》して学んだ所のものを以て事実に応用して始めて、人は経験を得る。其経験の積んだ者は如何なる事に従事しても其事を成し遂げ得ると云ふことになるのでありますから、其遂《と》ぐるに就《つい》ては深く諸君に希望を抱かざることを得ぬのである。

（『演説集』③、三八〜三九頁）

学問は「手段に過ぎぬ」と言い切られている。それは人が世に出て行くための「階梯」なのだ、と。一見、これは学問を実利主義的に貶《おとし》めた物言いだが、ここではむしろこの発言にはらまれている伊藤のメッセージを把握することに努めよう。そのためには、伊藤の生い立ちを思い出してみる必要がある。

農家の生まれであった彼が功なり名を遂げていったのは、紛れもなく教育の賜物だった。来原良蔵や吉田松陰との出会い、英学を志しての密航など伊藤は幕末の世に旺盛な知識欲でもって、広く世界を知り、そして出世の階梯を昇っていった。知とは、彼にとって、身分制度の克服をもたらしてくれるものであり、また、攘夷主義という偏狭なナショナリズムからの脱皮を可能としてくれたものだった。

このような来歴を考え合わせれば、学問を手段と言い切る彼の言説が指し示すものも次のように説明できよう。伊藤は自らの経験に照らして、学問を通じて各人が知を取得することにより彼らが個人として自立し、身分などの社会的しがらみに束縛されずに世に処していける存在となることを理想としたのである。そのために、知は実社会のなかで活用される必要があった。言うならば、個人と社会をつなぐ媒体として知はあったと言えよう。知を通じて個人は自己を実現し、社会のなかで活動し、さらには社会に働きかけ、それを作り変えていくことすらできる。「実学」ということに込められたメッセージとは、知を通じて諸個人は各自の社会性を存分に開花させ、自己を確立することができるというものだったと思われる。

政策知を現実政治へ——議会と政党

本章で論じたことをまとめておこう。一八九九年（明治三二）に伊藤は日本各地を遊説して回った。そこで伊藤が国民に語りかけたかったこと、それは「文明の民」による国民政治の呼びかけだったと言える。

伊藤が求めた「文明の民」とは、一次的には非政治化された経済人に他ならなかった。政談にうつつを抜かすことなく、日々の経済活動にいそしむ人間である。しかし、他方で伊藤は、そのような経済人を改めて政治に動員することを図る。「各種の事業に従事するもの何者か政治と相関連せざる者あらむ」と呼びかけていた伊藤は、経済人が経済人としての本分を全うするために、一定の政治性が不可欠であることを説くのである。そのロジックは次のように説明できよう。国民一人ひとりは、普段は自己の生業に専心するべきであるが、その一方で、そのための条件を整備するために政治への参加が必要となる。つまり、各人は自らの経済活動を阻害したり、あるいは逆にその発展を助成するような政治的要因が存在すれば、その除去や実現を目指して政策形成に関与するべきなのである。

伊藤は専門知が実地に応用されるなかから、国家の経済発展に資する政策的知見が湧出することを期待し、そのような政策知を現実政治に反映できる国家の意思形成のシステムを構築しようとしたものと推察できる。この目的のための政治的フォーラムとして議会があり、議会へと政策的知見を吸い上げるパイプとしての政党として、立憲政友会が創出されたと考えられるのである。次章では、政友会創設の具体的経緯を考察しながらこの点を論証していきたい。

第四章　知の結社としての立憲政友会

1　立憲政友会への道――政党政治家への転身？

政友会結成と伊藤への評価

一九〇〇年（明治三三）九月、伊藤博文を初代総裁として立憲政友会が結成された。それは、わが国初の政権運営能力を持った責任政党の誕生として特筆される。

超然主義を掲げていたはずの元老伊藤が一転して自ら政党の結成に乗り出したことは、明治政治史上の重要な転換点のひとつに数えられる。しかし、従来、政友会結党の画期性に異論が差し挟まれることはないとしても、その際の伊藤の役割について積極的な評価がなされてきたとは言い難い。そもそも、明治憲法制定時の発言を引き合いに出して、伊藤は政党内閣を否定する超然主義者だったと断定されるのが一般的である。そのような理解に立てば、立憲政友会の創設は、伊藤にとって本意ではなく、「已《や》むを得ざる結果」と結論づけられることになる。

伊藤に対するこのようなイメージは、歴史家の間で広く共有されてきたと言ってよい。付言すれば、政友会の結成とその運営についても伊藤の役割が重視されることは学界においては少なく、「政友会内において事実上の中心となったのは旧憲政党系であり、就中《なかんずく》その実権を握る星亨であった」（三谷太一郎）とか、「伊藤と憲政党を結合することに努力したのは伊東〔巳代治〕」（升味準之輔）として、むしろ星亨や伊東巳代治を政友会成立の立役者に据える傾向がある。長尾龍一氏がかつて、明治憲法の制定を伊藤の功績と捉える見方に対して、専門の歴史家はそれを表面で派手に振る舞う伊藤の活動に目を奪われた素人論として軽蔑すると指摘されたことは本書でも先に紹介したが、明治憲法の真の起草者が井上毅とされるように、専門家の間では政友会の真の設計者は星亨であり伊東巳代治であると考えられているのである。

つまり、伊藤にとって政友会とは、決して自己の政治信条から生み落とされた正嫡子だったのではなく、むしろ明治二〇年代に自らが築こうとしてきた政治体制を食い破る鬼子だったと見なされているのである。実際多くの歴史家は、結党後間もなくの第四次伊藤内閣の内紛と瓦解、草創期政友会における総裁伊藤の党運営の挫折、そして一九〇三年の伊藤の総裁辞任を勘案し、政友会の設立は伊藤の政治的没落の始まりと見なしている。政友会創設における伊藤のリーダーシップに着目する研究が皆無だったわけではないが、それらは単発的に世に問われるのみで、その視点や問題提起が継承深化されることは長らくなかった。[1]
　こういった通説と対極にあるものとして、近年精力的に伊藤の再評価を行っている伊藤之雄氏の議論がある。伊藤氏によれば、伊藤の政友会結成とは「一八八〇年代後半に改革・整備された日本の行政や官僚制度を、産業革命を経た一九〇〇年前後の新状況に適応した形に大修正する」（『立憲国家と日露戦争』、二六頁）という構想の発露だったとされる。つまり伊藤は、憲法施行後の地方名望家の政治意識の高まりや商工業者の社会的影響力の増大という事態の変化に鑑み、彼らの政治参加を拡大して立憲政治を完成させることを意図して政党の設立に及んだが、それは単なる憲政上の一大革新を目論んだものにとどまらず、官制の刷新という行政改革とも連動した内政全般の改革事業として位置づけられるべきものだということである。そして伊藤はこのような内政改革による国力の充実を至上視していたがゆえに、外政面においては大陸政策に深入りすることを避け、日露協商を中心とした列強との協調策に腐心したことが説かれる。
　伊藤氏の研究は、政友会の結成のなかに内政外政を貫く伊藤の国家構想と戦略を読み解き、これまで多分に状況主義的で場当たり的と見なされてきた伊藤像を修正して確固とした信念の政治家としての姿を打ち出した点、画期的である。本章ではこの伊藤氏の政治史上の業績に触発されつつ、伊藤による政友会創設問題を別の視角から、すなわち伊藤の思想に着目して再論しようとするものである。前章で明らかにしたように、一八九九年から伊藤は日本各地で遊説を行うなどして国民への直接的な政治的教化を図っていた。それは日本を立憲国家として自立させるという憲法起草時からの彼の遠略の帰結であった。立憲国家の外枠を一八八〇年代に構築した伊藤は、このとき立憲体制を支える国民としての精神をそこに注入しようとしていたのだった。そのような試みのなかで、伊藤がどのようなものとして政友会を構想していたのか、そしてその現実はどうだったのかを論述していこう。

2　政党政治との距離

政党政治家の東奔西走

一八九九年（明治三二）という年に遊説活動に邁進《まいしん》していたのは、伊藤一人ではなかった。憲政党の板垣退助や憲政本党の大隈重信のような頭目をはじめとする政党人たちは、この時期さかんに地方遊説を敢行していた。この年の九月、全国で府県会議員の選挙が控えており、それを念頭に主だった政党政治家の東奔西走が繰り広げられていたのである。そもそもこの選挙は、同年三月の府県制・郡制改正を受けて初めて行われる選挙だった。改正府県制によって、府県会議員の選挙はそれまでの複選制による間接選挙が改められ、直接選挙が導入さ

全国遊説を風刺される政治家たち　右から板垣退助，伊藤，大隈重信，『時事新報』（1899年 5 月24日）

れることになっていた。かくして各党はより直接的に民意に呼びかけ、自党への支持を訴えることになる。あるメディアは、その様相を「県会議員選挙を視ること恰も国会議員選挙を視るが如」しと形容し、「今や中央政党は公々然として県会議員選挙に関渉《かんしょう》し、本部の強力を地方競争に利用して、互ひに党勢拡張を此の一挙に図らむとす」と過熱した選挙運動を報じている（『国民之友』第五巻二二号、六三～六四頁）。

ただでさえ、前年一〇月に与党憲政党内の自由派と進歩派（憲政本党）の内紛によって隈板内閣が瓦解したことを受けて、民党相互の抗争は猖獗《しょうけつ》を極めていた。そのこともあって余計に政党政治家たちは競うように地方遊説に出かけ、党勢の拡大に鎬《しのぎ》を削っていたのである。『時事新報』はその模様を揶揄して、伊藤、板垣、大隈らの旅行姿を漫画にし、金杯と念仏を携えた伊藤、尻馬に乗っている板垣、法螺《ほら》貝を抱えた大隈というようにカリカチュアしている。

大隈重信と星亨の遊説

当時の熾烈《しれつ》な選挙キャンペーンの一端を、憲政本党の大隈重信、憲政党の星亨という二人の既成政党の大立者の動向からうかがってみたい。

まず大隈である。伊藤と前後して、大隈も遊説に出立した。向かった先は東北地方である。四月一六日に福島、一八日に仙台に降り立った大隈は、両地で減租期成同盟大懇親会を開催し、気勢を上げた。特に仙台では、同じ日に計五つの会合に出席し、四回の演説をこなすという精励ぶりだった（「大隈伯の仙台行」『毎日新聞』一八九九年四月二一日）。『大隈侯八十五年史』は、「君の仙台行は、遭難後の君の政治的旅行として、最初のものであつた。君は自らこれを「遭難後の初陣だ」と云つた」と伝えている（②、三三八頁）。大隈がこの遊説を一八八九年に条約改正反対運動のあおりで被った爆弾テロ（このとき、大隈は片脚を喪失）以来の初陣と見なしていたとの記述からは、彼自身の意気込みのみならず、前述した政党間の緊迫した空気が読み取れよう。

実際、大隈の仙台入りは「政戦」と形容された。同月六日、大隈に先駆けて、星亨が仙台に入っている。東北の地は元来、北陸と並ぶ憲政本党の地盤であった。憲政党の領袖星の来仙目的は、当然ながら憲政本党勢力の切り崩しである（有泉貞夫『星亨』、二六七頁参照）。大隈はそのような星の策略を阻止するために、仙台に入って地盤固めを行ったのである。当時のある紙面が、「自進両派が鼓旗《こき》相対する東北の政戦蓋《けだ》し近時の壮観たらん」と伝える所以である（「東北の政戦」『毎日新聞』一八九九年四月一四日）。この後、大隈は翌五月の末に関西へと出向き、やはり非増租の運動大会を中心に雄弁をふるい、自党の支持獲得に努めた。

大隈の政敵星のその後の足取りを追ってみよう。東北での活動を終えた後、彼は六月下旬に北陸に入っている。憲政本党のもうひとつの基盤に照準を定めてのものであることは言うまでもないが、新党結成を目論む国民協会の憲政党追い落とし攻勢に対する防御でもあった。国民協会の首領者中には北陸と縁のある人物が多く、同会は主としてこの地方への勢力扶植《ふしょく》に力を注いでいたのである（『石川県史』④、四八二頁）。さらに翌七月には自身の選挙区である宇都宮で憲政党の集会が挙行されている。このときに招かれたのが伊藤であった。伊藤が講演したのは、宇都宮実業家請待会とされているが、実態は星が同地の勢力振興のために伊藤と板垣という政界の巨頭を担ぎ出すためにお膳立てしたものであった。『読売新聞』はかような星の計略を指して、「金力と腕力を尽して競争をなす決心なり」と伝えている（一八九九年七月一四日）。

異質な伊藤の遊説

「金力と腕力」とは、政党抗争が過熱化していた当時の合言葉と言えた。「金力」とは政党による地方への利益誘導である。その先鞭をつけたのが星であることは、しばしば指摘される。宇都宮での大会の後、北海道を回って七月末に再び東北に入ったときも、星が荘内地方の実業家のために奥羽官線鉄道の酒田への延長話を手土産に山形入りするとの観測がささやかれた（『毎日新聞』一八九九年七月二九日）。金力は政党勢力の地方への浸透のための重要なツールであった。

他方で、政争の高揚は腕力の横行をもたらしていた。七月二九日に北海道遊説を終えて青森に入った星は、暴漢に襲われた。星のみならず、遊説する政党指導者を標的とする暴力沙汰はこの頃頻発していた。「近く三浦子〔梧楼〕が自憲派の為めに北越に傷けらるゝあり。今は星氏、進憲派の為めに撃たる。今日の政界は金力と腕力との世となりにける。正義公道何処に向てか之を求めん」（『毎日新聞』一八九九年七月三一日）と報じられたように、政党間の抗争は「金力と腕力」を駆使した仁義なき争いと化していたのである。[2]

伊藤の遊説はこのような政治的文脈のなかで敢行されたものだった。しかしそれは同時に、そのなかに埋没することをひたすら拒否する意志でもって遂行されたものでもあった。そのことは遊説地の選択にも表れている。伊藤は政争に巻き込まれる土地に赴くのを慎重に避けていた。例えば、自進両派が激突していた選挙戦激戦地は既述のように東北だったわけだが、伊藤はその地を踏んでいない。また、一〇月の北陸訪問だが、それは当初八月になされる予定だった。しかし、伊藤の参謀伊東巳代治は金沢のような政党対立の前線に選挙前に赴けば必ずやそのあおりを受けるから延期すべきであると注進し、それを入れて北陸遊説は選挙後になされたのだった（『伊藤文書〈塙〉』②、三九三頁。同⑧、三一七頁）。

これらのことは、伊藤の遊説が選挙戦を目的とする既成政党のそれとは異質であることを示唆している。数多の政党指導者と並んで日本中を疾駆《しっく》しつつも、伊藤には彼らとは峻別されるべき別個の企図があったと筆者が判断するのはそれゆえである。そしてこの点は、伊藤自身が遊説中に繰り返し訴えていたことでもあった。節を改めて伊藤の発言を拾ってみたい。

3　立憲政治と政党政治

天皇に対する国民の義務

伊藤にとって、立憲政治とはどのようなものであるべきだったのか。通常、立憲政治と聞いたときに思い浮かべるのは、議会制民主主義ということであろう。議会制度を通じて国民の政治参加が保障されていること。それが立憲制度の重要な要件であることに異論の余地はない。そして議会政治は政党によって担われるものであるから、立憲政治とはつまるところ、政党政治と同義となる。これは一見非の打ちどころのない論理である。実際に明治憲法のもと、当初は自由民権運動の活動家たちによって唱えられていたこの論理を、後には藩閥政府に属していた者の多くも受け入れ、政党政治家へと転身していくのである[3]。

それでは、政党政治家への転身を目前に控えていた伊藤は、この点をどのように考えていたのであろうか。興味深いことに、この時期彼は政党政治との距離感を重ねて表明していた。例えば次のように。「私は特に政党内閣を希望するものでもなく、又政党政治を妨げるものでもない」(『演説集』②、一二七頁)。

この何とも煮え切らない言い回しの背後には、既存の政党政治を是正しようとの政治的意志があった。換言すれば、彼は立憲政治と政党政治を峻別し、前者によって後者を相対化しようとしていたのである。この論理構造を解き明かすために、まずは彼の根本的な政治観を思い起こしておこう。

伊藤は文明の政治を説いていた。それは国民によって担われる政治であった。そのような国民を作り出すのは教育の問題であるが、文明の民たる国民に政治参加を保障するシステムが立憲制度に他ならない。憲法制定当初、彼が国家の発展の基盤を国民の文化力の向上に求めていたことは第二章で指摘したが、そのようにして開化された国民の活力を経済活動のみならず国家の政治過程のなかにも取り込み、もって「国民の公的生活」を活性化させるというのが、伊藤の描いていた立憲国家のプロジェクトである。

国民の政治参加の促進は、一八九九年(明治三二)の遊説の際にも繰り返し公言された。例えば、そこでは立憲政治の理念は、次のようなものとして説かれている。

憲法政治なるものは、上下の分域を明に劃《かく》して以《もっ》て国民と君主の為すべきことと、君主の為すべきこと即《すなわ》ち君主の当《ま》さに行ふべき権利、国民の享有すべき権利を明にして而《しか》して之に次ぐに国政を料理する次第を以てしたものである。（『演説集』③、八一頁）

立憲政治とは、天皇と国民が共同で国家の統治を行うという君民共治の原理に基づくものとされている。このように述べるが、重点は国民の政治参加とその責任に置かれる。議会制度と国民の参政権は、欽定憲法によって天皇から下賜されたものである。「天子が下民に向つて綸言汗《りんげんかん》の如く布かれたものであるから、此れは万古不易、決して動くべからざるもの」であり、つまり「憲法を以《もっ》て与へられた所の此権利は決して奪はるると云ふことはない」とされる（『演説集』②、二五八頁）。

欽定憲法ということからは通常、天皇が単独で憲法を国民に授与したものであり、国民の権利を抑制し、天皇の強大な政治的大権を留保したものとのイメージが導かれる。けれども伊藤にあっては、欽定憲法による国民の政治参加の権利と機会の保障という側面が大書され、しかもいったん下された権利は主権者ですら「妄《みだり》に之を奪はぬ」ものとされるところに憲法の真価が求められているのである。

このように伊藤は、いまや国民は天皇ですら侵すことのできない政治上の権利を保有しており、その権利を駆使して国家を盛り立てることが天皇に対する国民の義務であることを説いている。「国家なる観念の上に於て、憲法に条列してある所の権利を享有して国に対する所の義務を尽し、之を誤らぬやうに」すること、それが今日の勤王の道なのである（『演説集』③、九七頁）。かくして、「何時《いつ》までも睡《ねむ》つて居つてはならぬ、睡つて居れば国に対して義務を尽くすことが出来ぬ」（『演説集』②、二五八〜二五九頁）として、国民の政治的覚醒が呼びかけられる。

立憲政治の目的とは

立憲制度とは、このように国民の政治化を前提としている。しかしその目的はさらに先にある。それは、政治的に覚醒した国民の秩序化であり、前述の君民共治という政治様式の実現である。

憲法政治の主眼たる目的は〔中略〕一国を統治遊《あそば》す所の　天皇と国を成す所の元素たるべき人民とが相調和して睦《むつま》しくしやうと云ふのが目的である。（『演説集』②、六六頁）

換言すれば、君民の宥和こそ立憲政治の目的であり、精神をなすものに他ならないのである。そのために天皇は、自らの主権の作用を分与して国民に委任したのだとされる。したがって、受任者たる国民は、「偏せず党せざる天皇の大権の作用を委任せられたることを深く心に蔵《おさ》めて、日本国民の為めに春雨の霑《うるお》ふが如き政治を行はなければならぬと云ふ責任」（『演説集』①、一八五頁）を負っている。天皇が不偏不党の立場から統治権を総攬しつつも、その運用については国民に委託しており、国民もそのような天皇の意を汲んで受任した権限を公平無私に行使する。その結果として、天皇のもとで国民が有和的に統合されるということが、伊藤が欽定憲法に託した国のかたちだったのである。

このように、有和と統合こそ伊藤の立憲国家観が帰着するところであった。それは何も天皇と国民の間のことに限られない。「立法部とか或は行政部とか云ふもの丶間は詰り調和が出来なければ―憲法の運用と云ふことも其調和に依つて出来るのであつて、何時でも齟齬して往けば、国歩の進行仕方はないことになる」（『演説集』①、四六～四七頁）と説き、政府と議会の調和も呼びかけられる。のみならず、国家レベルでの諸々の権力や勢力の調和こそ伊藤が唱えてやまないことだった。「今日の政治は国家と云ふことを唯一の目的として居る」（『日日』一八九九年一〇月二九日）と述べたうえで、次のように語を継いでいる。

此の唯一の目的たる国家の事に当ると云ふならば、一県内一郡内の事とは之れを別に見なければならぬ。私の切に希望する所は国内に於ては区々たる紛争を止めて、而して国家事業の進歩を謀りたいと云ふにあるのである。

既述のように、伊藤が憲法行脚で国内を巡遊していたとき、府県制の改正によって府県議会選挙に直接選挙制が導入されて初めての統一地方選挙が目前に控えていた。日本各地で選挙運動が過熱化し、政党同士の抗争がエスカレートしていた。そのような政党政治の現況を批判して、彼は政争の中止と国民協働による「国家事業の進歩」を呼びかけているのである。伊藤にとって、政治とは決して闘争を本質とするものだったのではなく、むしろ国家という国民統合の場を作り出す協調と有和の営みだった。

政党の改良の必要性

したがって、従前の政党のあり方に対しても、伊藤は俄然《がぜん》批判的たらざるを得ない。政友会創設の際、彼が政党改良を掲げていたことは周知の事柄に属するが、そこには以上のような伊藤独特の政治観が介在していたと考えることができる。伊藤の見るところ、現下の政党政治は「敵討の政治」(『演説集』②、七七頁)に堕そうとしている。源平や新田足利の争いを髣髴《ほうふつ》とさせる体たらくであり、文明の政治という観点からは大いに問題がある。「日本帝国の議会をして、矢来を結つた所の敵討場の如くされては堪《たま》らぬ」(『演説集』②、七七頁)としたうえで、彼は次のように呼びかけている。

凡《およ》そ政党なるものは、一国の政治上の利害に就《つ》いて人々みな其の観念を有つて居る、それが同説の人が集つて即ち党派なるものを組織すると云ふに過ぎぬのであつて、殊更《ことさら》に今の政党の如く源平や、新田足利の争ふたが如き争ひをすると云ふことは、此文明の政治、憲法政治の下に於《おい》て、其仕方方法が過ぎると思ふ。政党なるものは、も少し軽く見なければならぬ。余り政党者流も自ら見ることが重《お》も過ぎるし、他より之を見る者も亦《ま》た重も過ぎて居る。政見の異同は到底多数の国民であるから免れぬけれども、今のやうな政党と云ふものの観念が強過ぎて来ると、遂に源平の争を見たやうなことになつて、誠に国家の為めに望ましからぬことと考へる。（『演説集』②、七八～七九頁）

「政党なるものは、も少し軽く見なければならぬ」と言う。伊藤によれば、「既に議会がある以上政党の分立することは已むを得ぬ」ことである（『演説集』②、九〇頁）。しかし、その一方で、政治とは「始終動いて行くものであるから此れは利害に依つて見るより外はない、利害で見る時には昨年は非と云つたものも今年は是と云はなければならぬかも」しれないものである（『演説集』②、九一頁）。つまり、固定した教義を護持してそれをもって現実を裁断するのではなく、変動常なき内外の環境を見据えて状況主義的に判断し行動することが伊藤における政治的なるものなのであった。したがって、その時々によって変遷する国家の利害という見地に立てば、派閥を築いたり政党を結んだりして自らの友軍を固めるよりも、昨日の敵といかにつるむことができるかが、政治的な思慮ということになる。伊藤は、立憲政治における譲歩の精神を説いて言う。

英吉利《イギリス》の憲法政治はなぜ斯《かく》の如く能《よ》く往《ゆき》て、外の所は能く往かんかと云つて聞いて見ると、取も直さず英吉利人は譲歩の心が強い。外は譲歩の心が少ない。譲歩の心の少ない者は、憲法政治には不適当な人民である。
（『演説集』①、四七頁）

伊藤にとって、立憲政治の真価は、国家を構成する諸勢力を宥和させ調和させることにあった。そのために、それらに均《ひと》しく統治権参与の権限と手段を保障するところに立憲制度の妙は求められる。これと合わせて、制度を構成する各々のファクターには、それぞれ譲歩の精神が要請される。政党も例外ではない。むしろ、その要請がより一層妥当するのが政党であった。理念的に論じれば、立憲政治は必ずしも政党を必要とするものではないが、現実問題として政党なき立憲政治は存立していないからである。

憲法政治を運用すると云ふ上に於《おい》ては、何《いず》れの国を見ても政党の存在せざることを得ぬのであるから、此れは議論よりは寧《むし》ろ事実上已《や》むを得ず発生するものと認むるのである。道理的に議論をすれば或は必要でないかも知れませんけれども、事実問題で見、又歴史に依《よ》つて見ると憲法政治の行はるる国に党派のない所はないので、是れ事実已むを得ずして出来るものと認めざるを得ぬのである。

（『演説集』②、一七四〜一七五頁）

このように政党が不可避だとすれば、それを改良しなければならない。現下の政党は抗争にうつつを抜かしているとしか映じないが、国民の政治参与と政治への責任の自覚を立憲政治の核心と見なす伊藤にとって、政党は国民と政治を媒介して国民の諸利害を調整すべき存在として刷新される必要があった。

成るたけ調和を計ることに党派が注意をするやうになつて往たならば、憲法政治の進行も出来るだらうと信ず。

（『演説集』①、四七頁）

この信念を実行に移すために、伊藤は自ら政党の結成へと乗り出したのである。

4　政友会の結成

政党創設への道

ここで政友会創設の具体的プロセスを記しておこう。[4] 既述のように、伊藤は第三次内閣期の一八九八年（明治三一）に長年温めていた政党結成に再度挑んだ。このことを彼が公言するのは、六月に増税案の否決を受けて衆議院が解散された直後である。この解散の後、自由党と進歩党の野党大連合によって憲政党が誕生するが、それを察知した伊藤は、それに対抗するために閣議で政党結成を説いた。通常、そのように説明される。

だが、実際のこのときの伊藤の新党運動には、そのような状況主義的で場当たり的な政略というに尽きない経綸があったものと思われる。そもそも、第三次内閣期に伊藤は、選挙法と税制の改正を通じて公民権を拡大し、国家の構造転換を推し進めようとしていた。伊藤の新党運動もその観点から把握される必要がある。

一八九八年五月に、伊藤内閣は衆議院議員選挙法改正案を帝国議会に提出した。選挙権資格を下げて（直接国税年間一五円以上の納税者から、地租五円以上もしくは所得税または営業税三円以上への緩和）、有権者の大幅な拡大を図ったのである。また、被選挙権についての財産資格の撤廃が提起された。「選挙人が是なら然るべしと認める所のものを選ぶことに相成つたならば、納税の資格を附帯するの必要なからう」とされたのである（『演説全集』、五六～五七頁）。

かくして、「商業工業等の発達するに従つて、市の代表者を特に増すの必要あるを認め」、有権者を現在の四四万～四五万人から二〇〇万人に増やすことが提案された（『演説全集』、五三頁）。その背景には、二つの狙いがあった。ひとつは、有権者層を従来の地主中心の構成から、日清戦争後の産業の発展を受けて、都市部の商工業家を取り込むかたちへ転換していくことである。経済構造の変化に合わせて政治のあり方も変えるべきだと伊藤は考えていたのである。

もうひとつは、政論家の淘汰である。伊藤は政談家や壮士のような運動家を嫌悪していた。一八七九年の「教育議」で彼が、政談の徒を暗消して科学を広めるべしと唱えていたように、科学に基づいた政策形成を行うことは、伊藤の政治人生を貫通するテーゼである。後に韓国統治の章でもそのことは論じられるであろう。そしてこのときも伊藤は、「政論に傾く者の考をして事実の問題に近からしむるやうに致したいと希望して居る」（『演説集』③、一六三頁）として、次のように論じている。

> 憲法の実行せられて以来、政論に熱中する者も余程沢山出て参つた訳でありまするが、政論に熱中する者が政治の空論に走つて実業的の上に眼を注がぬのは甚だ残念至極なことである。此政論に傾く者をして、日本社会の経済上の状況及日本国民の衛生教育等の実際に着目し、又其統計等に依《より》て進歩の遅速に注意して、成るたけ事実に近い議論を為さしむるやうにありたいと云ふ考を持つて居る。（『演説集』③、一六二頁）

「政治と民間の事業とは相離るべからざるものである」と説く伊藤は、「役人たる者の学識」と「専門的の事に明るい者」が政治に関係をもつことを要請していた。民間の実業家の実際的専門知識が政治の世界へと注入されることを希求していたのである。そうすることによって、政党から政談の徒を一掃すること、それが伊藤の願望だった。[5]

このときの選挙法改正案は審議未了のため成立しなかった。だが、実業界の政治的覚醒と政論家的政党人の矯正とは伊藤の強い信念となっており、彼はそのための行動を引き起こしている。それが、新党結成へと至る道となっていく。

財界の模様見

六月一〇日、伊藤は衆議院を解散した。そして前述のように、閣議で政党結成の意思を表明する。即座に伊藤は、財界の糾合に着手した。同月一四日、帝国ホテルに実業家を招き、新政党創設の発起人会が開かれている。このとき伊藤は渋沢栄一と面会し、協力を要請した(『伊藤伝』下、三七三頁)。渋沢は「自ら主動とな」ることは謝辞するも、伊藤の「政策を以て是なりとす」として、「内外に対し之を公言する事を憚《はばか》らさるのみならす、他人に向つて之を賛せよと言ふ事を躊躇《ちゅうちょ》せす」と側面からの支援を約束し、伊藤の差し出した念書に署名した(渋沢栄一手記「政友会組織の下相談」『秘録』、七頁)。そして実際に渋沢は、東京商業会議所において地租増徴期成同盟(一八九八年一二月)や衆議院議員選挙法改正期成同盟(一八九九年一月)といった伊藤の掲げる政策に沿った組織を結成し、一九〇〇年九月に政友会が創設されるに際しては、やはり実業家を集めて「政友会ニ関スル協議会」を開催し、「来会者一同は政友会即伊藤侯の政略に於《おい》ては全然之に同意賛成し勉《つとめ》て其関係の密着を謀るへし」との最終決議を出している（『渋沢伝記資料』別巻第一、一五四頁）。

しかし、伊藤の財界斜合策は、その思い通りに運んだのではなかった。実際に政友会に入党した実業家は限られていた。「政友会ニ関スル協議会」の決議文にも実は続きがあり、「去り乍《なが》ら銀行会社従事の者は従来の党派の弊習に鑑み、自身入籍するを以て其管理の業務に害ありと顧念するに於て強て其入会を要求せす」（同右）とされていた。渋沢本人も参加を見合わせ、伊藤の逆鱗に触れている（前掲『秘録』）。

岩崎弥之助の影

従来この点は、政治に手を染めることを潔しとしない実業人の伝統的非政治性が、いざ政党加入となった段階に二の足を踏ませたと説明されることが多い。だがそれに劣らず重大だったのが、伊藤新党への財界人の参集に対する具体的な掣肘の動きである。当初、盟友井上馨は、日銀総裁岩崎弥之助の妨害活動を懸念していた。伊藤が新党結成の意を表明した直後の一八九八年六月一九日、井上は「実業者なる社会も岩崎〔弥之助、日本銀行総裁〕の意向一つに有之《これあり》候」として、次のような事情を伝えている。

彼経歴上は〔中略〕、大隈との関係は数年来の情誼《じようぎ》を以て纏連《てんれん》し、且進歩徒中尤《もつとも》為働人員等は、主として福沢塾出の者多く、又福沢（諭吉）と岩崎の交情は、是又数年殆拾万円計りも補助し来りたる関係も有之候由、〔後略〕（『伊藤伝』下、三七四〜三七五頁）

すなわち、大隈や福沢とのつながりの深く、進歩党シンパの岩崎が、あの手この手で邪魔をしてくるであろうと憂慮しているのである。井上は岩崎の財界における影響力の大きさを指摘して言う。

実業家なる者諸銀行会社抔《など》に於ても、岩崎なる財力並日本銀行の勢力を合せたる財勢力を以て、右等諸会社に向ふ時は、彼等衷心には政党方今の弊害を充分覚知候得共、目前金融起業等妨害を生ずるの想像念《おもう》に迷惑を生ずる人情の常にて、迚《とて》も実業家の団結は之を望も不可成立は必然に有之候。（同前）

銀行家や経営者たちがどんなに現下の政党の弊害を知覚して伊藤の新党計画に内心賛同していても、日本銀行までも握った岩崎の三菱財閥の力が立ちはだかったとき、彼らの間に今後の金融や起業に妨げを生じるのではないかとの恐れが出るのは人情の常だから、実業家の結集は不可能だろうとしたためてある。具体的に岩崎による政友会系実業家への干渉があったのかどうかは不明だが（ちなみに岩崎は一八九八年一〇月に日銀総裁を辞任）、先に引用した政友会創設の際に渋沢が実業家に呼びかけた「政友会ニ関スル協議会」の決議文には、自ら入党すれば、「業務に害ありと顧念する」者が数多《あまた》あったことが明記されており、政友会への参加が経済活動への支障となるとの不安が実業界に広がっていたことがわかる。

実際、政友会に加入することは、本業に障害をもたらすものだった。一例を挙げよう。貴族院議員だった滝兵右衛門は一九〇〇年（明治三三）九月二日付で伊藤に書簡を送り、自ら政友会への入会を求めた。多額納税議員の彼は、「三府初め近遠の懇意なる実業大家諸氏幾名歟誘導致し度《たき》考に御座候」とも記し、仕事仲間の実業家数名も引き連れてくる考えだと伝えている。しかし、滝は翌年七月六日、退会を願い出た。「実は私も政友会の肩書の為め銀行に関係を及ほす事不少、又実業且貴族院に影響候事多々有之甚た困難に不耐候」（『伊藤文書〈塙〉』⑥、一三二頁）というのである。

岩崎を後ろ盾とする大隈系の政治家や財界人の策動であろう。既成政党間の政争には背を向けて、それまで非政治的だった実業界を基盤に妥協と調和の立憲政治を構築しようと目論んでいた伊藤だったが、結局は政争に巻き込まれる運命にあったのである。当時の代表的総合誌『太陽』にも、「現に今日にても、某会社には旧改進党時代に党員たりし重役多しとて、旧自由党員の之を嫌ひ、屢《しば》しば不利を受くることあれば、〔中略〕政治家に依頼するの野心も無く、仰天立地、独立不羈に、其の本業を執らんと欲する着実の実業家をして、強て一政党に加盟せしめ、為に他の反対党を敵と為すが如きが、慧眼なる我が実業家の為すを欲せざる所」(一九〇〇年一〇月一日号。小山博也『明治政党組織論』八三～八四頁)との記事が見られる。経済界にもこの頃、政党化の波は及んでいたのだった。

憲政党母体による結成

このように、自前で商工業者を調達することの叶《かな》わなかった伊藤は、その代わりに憲政党(旧自由党)の星亨の手腕に依拠せざるを得なかった。政友会創設の真の立役者は星と伊東巳代治との見方があることは、本章冒頭で言及したが、確かにこの両者によって新党のお膳立てがなされていったことは疑えない。一八九九年七月、憲法行脚の折に伊藤は宇都宮を訪れている。それは同地の実業家団の招きに応じたものだったが、それを斡旋《あっせん》したのは星だった。このとき伊藤は、板垣退助とともに招かれ、その会はさながら宇都宮の旧自由党の会合のようだったと揶揄されている(『読売新聞』一八九九年七月一四日)。

また、一〇月の北陸行きについても、それに先立つ六月の星の北陸巡遊との関係が取り沙汰される。『石川県史』によれば、星の北陸入りは、「憲政党の勢威を益《ますます》隆盛ならしめんとの意ありて、亦《また》金沢市の実業会を羅織《らしょく》せんとの計画なりしが如し」と記され、「後伊藤博文侯の来遊するに至れるもの、主としてこの際に於ける星亨と実業会との黙契ありしに因る」と邪推されていた(④、四八四～四八五頁)。

立憲政友会創立時（1900年）　主要メンバーたちと伊藤（前列右から10人目）

一九〇〇年（明治三三）六月一日、星は松田正久、林有造、末松謙澄の憲政党総務ならびに片岡健吉衆議院議長らとともに伊藤に党首就任を要請した。だが、翌月八日に伊藤はこれを断った。既成政党とは一線を画したい伊藤は、新党結成にこだわった。この頃、伊藤は新党組織の規約作成に余念がなかった（七月一日付山県宛伊藤書簡、『山県文書』①、一二九頁）[6]。伊藤はまったく新しい政党の理念を定立しようとしていたのである。

八月二三日、伊藤は星ら憲政党幹部を招き、新政党の「主義綱領を内示」（『原日記』①、二九七頁）した。これを受けて、憲政党は伊藤に無条件献党を申し出た。そして翌々日の二五日、芝紅葉館において立憲政友会創立委員会が立ち上げられ、新党創立の宣言ならびに綱領が発表された。伊藤の理念と星の率いる人と組織が結合して、政友会は誕生するに至ったのである。だが、それは、憲政党という既成政党を基盤としなければ、伊藤新党は築かれなかったということでもある。伊藤はやや新政党の理念に拘《こだわ》りすぎ、政党としての〝実〟の面についてはおろそかだったのは否定できない。次章で言及するように、結党後の伊藤の党運営は混乱を来すが、それは政友会創設時からの彼の理念偏重に原因があると言えよう。伊藤は党組織の実務をないがしろにしていたようである。

そのことは政治家伊藤の詰めの甘さとして批判されるべきものであろう。政治家は招来した結果に対して責任を負うべきものであり、理念の崇高さが政治家としての質の高さを保証するものではない。だが、それを承知で、伊藤が政友会に込めた理念をさらにいま少し追ってみたい。

5　「党」から「会」へ――政友会の理念

「党」ではなく「会」

既存の政党のあり方に批判的だった伊藤は、自ら政党を組織することを決意するが、現実の結党過程において自らの構想する実業家層の動員に挫折し、結局は既成政党の枠組みのなかで政友会は建立されざるを得なかった。

ところで、いままで「伊藤新党」などと記してきたが、伊藤は自己の組織に「党」の名を冠することを拒否した。読んで字のごとく、政友会は「会」であった。伊藤は、政友会創立を間近に控えた一九〇〇年七月二八日付の伊東巳代治宛書簡で、「従来の党名を改、此際断然立憲政友会と為す事」と書き、新党の名称として「立憲政友会」を披露した。その理由を告げて曰く。

　党名を廃するは官海《かんかい》又は実業界の厭忌《えんき》を避け、加入を容易ならしむるの手段に外ならず候。浅薄の世上事実に障碍《しょうがい》無之以上は、可成《なるべく》改正仕　度《つかまつりたく》候。党は畢竟《ひっきょう》支那の朋党《ほうとう》より淵源《えんげん》し来《きた》るを以《もって》、俗眼の尤《もっとも》忌《き》避《ひ》する処《ところ》に有之《これあり》候間、此段御含容被下度《おふくみいれくだされたく》候。

（『伊藤伝』下、四四六～四四七頁）

　党の語は「朋党」を意識させ（「徒党を組む」の「党」）、まだまだ俗耳《ぞくじ》に入りやすいものではないから、官界や実業界から人を募るためにも党の名は改めるべきだというのである。この提案を受けた伊東は、「昔日《せきじつ》の朋党論を以《もっ》て今日の政党を視るが如きの頑固者は、到底入党御差許《おんさしゆるし》相成《あいなり》候とも何の甲斐《かい》も有之間敷《これあるまじく》、夫等《それら》の御頓着御無用歟《か》と乍憚《はばかりながら》　奉存《ぞんじたてまつり》候」（八月五日付伊藤宛書簡、『伊藤伝』下、四四八頁）と返書し、党の語にアレルギーを持つような頭の古い連中はこちらから願い下げだと応じたが、結局は伊藤の意思が通り、政友会の名が採用されたのである。

この点は単なる名称の問題として片付けるべきではない。「会」の名のもと、伊藤は従来の政党とは概念的に区別される新しい政治組織を考えていたのである。

規約

この手紙に先立って、伊藤は新党の規約を伊東に内示している（七月二〇日付伊藤宛伊東書簡）。その規約というのは、次の六ヵ条からなっていた（『伊藤文書』書類の部、一六六）。

一、大臣の選任は天皇の大権に基づくもので、党外から選出されているという理由でその内閣に反対すべきでないこと。
二、内閣は天皇輔弼《ほひつ》の府であり、かつ責任政治の府であるので、党員が大臣に選ばれているからといって、党内から容喙《ようかい》すべきでないこと。
三、行政各部に適任の人材を配置して行政を刷新することはわれわれの目的だが、政党外の者からも公平に選択されるべきで、党員だからという理由で選任を求めるべきでないこと。
四、公益を目的として行動し、みだりに地方の利害に関わるべきでないこと。
五、時局問題について党員の意見として公表すべきものがある時は、総裁がこれを決すること。

六、議院内の行動や選挙に関しては、担当者を置いて、総裁の指導を受けること。

この一ヵ月後の八月二五日に公表された党綱領はこれと異なり、よりビジネスライクで実務的なものである。それだけに、このとき伊藤自らが草した右の規約は、彼の組織哲学が忌《き》憚《たん》なく表明されていると言える。その哲学を三つにまとめれば、次のようになろう。第一に党と内閣・政府との峻別、第二に中央政治と地方自治の区別、そして第三に党内における総裁の強い指揮権、以上の三点である。それぞれに込められた伊藤の企図を解き明かしていきたい。

党と政府の関係

まずは党と政府との関係である。この点を理解するには、最初に伊藤の代議士観を紹介しておく必要がある。伊藤によれば、国会議員とは国民全体の代表であって、「其本尊は即ち国民」であった。

> 代議士なるものも亦《ま》た其代表する所の本尊なる国民の意見を能《よ》く考へ、其利害痛痒《つうよう》を能く見て、而《しこう》して中央の議会に出て其意《そのい》を十分に果すやうに働かなければならぬのである。
> （『演説集』②、六八頁）

伊藤がイギリスの保守思想家エドマンド・バークの「代議士は国民全体の利害の奉仕者」との言葉を愛好していたことは、本書でも一度触れた。ここでも伊藤はバークを引照しながら、議員が個別的利害の代弁者としてではなく、国民全体の利害を代表する存在として議会に結集することを要請した。

しかし現実の議会は、そのように機能しているものとは見なし得なかった。伊藤は、「議会に於《お》いては成るべく勝敗を争ふを眼目とせずして、所謂《いわゆる》深思熟慮をして国家の為めに如何なる方法を取れば宜《よろ》しいかと云ふ討議を尽すのが必要である」(『日日』一八九九年一〇月二日)と語って、熟議の府としての議会を期待していたが、現実にはそこは党派による「勝敗を争ふ」場と化していた。伊藤はその現状を指して、議会での審議以前に「党派なるものが各々其事務所を置いて、先づ其問題を別に討議をすると云ふ如きの有様」であり、「恰《あたか》も現今の状態は二重に議会が造つてあるやうなことになつて居る」と難じている(『演説集』②、一二四頁)。

そのような状態で政党内閣ができるということは、望ましいことではない。「今日の如く党派の各人が集つて行政上の種々な注文をして居る間は、迚《とて》も政党を以て内閣を組織しやうなどと云ふことは思ひも寄らぬ次第である」(『演説集』②、一二七頁)、と彼は言う。伊藤は党利党略によって、執政の府が壟断《ろうだん》されることを嫌悪したのである。彼の考えるところ、政権の座にある者は、その地位を得るまでは政党政治を駆使して政争を戦わなければならないかもしれないが、政権をとった暁には公正な観点から国民全体のための政治を行うべきだったのである。

政治とは如何《いか》なるものであるかと云ふと、縦令《たとい》政党政治の行はるる国の観念にしても政権を把《と》るまでの間は相争ふのでありまするが、既に政治の区域に這入《はい》つた以上は公平ならざるを得ぬ。（『演説集』②、一二九〜一三〇頁）

語を継いで、伊藤はさらに次のように敷衍《ふえん》している。

民に臨み政を行ふに当つて、自分の政党に利益となる政治を行ふと云ふことになれば、反対に立つ所の者は始終不幸を蒙《こうむ》らなければならぬ。故に政治は決して此の如きの不公平を許さぬ。如何なる人が政府に立つても、如何なる党派が政権を把つても、政治となつた以上は眼中党派を措《お》かず、公平に事を行ひ、民を見るに自党他党の区別をせず唯々民の事業、民の生活、国家の利害如何と云ふことを見るのみでなければならぬ。（同前）

約言すれば、伊藤は政党を必ずしも全体的な国民的利益の担い手とは見なしていなかったということである。したがって、公益の実現者たるべき執政府＝内閣の選抜は、政党が重要な母体のひとつではあっても、それのみに依拠してなされるものではなかった。逆に言えば、公益を体現すべき内閣へ人材を供出できるような、議会を基盤とするひとつの重要な政治団体へと政党は生まれ変わるべきだと考えられていたのであろう。伊藤にとって、政党は政治的人材を養成しプールしておく機関であったと思われる。

中央政治と地方自治

第二は中央政治と地方自治の区別である。伊藤は闘争を原理とする政党政治は中央政界に限局され、地方においては協同を原理とする自治が行われるべきことを論じて言う。

政見の異同の争ひの如《ごと》きとは日本全国即《すなわ》ち帝国の政治上に於て争ふべきことであつて、村落の事業上や何かの事は成るたけ村々の有力な人達が睦《むつま》じくして、互に相協同して事を謀《はか》つて行つてこそ大いに進むのである。（『演説集』②、八四頁）

伊藤によれば、政党は中央政治上のものなのであって、そこでの争いを「村落などに及ぼさぬと云ふ観念を持たなければならぬ」（『演説集』①、八五頁）とされた。だが、現状はこれとは反対であり、前述のように府県制の改正を受けて、利益誘導を行う政党間の抗争が地方を舞台に苛烈化していた。「近来政党の余弊《よへい》が此《ここ》に及んで居る」（『演説集』①、八五～八六頁）という実情だったのである。

しかし、「成るたけ党派は、一国の政治を目的として論議するのを当然と」しなければならない（『日日』一八九九年一二月三日）。そもそも、伊藤にとって、政治とは国家全体の利益を論じるものであって、地方自治とは概念のうえで厳に区別されるべきものであった。

自治は地方の政治と云はむよりは寧《むし》ろ、地方の行政と言はなければならぬと考へるが、凡そ政治と云ふことは、多く全国に渉《わた》つたことを以《もつ》て、専ら政治の区域とすべきが当然であつて、所謂政略、政治の方針など丶云ふことを党派などが頻《しき》りに唱へて居るが、此れは皆日本全国の上に就《つい》てのことを指したものである。（『演説集』②、六〇頁）

このように、伊藤は中央と地方、そして政治と自治を区別し、政党はあくまで中央政治の担い手として把握された。そして、そのようなものとしての政党は、地方のことには深入りすべきでないと説かれた。「地方の事などは党派論の余り深く這入らぬやうにして、成るべく親睦して行くのが地方の幸福を謀る上に於て必要であらうと考へる」（『演説集』②、一二八～一二九頁）というのである。ここにも政党政治を相対化しようとの強い意思が認められる。

党首への絶対服従

最後に、当初の規約では党首（総裁）の強い指揮権が示唆されていた。これは、党首専制主義として、伊藤が固執して初期政友会の組織原理としたものである。この点も遊説中から重ねて力説されていたことだった。その際に彼がしばしば引き合いに出していたのが、グラッドストーンと並び称される一九世紀イギリスの議会政治家ディズレーリである。

ヂスレリー〔中略〕は斯《こ》う言ふて居る、「英国の宰相は自己の党派に対して忠実ならざるべからず、党人は其首領に対して絶対的に忠実ならざる事を得ぬ」。即《すなわ》ち其指揮命令に従はなければならぬと云ふのである。議会に多数が集れば必ずや紀律を要するのである。之を称して彼等は正当に能く組織せられたる軍隊と同じと言て居る、無論指導者の必要たる事は論を待たぬ。（『演説集』①、一〇九頁）

イギリス保守党を大衆に基盤を持つ国民政党へと再生させたディズレーリに、政党改良を実践して政権担当能力ある責任政党の樹立を意図していた伊藤が、自らを投影していたとしても不思議ではない。なかでも、伊藤がディズレーリーに最も共鳴していたのが、右の引用にあるように、党首への絶対服従を通じての党規律の確立ということであった。

伊藤は、一八九九年一〇月二一日に北陸巡遊の途次、高岡で憲政党の集会に招かれて登壇した際にも、再びディズレーリを引き合いに出して次のように言っている。

党派の首領たる者は、其党の主義に忠実ならざるべからざると同時に、党員たる者は又其首領の指揮命令に絶対的に服従しなければならぬ。（『日日』一八九九年一一月二日）

このように、政党改良の名のもとで何よりも要請されたのが、党首専制の確立ということであった。政党内閣の可能性もそこに求められる。「苟《いやしく》も政党を以て内閣を造らうと云ふならば、其政党の首領は即ち国家の事務を負担して其重任を全うし得るだけに党派の統一の出来るものでなければならぬ」（『演説集』②、一二七頁）、と伊藤は述べる。

党派の統一とは、国益の実現のためにも不可欠とされる。伊藤が、代議士を国民全体の代表たるべきと弁じていたことは前述した。だが、実際の議員が、地方や階層の様々な特殊利害から完全に自由であることは難しい。彼らが代表するそのような利害を濾過《ろか》して、公益を抽出するフィルターの役割を、伊藤は政党に期待したのである。

そのためには党全体の意見を取りまとめ、それを体現する党首が必要とされる。党首は他の党首と議会の場で議論を重ね、妥協と譲歩をしながら折り合いをつける。そのようにして、議会という公開の場で、国益が何であるかの合意がなされる。そして、党首が合意し決定したことに、党員は絶対的に従うのである。

かくして、党首どうしによる議会という公開の場での討論と合意が説かれる。伊藤は次のように述べて党首の黒幕からの脱却を呼びかけているが、それは以上のような政治過程を念頭に置いてのものとして聞くことができる。

今の日本の各政党といふものは、或《あるい》は首領ありや否やといふことは甚だ疑はしいが其名称の上に於《おい》て論ずるので、実権の上に於ては陽《あら》はに認めて居る。併《しか》し其人は議院に列して居ない。之を能《よ》く考へて見ると私も先年黒幕などと唱へられたことがあるが、何《ど》うも今の有様を見ると政党の黒幕なることを免れん。〔中略〕憲法政治といふ様な政治は公けな政治であるから左様いふことは政党に於ても一つ見切つて遣《や》つては何《ど》うか。

（『演説集』①、一一四〜一一五頁）

サロン的政党

党首の強い統制権の一方で、伊藤は政友会の組織をクラブ形式とすることを提示してもいた。この点についてもここで触れておこう。党名として立憲政友会を明かした前記の伊東巳代治宛書簡には、「本部の組織を変じ倶楽部と為す事、各地方に於ても支部的に倶楽部を設置せしむる事」との考案も書き留められている。伊東はこの点についても異議を唱えた。「政党の統一及連絡の為には、俄《にわか》に本支部を廃して全然倶楽部を組織致候事、実際難被行《おこなわれがたく》候」（前掲八月五日付書簡、『伊藤伝』下、四四八頁）、と伊東は返答した。クラブは党の門戸を広げるための社交上の場として本部や支部の本組織と並立して設ければよいではないか、星も同意見である。どうか御再考いただきたい。そのように彼は伊藤を説得しようとした。

党首の専制体制を求める一方で、党組織についてはクラブのようなゆるやかなつながりを構想している。伊東が述べるように、社会に対して党の門戸を広げるための場としてクラブを設置するというのは理解できるが、伊藤はそれのみならず、本部や支部などそのようなクラブでもって置き換えてしまえとまで主張していた。これは、党員の規律を喋々《ちょうちょう》していた人の言葉としては、一貫性に欠けているように聞こえる。だがとにかく、伊藤は堅固なヒエラルキーよりも、オープンなサロン的性格を党のあり方としては好んだのである。強権的リーダーとサロン的組織の一見奇妙な結合に寄せた伊藤の真意については、節を改めて論じることにしたい。

6　シンクタンクとしての政党

国民的調和のための公器

一九〇〇年（明治三三）の立憲政友会の創設は、超然主義者伊藤の政党政治家への転向と見なされてきた。だが、これまでの論述によって明らかとなったように、彼が真に意図していたのは、政党政治の渦中に身を投じることによって、それを刷新するということだった。超然主義か政党政治かということ以前に、彼の脳裏には立憲政治の理念が屹立《きつりつ》しており、国民の統合と調和をもたらす立憲政治の実現という点において、憲法制定以来、伊藤の姿勢は一貫していたのである。政党政治と立憲政治の関係は、彼の次の言葉からもうかがえる。

政党などの改良を図つて行くに就《つい》ても、国民にどうぞ政治の利害得失が明に分るやうになつて貰《もら》ひたいといふ希望を私は抱いて居る訳である。国民さへ明に物が分つて来れば、政党の悪弊を除去するにも足るであらうし、又立法上の機能を全うして上下の一致結合を図る仕掛方法ともなるであらう。是《こ》れが反対の結果を現はして、上下の不和を招くと云ふことは憲法の希望せざる所である。憲法政治なるものは所謂《いわゆる》治者と被治者の間を調和して以《もつ》て上下一致の結果を見るのが其目的である。（『演説集』③、一七四〜一七五頁）

政党とは、「治者と被治者の間を調和して以て上下一致」をもたらす立憲政治に奉仕すべきものだったのである。

九月一五日、立憲政友会が結成された。これに先立って、伊藤は以下のような新党設立の趣旨を公にしていた。それは、出陣式にふさわしい天下獲りのシュプレヒコールではなく、むしろ彼らの気勢を削《そ》ぐような自重と自粛を求めるものとなっている。彼は改めて、この組織が政権奪取のマシーンではなく、国民的調和のための公器たるべきことを訴えたのである。

凡《およ》そ政党の国家に対するや、其《そ》の全力を挙け、一意公に奉するを以《もっ》て任とせさるへからす。凡そ行政を刷振《さっしん》して、以て国運の隆興に伴はしめむとせは、一定の資格を設け、党の内外を問ふことなく、博《ひろ》く適当の学識経験を備ふる人才を収めさるへからす。党員たるの故を以て地位を与ふるに能否を論せさるか如きは、断して戒めさるへからす。地方、若《も》しくは団体利害の問題に至りては、亦《また》一に公益を以て準と為し、緩急を按《あん》して之か施設を決せさるへからす。或は郷党の情実に泥《なず》み、或は当業の請託を受け、与ふるに党援を以てするか如きは、亦断して不可なり。予は同志と共に此の如きの陋套《ろうとう》を一洗せんことを希《ねが》ふ。（『政友』第一号、一～二頁）

党員であるからという理由で、政府のポストが与えられるわけではないと唱えられている。隈板内閣で見られたような政党員による猟官運動に対する戒《いまし》めであろう。この引用の直前では「抑《そもそ》も閣臣の任免は憲法上の大権に属」すと謳われており、いわゆる政党内閣は天皇の任免大権の干犯と見なされていた。

だが、その一方で看過すべきでないのが、行政には「博く適当の学識経験を備ふる人才を収めさるへからす」と述べられていることである。伊藤によれば、地位が与えられるには能力が論じられなければならなかった。そのことをわきまえずに、議会で多数を制した党のメンバーだからといって、我がもの顔で官職を占奪するようなことは論外とされた。[7]

以上のように、伊藤は自らが政党政治家へと転身して、旧来の政党の弊害を抑制する重石となることを期していたことが指摘できる。彼が党内の規律を厳しく求めていたことも、そこに理由の一端がある。しかし、これだけでは伊藤の新党運動には、消極的な意味合いしか認められないことになる。そこには、積極的な意味合いはなかったのだろうか。

政治的人材のリクルート機関

伊藤が新党創立に込めた積極的な意義、それは、先に指摘したような政治的人材のリクルート機関としての意義である。閣僚は「党の内外を問ふことなく、博く適当の学識経験を備ふる人才を収めさるへからす」との宣言は、裏を返せば、政党がそのような「学識経験を備ふる人才」を見出し、育成して、政府に供給する場のひとつとなるべきことの要請としても読める。一言で言えば、伊藤にとって、政友会は「人才」の集う場であるべきだった。では、それはどのような「人」であり、「才」なのか。伊藤が政友会の中心的メンバーとして、実業家の入党工作に腐心していたことは先述したが、そこから彼が単なる資本家の階級政党を作ろうとしていたと結論づけるのは早計である。むしろ、伊藤は国家の全体的な利害得失を攻究し、国民の全階層の意見を集約できる機関として政友会を考えていたと思われる。長文であるが、政友会の集会での伊藤の発言をひとつ引いておこう。

憲法政治の下に在ては国民たる者が奮つて国家の利害得失を攻究せねばならぬことは勿論の義なれども、然《しか》りとて朝から晩まで国民全体が政治のことばかり稽《かんが》へて居ることは出来ぬ。農は農業に勉励し、工業家は需要供給を考へ工業の進歩発達の道を計り己《おの》れの業務を盛大にすることに力《つと》め、商人は農産物、工業品の有無多寡を鑑み共通の便を計り互に利益を増進するを目的とすべき者にして、即《すなわ》ち一個人の利益は進むで国家の富を作すものである。之と同時に国民の幾分は職務的に政治に注意し、例へば農産物は如何に消流せらるゝか等の事を鑑み、他国より物品の供給を仰がずして我自ら之を製作する等の事を研究するのが肝要である。即ち商工業に注目すると同時に政治即ち政府の政策上に就て利害得失を攻究するのである。国民全般の政治熱に浮かさるゝは素《も》とより宜しからざるが故に、国民を代表する者が能《よ》く其中庸を鑑みて之を生産実業の上に応用することとし、政論は役人や議員や新聞記者などの専門の職に委《ま》かせ、一体の国民は已れの業務を本分とし、一方に於ては政治の注意に怠らぬ様に致したきものにて、凡《およ》そ斯《かく》の如きは立憲政治に於て則《のっと》らねばならぬ方針なりと考へる。

（『政友』第一一号、九頁）

これと同旨の発言を伊藤は憲法行脚の折にもしていたことを思い出してみよう（第三章第5節）。伊藤は「文明の民」を求めた。それは、非政治的な経済人だった。日々の生業にいそしむ生活者である。右の引用に即して言えば、農民は農業のことを、工業家は製品の製造のことを、商人は商品流通のことを第一に考えるべきなのであり、「国民全般の政治熱に浮かさるゝは」望ましいことではない。そのような「政論」は本来、「役人や議員や新聞記者などの専門の職」の人間に委ねておくべきものである。

政友会に求めたもの

他方で、「文明の民」とは政治への関心を失わない存在でもある。「己れの業務を本分とし、一方に於ては政治の注意に怠らぬ」国民である。それというのも、各々の生業にとっての利害は、国家の利害につながるものであり、その意味ですべての事業は政治と関係すると言えるからである。かくして、そのように自己の職業的利益について研究する国民のなかから、その実現のために政府に対して政策提言をなす者が出てくる。それこそ「国民を代表する者」だというのが、伊藤の説くところであろう。

伊藤が理想とした政党は、そのような国民の代表者を糾合した組織だと考えられる。彼は、国家を構成する様々な職業的または地域的利害を代弁する者たちが集い、議論し、そしてともに国家の政策について研究する機関として政友会を構想したのではなかろうか。経済活動の現場で湧き上がってくる国家への要望を具体的な政策へと練成させ、中央政界で活躍する政治家へと伝達していく媒体であり、国家公共のための政策知を討究し、その実現を目指す機関が、政友会だったのである。伊藤が思い描いていた政友会の本来の姿とは、政策実現のための政治団体ということのほかに、今日のシンクタンクに近い性格をもつものだったと言えよう。

この二つの性格を両立させるために、伊藤はクラブ組織と総裁専制を求めたのだと考えられる。つまり、クラブというゆるやかかつ社会に開かれたつながりを通じて、末端からの知識の吸収とその自由な交換や流通を保障し、そうやって確定された党の政策目標の達成のために、党員は一丸となって議会の場で総裁の統制に服して行動する。そのような知の発信と実践のための試みとして、伊藤の政友会構想は評価されよう。

第五章　明治国制の確立——一九〇七年の憲法改革

1　政友会の蹉跌

山県有朋の思惑

伊藤は、立憲政治の精神である妥協と調和の担い手たることを期待して、政友会を創設した。伊藤にとって、立憲政治とは国民の政治的（政策的）関心を高めることによって国民の政治参加を促し、国家の政治的統合力を強めて国力を活性化させる営みだった。そのためには、既存の政党を支配している競争や闘争という行動原理ではなく、妥協と譲歩こそが政党活動の指針とされるべきだった。

そのことを端的に示すエピソードがある。一八九八年（明治三一）初頭、第三次伊藤内閣が成立したときのことである。蘇峰徳富猪一郎は、この頃初めて伊藤と会った。蘇峰は、その折に次のようなやり取りがあったことを伝えている。

伊藤は予を見るや否や、「徳富君は勤皇には異存はあるまい」といったから、「日本国民として誰しも勤皇に異存のある者はありますまい」と答えたところが、「それならば宜し。君もまたわが党の人だ」といって、四方山《よもやま》の話をした。

（徳富猪一郎『蘇翁夢物語』、一九頁）

当時すでに新党の結成が念頭にあった伊藤だが、彼にとって政党のモチーフとは闘争ではなく、有和《ゆうわ》にあったことが改めてわかる。勤皇の名のもと（日本国民の名のもと）、対立を超克して国民的調和を実現すること、それが彼の政治信条だった。

そのことを伊藤は、政友会の発足時から党員に対して呼びかけていた。政友会は、党派心の抑制と政争の自重を求める伊藤の訓戒とともに船出したのだった。だが、その航路は発足直後から混迷を極めた。

発端をなすのは、当時首相だった山県有朋による伊藤政友会への政権移譲の働きかけである。一九〇〇年（明治三三）八月二五日に伊藤が政友会の宣言や綱領を発表してから間もなく、彼のもとを山県が訪れ、北清事変（義和団《ぎわだん》事件）が一段落したいま、総理を辞任する意思を告げた。そして代わりに組閣するよう慫慂《しょうよう》した。山県の真意は政友会の切り崩しである。

まだ党の基盤や運営が確立していないうちに政友会を政権に就かせ、その瓦解《がかい》を招こうという深謀遠慮であった。

伊藤は山県の要請をいったんは拒否する。それは山県の思惑を察知していたからというにとどまらない。前章で詳論したように、そもそも伊藤にとって政党内閣とは二次的な問題であった。『伊藤博文伝』によれば、山県からこの話を持ちかけられたとき、伊藤は、「政党組織の真意は、既に閣下の了解を得たるが如く、真に国家の為めに忠誠を効すべき国士を糾合し、一は以《もっ》て既成政党の宿弊を矯正し、一は以て政府を援助せんとするに在れば、野に在ってこそ始めてその目的を達し、憲政の美を済《な》し得べきなれ」と応じたというが（『伊藤伝』下、四六三〜四六四頁）、これはあながち韜晦《とうかい》とも言えまい。

とにかく、伊藤にとって、権力のための闘争は政党の本性としては認められていなかった。それは政党を作るにあたっての彼の理想だったが、政党とはやはり政権獲得のために鎬《しのぎ》を削るものである。この点、腹心伊東巳代治が吐き捨てたように、「伊藤侯の計画は唯机上の空論」（『伊東日記』①、五三二頁）と概括される側面を有していたことは否定できない。自らの起草した政友会の規約および綱領の草案といった立党の趣旨を示す文書を山県、星、伊東、原敬ら政界関係者に積極的に開示して自己の理念の浸透に努めていた伊藤だったが、そのもとに結集した〝政友〟たちとは所詮、同床異夢だった。彼らは、天下を取るために馳せ参じたのである。

九月二六日、山県内閣は総辞職した。二九日、天皇は伊藤を呼び、組閣を命じた。しかし、伊藤は、「内閣組織の大命下りたるも山県内閣の辞職するの必要なきことと政友会の組織未だ完全せず、又外交の事目下当局者の更迭を不可とする等の事情」を挙げて固辞したという（『原日記』①、二九九〜三〇〇頁）。これに対して、このとき伊東に代わって立党の実務を切り盛りしていた原は、井上馨と語り合って、大命を拝受するよう伊藤の説得に動いている（同前、三〇〇頁）。

閣僚人事の迷走

一〇月七日、再び天皇の求めで参内した伊藤は、改めて組閣の命を受けた。もはや辞退することは叶わず、伊藤は四度目の首相の座に就くこととなった（同前、三〇〇頁）。さて、問題となるのは閣僚人事である。前章で論じたように、伊藤は決して政党内閣を目指していたのではなく、政党とは大臣候補をプールしておく重要な人材源だが、そのひとつにとどまるというのが、彼の認識だった。適材適所という人事の鉄則に合致すれば、政党の内外から広く人を求めるのが宰相たる者の責務なのである。

しかし、その方針は早々に躓《つまず》いた。伊藤は当初蔵相に閣外から井上馨を当てる方針だった。これに対して、伊藤の配下で政友会の創立に尽力してきたと自負のある渡辺国武が食ってかかったのである。渡辺は、蔵相ポストは自らのものと当て込んでいた。それが裏切られるや、彼は一〇月九日と一〇日の二日にわたって新聞各紙に伊藤と政友会を批判する記事を掲載した。

このような大立ち回りを演じた渡辺に対して、発足直後から有力メンバーの退会者が出るという不始末を恐れた伊藤は、強硬な措置を取ることなく懇々説諭し、その結果渡辺も矛を収めて伊藤に陳謝した。だが、この一件は、伊藤の人事の哲学が、側近の者へも決して浸透していないことをさらけ出すものだった。これに引き続いて、原敬に対しても、伊藤は西園寺公望を通じて今回の入閣見送りを告げているが、それを聞かされた原は、内閣組織のためにお前が必要だからそのためにも入党してくれと勧誘しておきながら、このような仕打ちをするとは「意外千万」として、次のような伊藤批判を日記に書き連ねている。

蓋《けだ》し伊藤薄弱にして遂に旧自由党の四総務委員を入閣せしめざるを得ざることとなり、又松方の依頼を容れて加藤高明を外務に入れ、渡辺国武の強迫を恐れて同人を大蔵に入るゝが如き処置を内定したるが為めに余の前約を背くに至れるなり。（同前、三〇一頁）

原は、八方美人に陥り、強力なリーダーシップを発揮できていないとして、伊藤を難じているのである。だが、それは当の伊藤も苦悩していたことだった。同月一三日に彼は次のように井上に書き送っている。

政友会之事情 如斯《かくのごとく》、泣くにも泣かれぬ有様。独り大歎息《たんそく》に不堪《たえざる》は、彼等一人も国家之安危得喪より見て起すものなく、何《いず》れも一身上より名誉とか汚辱とか勝手の名称を以《もって》、各好地位を得んと内心に希望し、表面根拠のなき理窟を故《ことさ》らに造為するに過ぎず。而して又一人も憂国の至誠より国政の経画手段等を胸中に案出するものあるを不見《みず》、唯他人に依頼して栄達利禄を貪《むさぼ》るに過ぎず。如斯連中を相手にして国家非常の際に、重責に膺《あた》らんとする自箇の愚忠は、天憐《てんりん》を仰ぐの外無之《ほかこれなし》と悲憤に不堪候。

(『伊藤伝』下、四七二頁、『世外伝』④、七七七頁)

人事の方針をあらかじめ周知徹底させていたと思いきや、ふたを開けてみればやはり党員の猟官熱は制御し難かったということだろう。右の書簡は、そのような窮状を訴えながら、井上に蔵相就任を改めて求めたものだったが、この泣き落としは功を奏さなかった。翌日、井上は以下のように返書し、伊藤の要請を謝辞した。

如何《いか》にも此《この》国難に際して老侯一人之責任に帰し去候は、実に悪友との御感覚も可相生《あいしょうずべし》と存候得共《ぞんじそうらえども》、又内閣を御組織被成《なされ》候上、前述の事情よりして終《つい》に固有の短慮を発し、則一昨年巳代治との衝突を生じたる如き事態発生するときは、第一御苦心のみならず、邦家危難の際に当り国家の為にも不被相成《あいなられず》候故、再三熟考候得ども此際丈は小生は此重任に当り候を不得《えず》候間、御了認被下《くだされ》候て小生断乎《だんこ》たる退遁《たいとん》を御憐察の程《ほど》奉願候。

（『伊藤伝』下、四七五頁）

井上の脳裏には、一昨年の第三次伊藤内閣の折の惨状がよぎった。あのときは自由党との提携の見返りとして板垣退助の入閣が取り沙汰され、それを推進する伊東巳代治農商務相と反対する井上蔵相の狭間に立たされた伊藤は苦慮の末に板垣入閣を拒否し、これを受けて伊東は農商務相を辞任した。政友会内の混乱を観察しながら井上は、いまのままでポストを受諾したら、今度は自分が伊東の憂き目をみて伊藤との関係に禍根《かこん》を残すかもしれないと考え、あえて固辞したのである。結局、蔵相の座には渡辺が就くことになった。

閣内不一致、七ヵ月での退陣

第四次伊藤内閣は一〇月一九日成立した。外務大臣加藤高明、陸軍大臣桂太郎、海軍大臣山本権兵衛を除いたその他の大臣が全員政友会員という布陣は、政友会一党単独による政党内閣といっても過言ではない。だが、その内実が首相の伊藤のもと、一枚岩とは言い難いものだったことはこれまでの叙述からも察しがつくだろう。何よりも渡辺の蔵相としての入閣は、総務委員一同が反対を表明していたことであり、先に引用した原の日記にも言明されているように、伊藤のリーダーシップに暗雲を投げかけるものだった。

成立なった伊藤内閣は、一二月二五日開会の第一五回帝国議会に臨んだ。この議会の最大の懸案は、北清事変派兵費用のための増税案だった。当時衆議院では政友会が過半数を制していたため、増税案は難なく通過したが、貴族院では否決された。山県有朋は、「如此《かくのごとき》情勢に立到たるは、政府が貴族院に対し百事頗《すこぶ》る冷淡視したるに起因する事と察申候」(一九〇一年三月一日付松方宛山県書簡、『松方文書』⑨、一七六頁)と貴族院に対して同情的に眺めている。政友会内閣は国民政治の原理に則って、衆議院を基盤に誕生した。だが、そもそも明治憲法のうえでは衆議院は国家機関のひとつにしか過ぎず、それら諸機関の割拠制が憲法の特徴であった。衆議院をベースに政治的統合が成し遂げられるにはさらなる国民政治の実践の蓄積が必要だったのであり、この段階では伊藤は憲法が定める統治権の総攬者に頼らざるを得なかった。三月一二日、貴族院に増税案の成立を命じる詔勅が下り、天皇の命によって政府案はようやく成立したのである。

伊藤の政策は通ったが、政友会内部は相変わらずごたごたしていた。貴族院での政府案否決の直後、政友会総務委員だった都築馨六も反対を唱え、党内では除名論が起こっている(『世外伝』④、七六五頁)。そして増税案成立後には、またも渡辺蔵相をめぐっていざこざが勃発した。四月一五日の閣議で、渡辺が公債支弁による官業事業の中止を唱え、末松謙澄、金子堅太郎、松田正久、林有造、原敬の政友会出身五大臣がこれに反対し、激しい対立が生じたのである。この閣内不統一がきっかけで、五月二日、伊藤は辞表を提出し、第四次伊藤内閣はその幕を閉じた。

伊藤の政友会内閣は、このように満足な結果を残せずに終わった。辞任直後の五月二〇日、伊藤は山県と内談し、「維新以来人民の地位を高め来りたれば其結果として人民の意見を聞かざるを得ず、人民の意見を聞くとせば党派の生ずるは已むを得ざることとなれば、政党を無視することを得べきものにあらず」（『原日記』①、三三七頁）と自己の政治哲学を改めて開陳した。第四次伊藤内閣の蹉跌《さてつ》は、人民の声を集約してひとつのハーモニーをもたらすことの困難さにあったと言える。このときの伊藤は、直近の配下の者たちの声を束ねることにすら成功しなかったのである。

日英同盟締結への失望

政権の座から降りた後も、伊藤の党指導の混迷は続いた。伊藤の後を継いだのは、桂太郎を首班とする内閣だった。これまで元老クラスが就いてきた首相の椅子に、その次世代にあたる桂が座ったのである。閣員構成は山県閥を中心とする非政党内閣であり、世人は「小山県内閣」と揶揄した。

超然内閣の再現に対して、政友会の幹部らは当然、党内が落ち着いたら攻勢をかける算段だった。だが、伊藤はそれを抑止した。九月、エール大学からの名誉博士号授与の式典に参加するために伊藤は渡米した。このときの外遊の真の目的は、政府が進める日英同盟を牽制し、日露協商についてロシア側と交渉することにあった。とはいえ、伊藤はそうすることで桂に揺さぶりをかけ、その外交政策を妨害しようとしていたのではない。伊藤は自分の行動やロシアとの交渉経過について、日本政府と密に連絡を取っている。むしろ桂のほうが、伊藤の裏をかき、彼がロシアのラムスドルフ外相と協議中の一九〇一年（明治三四）一二月に日英同盟締結方針を確定させたのである。

伊藤が内心大きく失望したことは想像に難くない。だが、彼はいったん決定された政府の方針はこれを支える主義だった。折しも国内では、北清事変で清国政府より支払われる賠償金の処遇をめぐって、桂内閣と政友会の対立が高揚していた。一一月二九日、ロシア入りしていた伊藤は、井上馨に宛てて、「国際競争の現状は鞏固《きょうこ》にして永続すべき政府を要するが故に、国家的重大の理由なくして内閣に反対するものには拙者は同情を表する能は」ずとの政友会員向けのメッセージを電信した。

原はこの電文を井上から内示されるや、「単に現内閣を鞏固にし又永続せしめざるべからざるものとせば、余輩政党に加入して其改良を計り国家に貢献する所あらんとするは無益の事なり、若し果して閣下の御了解の如きものとせば万事を捨て政府に盲従するの外なかるべし」（『原日記』①、三七〇頁）と反発している。政府との対決姿勢を一切封印するかのような伊藤の指示は、原にしてみればおよそ政治の何たるかをわきまえない朴念仁な愚策と映じたのである。

伊藤のリーダーシップに対する原ら党人の不満は、一九〇三年(明治三六)五月二一日と二三日の政友会議員総会で頂点に達した。それまで政府の提示する海軍拡張と地租増徴に反対して政府を追い込んでいた政友会だったが、それとは裏腹に総裁伊藤は桂首相との妥協の余地を追求していた。その方針が総会で明らかとされるや、党内では党運営に対する不満が堰《せき》を切ったように噴出し、尾崎行雄のように伊藤の独断による妥協を公然と批判して脱会する者も出た。

六月一三日に原と内談した伊藤は、政府に対する態度を質《ただ》され、「是《ぜ》を是とし非《ひ》を非とするまでなり、予《あらかじ》め反対と極《き》め置く事不得策なり」と答え、「政権を取るに急なるべからざるを説」いた。相も変わらぬ微温的姿勢に原は業を煮やし、「閣下の如きは今日まで成功したる大業多ければ別に望みもなかるべけれども余輩の如きは然らず。且つ閣下も段々老境に入らる、早く後嗣を造らざれば他日四分五裂の結果に陥らん」(『原日記』②、六七～六八頁)と迫ったが、原の言葉のように、もはや党員たちの間で伊藤の指導力に信は置かれなくなっており、政友会を見限って離党する者が相次ぐことになる。

枢密院議長就任

七月一三日、伊藤は政友会総裁の辞任を決意し、枢密院議長に就任した。その背後には、伊藤を政党から切り離し、枢密院に押し込めようとする山県と桂の策動があった。党運営が袋小路に陥っていた伊藤は、「山県や桂の開いた退路にしたがって、彼の唯一の安住の座である天皇の君側に帰ってい」ったと評される所以である（三谷太一郎『日本政党政治の形成』、四五頁）。

以上のように、伊藤にとって初代政友会総裁としての、そして第四次内閣の首班としての経験は、苦いものだったと言える。立憲国家と国民政治の高邁な理想を胸に抱いていた伊藤は、現実の政局のなかで挫折を味わわざるを得なかった。この点を重視して、従来、この時期をもって伊藤は政治的に没落していくと見なされている。だが、そのような政局中心の見方では、この時期の伊藤の真価を測定することは困難だと思われる。このとき伊藤を衝《つ》き動かしていたのは、もっと長期的かつ根源的な国家構想だったのであり、その点を視野に収めなければ一政治家に対する歴史の審判として公正を欠くと考えられるからである。

実際、近時のいくつかの研究は、そのような観点から政友会ならびに第四次内閣での彼の政治指導を評価するに至っている。伊藤之雄氏は、この時期の伊藤が行政財政整理を一貫して追求していたほか、山県によって制定された改正文官任用令や文官分限令による政党員の就官制限を修正して首相による政治任用ポストの復活を目論むなど内政改革を志向する伊藤像を提起し、清水唯一朗氏も伊藤氏の研究と同一の方向線上で、伊藤が各省の官房長に政友会の人間を任じるなど政党を軸とした統合的統治構造を構想していたことを明らかにしている。

このように、立憲政友会の創設は、伊藤の抱懐《ほうかい》していた国家構想の一環として把握されるようになってきている。伊藤にとって政友会とは、国家の統治構造そのものを改革せんとする国制改革の試みだったのである。そして、そのような改革の場は、政友会に尽きるものだったのではなかった。一九〇〇年（明治三三）前後から、彼は国家の抜本的な制度改革に着手していた。その改革は伊藤が当初形作った明治憲法体制の総点検と修正を目指したものであり、その果てに初めて、彼の期す明治の国のかたち＝明治国制が立ち上げられたと言える。政友会の創設も、そのような遠大な改革構想の一環に過ぎなかったと言えるのである。

その改革の全容が明らかとなるのは、一九〇七年（明治四〇）である。この伊藤の改革を、本書では「一九〇七年の憲法改革」と呼んでみたい。

2　政友会から帝室制度調査局へ――憲法改革の取り組み

皇室制度の確立

一九〇〇年（明治三三）九月、伊藤は立憲政友会の初代総裁の座に就いた。これに先駆けて、彼はもうひとつ別の組織で総裁職に就いている。それは、一八九九年八月に宮中に設置された帝室制度調査局である。伊藤はここでも初代総裁として君臨した。

同局は皇室制度見直しのための調査・審議機関として設立された。そしてここにも、伊藤の強い意向が働いていた。前年の二月、彼は皇室に関する一〇ヵ条の意見書を天皇に捧呈している。そのなかで彼は現行の皇室制度の不備を指摘し、その補正を上奏していた。その主だった点は、皇室および皇族の冠婚葬祭、皇族の臣籍降下、帝室経済の改革、東宮輔導《ほどう》などである（『伊藤伝』下、三三五頁以下）。その後、伊藤によって再度、皇室制度の完成を目的とする調査機関の設置が内奏され、一八九九年八月二四日、宮中に帝室制度調査局の設置が認められるのである。

九月一一日、伊藤は同局副総裁土方久元と同局御用掛の面々（細川潤次郎、高崎正風、伊東巳代治、梅謙次郎、穂積八束、花房直三郎、多田好問、三宮義胤、広橋賢光ら）を集めて、帝室制度調査局設置の趣旨について一場の演説を行った。そのなかで伊藤は、今日の皇室は法的には政府と判然として分離しているが、「実際に於ては此の区別は猶ほ未だ明晰でない憾がある」（『伊藤伝』下、四二〇〜四二一頁）として、皇室および皇族の法的な地位を確定することを掲げている。そして、天皇より下命された一二ヵ条の調査事項を披露した。それらは以下の通りである。①皇室及び皇族の婚儀及び葬祭喪祀、その他朝儀に関する事項、②皇族待遇に関する事項、③皇族及び勲臣の賞与に関する事項、④叙爵及び昇爵に関する事項、⑤請願規程に関する事項、⑥皇族令に関する事項、⑦皇族信教に関する事項、⑧皇族財産租税負担に関する事項、⑨皇族財産民事訴訟に関する事項、⑩華族令に関する事項、⑪位階制度に関する事項、⑫その他帝室制度に関し臨時に諮詢《しじゅん》された事項、である（『伊藤伝』下、四二五〜四二六頁）。

これら諸項目は、前年に伊藤が捧呈した意見書の内容と重複している。同局が伊藤の意向を受けて設けられたことは、ここからもうかがえる。一八八四年（明治一七）三月、伊藤は明治憲法の制定に先駆けて、やはり宮中に制度取調局を設け、国制全般の調査活動に着手した。一八八九年二月に、憲法は皇室典範およびその他の憲法附属法（衆議院議員選挙法、議院法、会計法、貴族院令）とあわせて発布されるが、ここで成立したのは国家の政務法にしか過ぎない。これと並立する宮務法の体系は、その大綱たる皇室典範は制定されたものの、「帝室事務を皇張するは漸次を期」すとの方針に則り（『明治天皇紀』⑥、一八五頁）、当初から後日の課題とされていた。すなわち、憲法と皇室典範をそれぞれ戴く政務法と宮務法の二元的国法秩序（典憲体制）として性格づけられる明治の国家体制は、未だトルソにとどまっていたのである。

憲法の制定者として自他ともに認める伊藤にとって、皇室制度を確立することは、憲法制定時に積み残した課題と取り組み、典憲体制を完成させるために不可避の仕事だった。明治憲法の発布から一〇年、伊藤は再び宮中に調査局を設置し、その課題に着手したのである。

だが、帝室制度調査局（以下、「調査局」）成立の翌年九月の立憲政友会の創設に伴い、伊藤は総裁の職を辞することになる。政党の党首の座にある者が、宮中で職に就くことは憚《はばか》られたのである。副総裁だった土方久元がその後任として総裁となったが、調査局の活動は頓挫を余儀なくされる。それが打開されて同局が再び活性化するのは、一九〇三年（明治三六）七月、伊藤が政友会総裁を辞してからである。このとき、伊藤は調査局総裁に復任し、副総裁には伊東巳代治が就いた。以後、日露戦争を挟みながら、同局は着実に皇室制度の調査と立案を行い、その成果は一九〇七年を機に順次公とされる。この年の二月、法令の公布形式について定めていたそれまでの公文式が廃止されて新たに公式令が制定され、これに伴い皇室典範が増補のうえ公布されたほか、皇室事務を定めるものとして皇室令という法令形式が確立した。

調査局は皇室典範増補が公布された二月一一日をもって廃止されるが、以後、皇室会議令（一九〇七年）、登極令《とうきょくれい》、摂政令、立儲令《りっちょれい》（以上、一九〇九年）、皇族身位令《しんいれい》、皇室親族令、皇室財産令（以上、一九一〇年）、皇室会計令（一九一二年）などの皇室の基本立法が皇室令として陸続と制定・公布される。言うならばこの一九〇七年という年、「帝国憲法を最高法規とする「政務法」の系統と、皇室典範を最高法規とする「宮務法」の系統という、二元的な憲法秩序が出現した」（大石眞『日本憲法史〔第二版〕』、二九一頁）のである。

以上のように、一九〇七年という年は、明治典憲体制がその外観を確立したという意味で、法制史上重要な画期をなす。大石眞氏は、憲法の改正がなされずとも、「通常の議会制定法である憲法附属法の改廃によって憲法秩序を変える」ことがあるとして、それに「憲法改革」の語をあてがわれている（大石眞『憲法秩序への展望』[1]）。帝室制度調査局は、まさに明治の時期にこの憲法改革に取り組んだ試みとして評価できよう。

国法体系の完成と問題

これまでにも、調査局の活動については、憲法史、法制史のみならず政治史、とりわけ天皇制研究と軍事史といった観点から考察が進められてきた。まず憲法史ならびに法制史上の研究である（川田敬一『近代日本の国家形成と皇室財産』、第五章）。ここでは、前述してきたような典憲体制の完成という関心から重要な業績が公表されている。すなわち、皇室典範増補の公布を先駆けとして、皇室制度の整備が着々と進み、他方で公式令の制定によって、詔書・勅書の成立要件、憲法や皇室典範の改正手続き、皇室令や法律をはじめとする法令の公布・発効の次第が定まり、統一的な国法秩序が確立したことが強調される。そして、これによって国制上の一大転換がもたらされたと指摘される。すなわち、皇室典範が国民に向けて公布されていなかったことに象徴されるように、「皇室の内事を以て全然国家に関係することと無し」とするのが、これまでの方針であったが、いまやそのような宮中府中の別は一転され、皇室を国家の機関として位置づけることが国制上の原則となる。一九〇七年（明治四〇）における典憲体制の完成とは、御簾《みす》の内に隠匿《いんとく》されていた宮中を府中と並ぶ統治機構として法制上公定するという意味合いもあったのである。

このようにして国法体系の整備と完成が強調される一方で、そのような新しい国制の内実が当然問題となる。この点についてはかねてより政治史の分野において、研究成果が積み重ねられてきた。それは、軍部の制度的独立という観点からのものだった。

つまり、帝室制度調査局の立案になる公式令とは、すべての勅令・法律に内閣総理大臣の副署を求め、首相の権限を大きく強化するものであったが、そのことに危惧を抱いた山県有朋らの画策により、結局のところ従前の帷幄上奏《いあくじょうそう》の慣行を追認した軍令第一号（「軍令に関する件」）が制定され、ここに昭和期の軍国主義の制度的基盤となる軍部が政府から独立したかたちで成立すると説かれる（研究史や現時点での到達点について、伊藤孝夫『大正デモクラシー期の法と社会』、二二七頁以下を参照）。この点を勘案すれば、一九〇七年の憲法改革は典憲の二元体制のみならず、それに軍部も加えた三元体制を導出したということになろう。

いずれにせよ、帝室制度調査局がその名称から想像されるところとは異なり、単に皇室制度の手直しにのみ従事したわけでないことは確かである。同局の作業はさらに、内閣制度の改革や国法秩序の体系的統一という明治立憲制そのものの補修に向けられていたのである。他方で、同局の活動は山県らの反発を招来し、軍部の独立という意図せざる結果をもたらす。果たして、この改革は明治立憲体制の完成だったのか、それとも崩壊への序曲だったのだろうか。その評価を下す前に、まずは帝室制度調査局の活動を精査し、伊藤が遂行しようとした憲法改革の実態を明らかにしていこう。

3　一九〇七年の憲法改革1――天皇のさらなる国制化

有賀長雄

一九〇三年（明治三六）七月一三日に政友会総裁を辞任した伊藤は、その三日後、帝室制度調査局総裁に復任した。既述のように、これに伴って調査局はその活動を復活させる。翌月一七日、新たに同局副総裁に任じられた伊東巳代治は、「調査着手の方針」と題する文書を伊藤に送付した（『伊東巳代治』下、一〇頁以下）。

その内容は多岐にわたるが、つまるところ「皇室の事を以て天皇の私事なりとし、皇室典範は皇室自ら其の家法を条定するものなりと断定したるの説は、我日本帝国の歴史と相容れ」ず、「故に皇室は国家の要素たるへき固有の関係を明徴にし、以て不易の規準たるへきことを確定すること」との文言に集約される。こうして皇室を国家の機関として位置づけ直し、皇室典範を「帝国憲法と共に、国家の根本法として対等の効力を有するものと」して典憲体制の完成を期することが謳われているのである。

この「調査着手ノ方針」に則って、伊東はすでにある人物に調査に当たることを命じていた。その者の名は、有賀《ありが》長雄《ながお》という。有賀は伊東の強い推挙によって御用掛に抜擢された。

調査局副総裁拝命を報告する伊藤宛書簡において伊東は、「前年来御高庇《ごこうひ》相蒙居《あいこうむりおり》候有賀長雄義〔中略〕内地に於て別段相定り候事も無之よしの事と被察《さっせられ》候に付ては、制度調査局の方へ御採用相成置かれ候ては如何」と記したのに続けて、同人は「将来薬籠中《やくろうちゅう》に入れ置かれ必す御用立候ものに御座候」と書き足している（一九〇三年七月一八日付伊東書簡、『伊藤文書〈塙〉』②、四三四頁）。有賀に対する伊東の並々ならぬ信頼が感じられる。

伊藤も早速この要請に応えたようで、同月二三日付で伊東は、「有賀之義に付御垂命之趣敬承御厚慮之段於当人も深く感佩《かんぱい》可致候」と謝意を表している（『伊藤文書〈塙〉』②、四三四頁）。こうして、調査局において伊藤の配下となった有賀だが、もともとこの両者の間には因縁があった。一八八二年の憲法調査時にウィーンで伊藤が師事した国家学者ローレンツ・フォン・シュタインの教授を有賀もウィーンの地で受けている。伊藤との邂逅後、ウィーンのシュタインのもとへは彼の謦咳《けいがい》に接しようとする日本人が引っ切りなしに訪れ、そのさまは「シュタイン詣で」と称されるものだったと言われる（拙著『ドイツ国家学と明治国制』）。有賀はその参詣者の一人だったわけだが、それにとどまらず、シュタインの学説を日本に伝える高弟と言えた。明治期に最も流布したシュタインの著述である海江田信義編『須多因氏講義』（一八八九年）は、有賀の通訳によってなったものであるし、有賀自身も、法学・政治学・経済学の広範な分野に健筆をふるった師に倣《なら》うかのように、『社会学』（一八八三〜八四年）、『国家学』（一八八九年）、『行政学』（一八九〇年）、『日本古代法釈義』（一八九三年）、『日清戦役国際法論』（一八九六年）、『日露陸戦国際法論』（一九一一年）などなどの多彩な著作を世に問うている。有賀は、シュタインの学風を最もよく体現した国家学者だったのである。ある意味、シュタインを介して、伊藤と有賀は結ばれたのだと言ってよい。

有賀の没後、彼の創刊した『外交時報』には、その追悼文が何本も寄せられたが、そのなかには彼と伊藤の関係を伝える証言がいくつか見られる。例えば、有賀の大学時代の学友で後に早稲田大学総長を務めた高田早苗は、有賀が大学卒業後、「伊藤公側の人となり」、「随分長く枢密院に居つて、或は伊藤公の秘書となつたこともある様に記憶してをる」と述懐している（高田早苗「故有賀博士思出の記」、一〇二頁）。そのような伊藤の側近としての地位を不動にしたのが、帝室制度調査局御用掛への就任であった。

有賀長雄

伊藤と伊東のブレインとして帝室制度調査局の御用掛に登用された有賀は、それに恥じない活躍をみせる。前述の「調査着手の方針」を伝える伊藤宛伊東書簡のなかでは、「前来の方針を以て追々調査に取懸り居候ものも有之候、是亦完成次第高覧に可供候、有賀長雄にも種々調査を命し置き、多少書類も出来候ことにて過日一度帰京致させ候」とあり、精力的に調査にあたっている様子がうかがえる（一九〇三年八月一七日付書簡、『伊東巳代治』下、九～一〇頁）。この「方針」の作成自体に有賀が関与していることも十分に推察されるが、一九〇四年一〇月に提出された調査の中間報告書といえる「皇室弁」は彼の手になるものであり（川田敬一『近代日本の国家形成と皇室財産』、一九八頁）、事実上の制度の立案者だった。

そもそも有賀は、皇典研究所の一員として皇室制度の歴史研究に従事した経歴の持ち主でもあった。また、帝室制度調査局に採用される以前の一九〇〇年には「国家と宮中の関係」という講演を行っている（『国家学会雑誌』第一六七号）。これは現下の日本国制が克服すべき問題を①国家と軍隊との関係、②国家と宮中との関係、③国家と台湾との関係に分類し、それぞれにおいて考察を加えた連続講演のひとつであるが、[2]そこにおいて有賀は、前年に設けられた帝室制度調査局に触れ、同局の扱うべき問題は「実は一二事務の便利に関する問題に非ずし」て、「国家全体の編成に影響する根本的の問題」であると力説している（「国家と宮中の関係」、二頁）。帝室制度調査局に対する彼の強い期待がうかがえる。後年、同局の一員として迎え入れられたとき、有賀の心中は来るべきものが来たという思いで満たされていたであろう。

そのような有賀が、帝室制度調査局での経験を踏まえて、日本の立憲制度について体系的に説き明かした好個な史料として、一九〇八年二月から翌年七月にかけてなされた清国憲法調査団への講義の記録がある。この講義を有賀が行うにあたっては、伊藤の斡旋があった（伊東巳代治「清国憲法と我国」、三頁）。そして、今日「憲政講義」の名で『伊東巳代治関係文書』（国立国会図書館憲政資料室所蔵）のなかに残されているこの講義録には、自らがかかわった前年の憲法改革の経緯とその意義および限界が詳細に綴られている。以下では、この講義録をも利用しながら、一九〇七年の改革が目指した国のかたちを浮き彫りにしていこう。

天皇の国家機関化への志向

既述のように、帝室制度調査局は明治憲法制定期の宮中府中の別を見直し、皇室を国家の重要な機関として位置づけ直すことを掲げて設置された。けれども、これが創設時からの確固とした指針であったわけではない。むしろ逆であった。伊藤博文は、調査局総裁就任に際して、今日の皇室は法的には政府と判然として分離しているが、「実際に於ては此の区別は猶ほ未だ明晰でない憾がある」（『伊藤伝』下、四二〇～四二一頁）と演説していた。このように、調査局を発足させた際に伊藤が意図していたことは、憲法制定を頂点とする明治中期の一連の国制改革の基本理念であった宮中府中の別をさらに推し進め、完成させることにあったのである。

ところが、一九〇三年（明治三六）七月に調査局が活動を再開させた後、状況は一変する。この翌月提出された前述の「調査着手の方針」で掲げられたのは、皇室を国家の要素として、そして皇室典範を国家の根本法として再定位することだった。伊藤総裁の当初の指示は、これによって一八〇度転換されてしまったのであろうか。

国家と皇室を分離するという従来の国制原理を改め、国家のなかに皇室を位置づけ直すことを企図した調査局だが、そのことによって天皇の政治的役割が強調され、主権者としての親政が意図されていたわけではない。むしろまったく逆である。そこで志向されていたのは、天皇主権の確立というよりも、皇位や皇室のより一層の制度化であり、国家機関化であったと目される。換言すれば、天皇への国民の滅私ではなく、天皇の国家への奉公こそが眼目だったのである。

一九〇〇年の有賀の講演、前記「国家と宮中の関係」のなかでも、「天皇の国家に君臨し給へるは、家督の私産を知行し給へるに非ずして、天祖の遺命に対する公職を完うし給へるものなり」として明言されているところである（二二二～二二三頁）。ヨーロッパの君主とは異なり、日本では国家が天皇の家産であったためしなどない。天皇の統治は天祖からの命令に従って行う公務であり、国家に君臨するとはいっても、天皇は国家を私有しているのではない。それは天祖からの委任を受けての公職だとされる。

このことは天皇と政府の官吏との関係にも反映される。「有司を以て天皇の一身上の臣従とする関係は、曾《かつ》て起らざりき」（二二二頁）。官吏とは決して天皇個人の家臣だったのではなく、より公的なものに仕える公僕だったとされる。後年、清国使節にも説いているように、「天皇陛下と天皇陛下の政府と云ふものは別」（前掲「憲政講義」、一九〇九年三月一四日。以下、同史料からの引用は日付のみ記す）なのである。

宮中府中の融合を唱える帝室制度調査局の真意が、伊藤の立憲方針と決して齟齬するものでなかったことは、有賀の「憲政講義」をたどれば、さらに裏付けられる。そのひとつとして、彼による印象的な比喩に触れておこう（一九〇八年三月二九日）。

有賀は立憲政体の樹立に伴い、国家と皇室を区別する必要が生じたとして、そのことを会社組織の発展に比定している。ある個人によって会社が起業されたとき、それは創業者の一身に属するものであり、経営もその人が直接行う。この点で彼はあたかも二つの家を主宰しているかのようである。つまり、自分の家族と会社である。この両者に彼はともに長として君臨し、直接に統治を行う。

しかし、事業が発展していくと、会社の経営は次第に彼の専権から離れていく。「主人は本宅の家事のみ直接に処理するも、商業は此の会社組織に依り間接に経営するに至りたるか如し」。すなわち、家長として家を直接に差配するのとは異なり、会社のほうは経営の大規模化に伴って組織が自律化し、社長としての統治は間接的になるという。確かに会社は自分のものであるが、その事務は自らが専決するのではなく、会社の定款に定めてある機関によって処理されるようになるのである。

このようにして経営者の「本宅」と「会社」は分離する。それと同時に、経営者の人格も二面化する。家長としての側面と社長としての側面である。私人の面と公人の面と言い換えてもよい。そして、有賀によれば、立憲制度とは天皇についてこのような公私の別を明確化したものに他ならない。皇室の長としての天皇と国家の元首としての天皇は、区別されなければならないのである。

このことは、「皇室は国家の要素」と掲げる帝室制度調査局の指針と一見矛盾するかのようである。しかしその点は、皇室を国家の支配主体として動員することではなく、国家が皇室を制度化すること、すなわち皇室の国制化こそ調査局の隠された意図だったと考えれば、解消されるであろう。言うならば、帝室制度調査局の推進した一連の皇室改革は、皇室を国家の機関として呼び込むと同時に、その徹底した制度化を図ったものなのである。したがって、帝室制度調査局によって宮中府中の別の見直しがなされたとはいっても、それは制度の表層面の話にとどまると言える。有賀の議論では、実質的な力点は天皇大権の政治的突出の防止と皇室のさらなる制度化にあったのである。それは、明治憲法制定当初からの伊藤博文の考えと何ら異なるものではなかった。

天皇・皇室の無責任化

帝室制度調査局の制度編制は、宮中府中の別の克服というよりも、宮中をも国家のもとに包摂してそれを制度化したうえで、両者の区別を改めて行うものだった。

引き続いて、国家元首としての天皇はどのような政治的存在として観念されていたのかをみていきたい。有賀は、国政の場における天皇を徹頭徹尾法によって拘束された存在として描いている。「抑々天皇の大権は、憲法を遵奉して行動すへきものなるか故に、憲法の規程に依らさる君主の命令は憲法上より見て君主の命令に非す」（一九〇八年四月二八日）、と中国使節に向けて言い切っている。それは彼の年来の主張でもあった。一九〇一年（明治三四）に刊行された『国法学』のなかでも、「憲法に違反するものは国の元首としての行為に非す」と断言されている（上、二二五頁）。

明治憲法における天皇の性格をめぐっては、第四条の「統治権を総攬」するの文言を重視する君主主義的な正統学派と、同条の「此の憲法の条規に依り之を行ふ」に力点を置く立憲学派との対立があったことはよく知られているが（大石眞『日本憲法史〔第二版〕』、二七七頁以下）、有賀の憲法解釈は後者に属するものであった。それどころか彼には、正統学派の雄、穂積八束が憲法発布直後に「帝国憲法の法理」[3]と題する論文を著してその旗色を鮮明にしたとき、「穂積八束君帝国憲法の法理を誤る」[4]との反論文を発表して、穂積に天皇機関説論争を挑んだ過去があった。有賀は筋金入りの立憲学派だったのである。

とはいえ、立憲学派とはいっても、有賀自身は議会主義の進展には批判的であった。[5]有賀にとって、立憲制度のもと、統治の主体となるべきは内閣であり、立憲政治とは内閣による責任政治だった。そして宮中府中の関係に立ち戻れば、この責任の一事こそ、「国家と皇室とを区別するの標準」（一九〇八年三月一五日）に他ならない。責任問題の生じる事柄については、皇室ではなく国家の事務として政府がこれを行う、そのような間接統治によって皇位は責任問題から回避され安泰となる、と有賀は述べている。これに付け加えて、次のようにも説かれている。

一体立憲政体は都合の好い政体であります。君主か若《も》し明君であれは其の結果が直ちに顕はれますし、又君主か幼冲《ようちゅう》てあるとか、病身てあるとか、又庸愚てあるとかと云ふ時は、其の事か表面に顕はれないで済むことになつて居ります。

（一九〇八年一一月二九日）

このようにして皇室を国家の機関として位置づけると同時に、その政治的実権から遠ざけて抜本的に制度化することが有賀の本来説いていたことであった。そうすることによって、天皇および皇室の統治者性を形式化し、もって政治的に無責任化することが期される。代わって、政治上の責任主体としてクローズアップされるのが、前述のように大臣であり、その集合体としての内閣である。次にその考察へ進んでいこう。

4　一九〇七年の憲法改革2――内閣中心の責任政治と軍部の抑制

内閣重視

有賀は中国からの調査団を前に、制度を動かすのは生きた人間の精神的活動であり、それを十全に展開せしめることが国家制度の設計にあたって最も重要な点である、と説いている。

憲法は僅《わずか》に大体の規模を定めて置く斗《ばか》りて、此の編成を実際に運用して国家の目的を達せんとするのは之は精神的の仕事であります。其の精神的の方面は生きた人間てなければ到底出来ないのてあります。そして如何《いか》にせは生きた人間として此の精神的事業を十分に行はせることか出来るかと云ふことか、即ち官制を定むるときの至重至要の点てありまして、之が官制の目的てあります。（一九〇八年一一月一三日）

したがって、立憲制度のもとにあっても、国家をいかに効果的に作動せしめることができるかということが、国制の第一の関心事となる。本来、国家権力の制約こそが立憲主義の本義であるはずであるが、そのような消極的制度観に対して、有賀は憲法の定めた国制とは大体の骨格にしか過ぎないとして、むしろそれをいかに運用して実地のものとしていくかという制度のダイナミズムを重視しているのである。

このような立憲制度論は、国家行動の制度原理と要約できよう。国家を縛るのではなく、国家を働かせるための制度である。そしてそういった国家行動を取り仕切るのが、内閣の役割に他ならない。「ネガチーヴの内閣は決して国家の発達を進むることは出来ません。国家の要求する所はポジチーヴの内閣であります」（一九〇八年一二月一三日）、と彼は述べている。positive な内閣、すなわち積極的な内閣とは、言葉を換えれば、政治を統括する内閣である。有賀は行政と政治を区別して言う。前者は「法律又は勅令に依りて国家の格段な事業を施行する事」であり、後者は「法律勅令以外に於て一定の主義を立て」ることである、と（一九〇八年四月七日）。すなわち、法律や勅令の単なる執行ではなく、それらを包括した国家経営の指針――「大政の方向」を定めるのが内閣の任務なのである（同）。したがって、彼の掲げる責任政治とは、単に国務大臣の輔弼責任を強調したものにとどまらず、内閣総理大臣を首班とする内閣が大政を統括し、それが一切の政治責任を負うものとなっていることがわかる。責任政治とは内閣政治なのである。

公式令制定の意味――大宰相主義の復活

以上のようにして、有賀において、立憲政治は内閣による責任政治として定義されている。[6]それは、帝室制度調査局の秘められたもうひとつの課題でもあった。

明治憲法が施行されて二〇年近くが経っていたこのとき、国制を取り巻く内外の状況は様変わりし、立憲体制は大きな曲がり角に来ていた。一方において確かに政党勢力が台頭し、議会政治はこの間着実に定着していった。だが他方で、日清日露の両戦役を通じての陸海軍の一層の強力化、台湾や朝鮮という海外の領域への新たな支配権の獲得によって、国家の統治権力の分散という問題も生じていた。この情勢を受けて、内閣のもとに統治権を集約し、国制の分化を防止することが、調査局による制度設計の本旨であったと考えられる。

皇室制度の国制化はその一齣《ひとこま》に他ならない。そして、直接この目的のために策定されたのが、公式令とそれに伴う内閣官制の改正である。既述のように、公式令とは国家の発するあらゆる公文の公布形式を定め、国法秩序の体系的統一をもたらした重要な憲法付属法である。これによって、皇室典範改正の際には公布がなされることが定められ（第四条）、皇室典範に基づく規則など皇室に関する規定を定めたものとしての皇室令が法令形式として認められた（第五条）。前述した政務法・宮務法の二元体制の確立である。また、第三条において帝国憲法改正の際の公布手続きが規定されたことも注目される。

川田敬一氏が明らかにされたところによれば、この公式令も有賀の起案になるものであった（川田敬一『近代日本の国家形成と皇室財産』、二〇一頁）。実際、同令はこれまで論じてきた有賀の内閣論に裏打ちされている。早くから指摘されているように、公式令とは一八八五年（明治一八）の内閣職権で規定されていた大宰相主義への回帰を企図したものだったのである。内閣制度導入の際に制定された内閣職権では、「内閣総理大臣は各大臣の首班として機務を奏宣し、旨を承て大政の方向を指示し行政各部を統督す」（第一条）と規定されたうえで、「凡《およ》そ法律命令には内閣総理大臣之に副署」すとされていた（第四条）。しかし、その後一八八九年に内閣職権は廃止され、新たに内閣官制の成立をみる。その第四条は次のように定めていた。

内閣官制
第四条　凡そ法律及一般の行政に係《かかわ》る勅令は内閣総理大臣及主任大臣之に副署すへし。
　勅令の各省専任の行政事務に属する者は主任の各省大臣之に副署すへし

つまり、法律および一般の行政にかかわる勅令には首相の副署を必要としたものの、「各省専任の行政事務に属する」命令については各省大臣の副署のみで足りるとして、首相の関与は不要とされたのである。かくして総理大臣の地位と権限は大きく減殺されることになる。いまやそれは他の国務大臣と肩を並べる同輩中の首席に過ぎなくなったのである。

このように弱体化された首相の権限を再び強化したのが、公式令の規定であった。ここで重要なのは、第六条と第七条である。

公式令
第六条　①法律は上諭を附して之を公布す
②前項の上諭には帝国議会の協賛を経たる旨を記載し親署の後御璽《ぎょじ》を鈐《けん》し内閣

総理大臣年月日を記入し之に副署し又は他の国務各大臣若《もしく》は主任の国務大臣と倶《とも》に之に副署す

③略

第七条　①勅令は上諭を附して之を公布す

②前項の上諭には親署の後御璽を鈐し内閣総理大臣年月日を記入し之に副署し又は他の国務各大臣若は主任の国務大臣と倶に之に副署す

③以下略

これによって、すべての法律命令に首相の副署が必要との規定が復活し、合わせて既存の内閣官制も改正された。前掲の第四条は削除され、代わって内閣総理大臣による閣令制定権と警視総監・地方長官などに対する指揮監督権が明文化される。かくして制度上、従来の内閣官制のあり方にも重要な変更がもたらされ、内閣総理大臣に強力な国政の統制権限が改めて付与されることとなった。これこそ帝室制度調査局の真の狙いだったのであり、それを理論的に補強し実地に設計することに有賀のブレイン活動の真骨頂はあったのである。

帷幄上奏権への挑戦

公式令制定の裏には、内閣官制を改正し、大宰相主義を復活させるという底意があった。

首相のリーダーシップのもとでの内閣中心の責任政治の実現こそが、帝室制度調査局の憲法改革の真の課題であり、シークレット・ミッションだったのである。

公式令制定の際、調査局が念頭に置いていた対抗勢力があった。それは軍部である。すべての法律命令に首相の副署を課した公式令は、軍による帷幄上奏の慣例に対する挑戦に他ならなかったのである。

そのことを如実に示しているのが、国会図書館憲政資料室所蔵『伊東巳代治関係文書』に収録されている「軍令軍政の区別を明かにすること」（一五六）という報告書である（以下、「区別」。なお、この史料は小林龍夫編『翠雨荘日記』に翻刻）。帝室制度調査局の罫紙に綴られたこの文書は、本来明治憲法第一一条の統帥大権に関わるものに限定されるはずの軍令事項が肥大化し、同第一二条の軍の編制や常備兵額を定める天皇の大権（編制大権）までがあたかも統帥権の一部となってしまっているとして、軍令事項と通常の軍事行政に関わる軍政事項との区別の是正を求める内容である。執筆の具体的日付は書かれていないが、本文中の文言より一九〇一年（明治三四）一二月頃にまとめられたものであることがわかる。つまり、帝室制度調査局設立当初におそらく伊藤の命を受けて、伊東巳代治により調査作成された文書と言える。調査局がその活動を開始したときから、皇室制度の整備と並んで、軍部の統制を重要な任務としていたことをうかがわせる。「区別」の具体的内容をみてみよう。

なぜ軍令と軍政は区別されなければならないのか。それは、軍令が帷幄上奏、すなわち軍当局による天皇への直接の上奏に起因するものであり、内閣を経由しないで発令され、また国民に対する公布も不要とされるからである。帷幄上奏の権利とは、狭義に解釈すれば、戦闘に際して参謀本部のような軍令機関（帷幄）が大元帥たる天皇に戦況や軍の指揮命令について直接報告し伺いを立てることを保障したものである。しかし、軍務への文官や議会の干渉を嫌忌する軍によって、この規定は平時における軍の編制や組織運営にまで拡大解釈されていく。その根拠となったのが、一八八九年（明治二二）の内閣官制の第七条である。

内閣官制
第七条　事の軍機軍令に係り奏上するものは天皇の旨に依り之を内閣に下付せらるゝの件を除く外陸軍大臣海軍大臣より内閣総理大臣に報告すへし

このように同条では、「軍機軍令」に関わる事項については、原則として内閣は通さず、事後的に軍部大臣より首相へ報告すればよいということになっていた。問題は、何が「軍機軍令」にあたるかである。この点、「軍令軍政の区別」は次のように記している。

内閣官制第七条の規定は陸海軍当局者に於《おい》て任意に之を解釈することを得へく、之れか為陸海軍大臣は軍政事項中軍機軍令に属するものなりと認定したるときは、其の実質の如何《いかん》に拘《かか》はらす、自ら内閣に対して独立の地位を保ち、大政統一の任に当る内閣総理大臣をして卻《かえっ》て説を陸海軍大臣に仰かさるへからさるの事実を現出せり。

すなわち、何が「軍機軍令」であるかの解釈は、軍当局に委ねられており、このために本来軍政事項として通常の国家行政の範疇《はんちゅう》に属するものまでが、軍の恣意《しい》的意向によって帷幄上奏を通じて定められていることが指摘されている。この結果、軍は内閣から独立し、首相による大政統一に支障が生じているという。

「区別」によれば、その嚆矢《こうし》となったのは、一八九〇年（明治二三）一一月制定の陸軍定員令だという。これによって陸軍の官庁組織やそれが擁する各種学校に至るまでが、「軍機軍令」に属する事項と見なされ、閣議を経ずに陸軍大臣より直接天皇に裁可が仰がれることになってしまった。以後、陸軍の官僚組織や学校機関に関する膨大な規定がこの手続きによって定められることになる。

特に由々しきは、一八九六年四月の「陸軍下士若くは判任文官欠員の補充に充つる雇員給料に関し勅令発布の件」である。標記の陸軍雇用者への給与支給の件について、当時の大山巌陸相は単独で上奏して裁可を仰ぎ、その後当然のように閣議にかけて承諾を求めた。しかし、ことは予算の変更を伴うものであり、また軍の要求は以前に閣議決定されていた雇員給料の月俸額を上回るものであったため、時の伊藤首相は激怒し、陸相の請議は拒絶されて、首相名で陸海軍に帷幄上奏の濫用を戒める通牒《つうちょう》が出されるという事態となった。
こういった国制の状況を矯正するために、「区別」では、軍令と軍政の混合事務があることを認めながらも、純然たる軍令事務と純然たる軍政事務を峻別し、後者については帷幄上奏を認めずに内閣総理大臣より奏上することを要請している。また、合わせて、「内閣官制第七条には軍令事項の外軍機事項を認むと雖も、元来国務大臣に対し軍政上秘密になさざるへからさる事項あるへき道理なし。故に帷幄上奏の範囲は軍令事項に限り「軍機」の二字は之を削除することを要す」として、内閣官制を改正して「軍機」を抹消することも提言されている。

以上のように、帝室制度調査局の活動には、軍事行政の内閣からの分立傾向をリセットするという目論見が初発からインプットされていた。繰り返すが、それこそ一九〇七年の公式令制定と内閣官制改正の隠された企図だったのである。

決然とした伊藤の姿勢

公式令が発表された当初、政府はさして関心を示していない。内相だった原敬はその草案が閣議決定された際、日記に「従来のもの〔公文式〕と大なる差違なし」と素っ気なく記している（『原日記』②、一九〇六年一二月一三日の条、二〇七頁）。閣員すらその真意に気づいていなかった。国制上の劇薬であるがゆえに、それは慎重に秘匿して服用させなければならなかったのである。

だが、ほどなくしてその効能は明らかとなった。公式令の意図は露《あらわ》となり、一部からの激烈な反応を呼ぶことになる。いうまでもなく軍部、それも陸軍からのものである。一九〇七年（明治四〇）三月、斎藤実海相は韓国の鎮海・永興両湾に防備隊を配備するための条例案を天皇に奏上した。斎藤は制定されたばかりの公式令の規定に従い、首相と海相の副署を付して勅令としてこれを公布しようとした。だが、旧来の手続きとの違いをいぶかしく思った天皇は、三月二三日、そのことを韓国統監として任地にあった伊藤博文に電文で下問したほか、同月二六日には韓国に使いを派遣してその見解を質した（『明治天皇紀』⑪、七九八頁）[7]。

このときの伊藤の回答は以下の通りである。第一に、防備隊の設置などということは、国家の行政事項であり、それは勅令をもって公布されるべきものである。なぜなら、同隊の設置条例は新たに制度を設ける官制であり、予算上の問題が生じるほか、その地域内の日韓両民には同隊の命令や禁令に服従しなければならない事柄も多々生じ、ほとんど法律と同等の効力を持つものだからである。いわゆる帷幄上奏なるものは、「専ら軍事命令に属し、法律又は勅令の範囲内に於て予算の増減にも関係せず、国民の権利義務にも軽重を為さざる性質のものに限らざるべから」ず、と伊藤は断言している。

第二に、およそ勅令には内閣官制上、総理大臣の副署を要するとされている。防備隊設置もその例外ではなく、海軍大臣が所管大臣として合わせて副署を行うのが、新制度の趣旨である。

第三に、確かにこれまでは主務大臣が単独で副署すれば足りていたケースもあったが、内閣官制が改正され、新たに公式令が制定された以上は、総理大臣の副署が不可欠なのは、「愈々《いよいよ》明確」である。したがって、公式令に「依拠せすして、尚従前の慣行を継続するに於ては、公式令は徒法に帰することと」なってしまう。「公式令を無視して海軍大臣一名の副署を以て防備隊編制勅令を御発布相成り候事は乍恐其当を得たるものと申上難」い。以上のように伊藤は奉答した（『明治天皇紀』⑪、七九八頁。『秘録』、四四一～四四二頁）。

このように伊藤の姿勢には決然としたものがあった。天皇への奉答に先立ち、彼は伊東巳代治にその文案の作成を命じているが、その文面は彼の意に沿うものではなかった。四月一〇日付の伊藤宛伊東巳代治書簡（下書き）によれば、伊藤は婉曲した表現などを避け、「帷幄上奏と勅令との截然たる区別」をもっと率直に論じるよう叱咤した（小林龍夫編『翠雨荘日記』、八二三～八二四頁）。これに対して伊東は、「上御一人御下問之聖旨に奉対、不敬に相渉《わた》り申候様之事有之候てはと掛念《けねん》仕」、そのために「力《つと》めて語詞を婉曲に仕候結果、不覧彼の如き舎《しゃ》《こ》餬不了《おわらざる》之詞と相成申候」と言い訳している。この点に関する伊藤の意志は、かくも強固なものだったのである。

なお、同書簡中には、伊東が天皇より、帷幄上奏の後に勅令として公布するというケースの可能性について下問を受け、「最初は主任大臣単独署名の奏請を以て裁可之後、特に其の発布に臨み形式的に内閣総理大臣をして副署せしめ差支なきや」との問い合わせがあったことが報告されている。伊東はこれに対して、「甚以畏多き次第に候得共軍（機的軍）令と政（治的命）令との鴻溝《こうこう》に於て　聖意未た全然御融解不被為遊儀と奉拝察候」と述べ、軍事上のものであろうと公布すべきものはすべて、「必す当初より閣議を経て首相より奏請可相成。従て発布に臨み其の副署を以て責任を明にすへき儀にて、独り発布の際のみ形式的に副署すと云ふか如きは憲政に於て有り得へからさる事なる旨」回答したと伝えている。伊藤の胸中を代弁するものだったと言って疑いない。

山県有朋の巻き返し

この韓国防備隊条例事件を機に、陸軍は公式令制定の真意を悟った。五月一三日、山県は寺内正毅陸相に対して、「如此変更に立到候へは、統帥之系統を錯乱致し軍制之根底を破壊可致」（『寺内文書』三六〇―五九）と書き送り、同令改正に動き出す。そして従来の帷幄上奏権を保障する法令形式として、「軍令」が立案される。

この法令形式としての軍令は、八月に入って素案が固まったらしい。八月一〇日、山県は軍令制定の件につき、いまだ新聞報道に接しないが、どうなっているのか、と寺内に書面で質している（『寺内文書』三六〇―六一。この頃山県は東京を離れ、大磯に滞在していた）。山県は、従来の統帥権事項で発布延滞しているものが多々あると焦慮《しょうりょ》して督促の書簡を発したの

山県有朋（右）と伊藤

だが、それから九日後の同月一九日、「軍令ニ関スル件」と題する軍令第一号の裁可を求める上奏が、陸軍海軍両大臣連署のうえ行われた。その理由書には、「此際統帥権事項に関する命令は、特別の形式即ち軍令を以て公布し、主任大臣のみ之に副署することと為し、以て行政事項に属する命令と判然之を区別し、統帥大権の発動を明確ならしめんとす」と記されてある（「軍務局軍令形式制定の件」防衛省防衛研究所所蔵『密大日記明治四十年』、国立公文書館アジア歴史資料センターC03022854500）。

月を改めた九月二日、韓国統監として赴任先の韓国より一時帰国した伊藤と山県が、軍令の制定について会談した。「軍令其物之命脈は断絶致し不申やとの懸念」を胸に伊藤と対面した山県は、統帥事項と行政の区画を判然とさせるために法令としての軍令を認めさせた（同日付寺内宛山県書簡、『寺内文書』三六〇―六二）。伊藤は山県に対して譲歩したのである。

かくして、九月一一日、軍令第一号たる「軍令ニ関スル件」が裁可成立した。その全条下記の通りである。

第一条　陸海軍の統帥に関し勅定を経たる規程は之を軍令とす
第二条　軍令にして公示を要するものには上諭を附し親署の後御璽を鈐し主任の陸軍大臣海軍大臣年月日を記入し之に副署す
第三条　軍令の公示は官報を以てす
第四条　軍令は別段の施行時期を定むるものの外直に之を施行す

これをもって、帷幄上奏して発令される統帥事項には軍令の名が与えられ、そのうち公布（公示）される勅令は陸海軍大臣の副署のみで足りることとされた。公式令の成立以来、大山鳴動したものの、結果としては「軍部がその法的地位を守り固めるかたちとなって決着した」のだった（伊藤孝夫『大正デモクラシー期の法と社会』、二三〇頁）。

5　伊藤博文の明治国制

立憲制度の眼目

本章では、帝室制度調査局によって一九〇七年（明治四〇）に立ち上げられた諸制度を総合的に考察してきた。一九〇七年の憲法改革とは、典憲体制という国法の二元体制の完成というよりも、宮中府中をひとつの国制のもとに包摂し、さらにはその国制の運営を内閣に一元化させるための制度構想だった。

その背景には、議会政治の定着、政党勢力の伸長、軍事行政の自立化、大陸への進出（帝国化）という、明治憲法施行以来の国制を取り巻く内外の環境の変化があり、それらを前にして、国制の拡散を防ぎ、その再統合を図ることが伊藤をヘッドとする調査局の意図だったのである。

調査局で実際に制度設計にあたったのが、有賀長雄だった。有賀は明治立憲体制の仕切り直しを図る伊藤の意をよく体現して、各種法案の調査と起草に尽力したのである。この点をここで確認しておこう。

まず二人の間には、制度観ならびに立憲体制論の共有が認められることを指摘しておきたい。前述のように有賀にとって制度とは、人を縛るものではなく、人を動かすものだった。制度とは何らかの価値の実現のための行動を促すべきものなのである。したがって、立憲制度においても、国家活動の制約ではなく、その促進こそが原理とされるべきとされた。

これはまさに伊藤が語ってきたことでもある。第一章ですでに引用した言葉をもう一度ここで想起してみよう。

伊藤は、「国に組織ありて而して後国始めて始動す」と語っていた。伊藤においても、「組織」＝制度とは活気や勢力を生み出し、国家を始動させるものとされていた。それは国家の生命の源だったのである。そのように国民生活に活気をもたらし、国家を強靭《きょうじん》なものとするために最善最良な制度、それが立憲制度だった。本章が対象とした一九〇七年という年、伊藤は次のような立憲国家観を披露している。

我国に於《おい》て憲法を制定して以《もっ》て解釈すべき問題及び遂行すべき目的は、単に国内各種階級の利害を調和し、融解するのみならず、更に亦《また》立憲政治に依《よ》つて国民の公的生活に新元気と新勢力を扶植《ふしょく》するにあり。換言せば他の立憲君主国の多数に於けるが如く、単に国内各種人民の利害を調和するの外、更に国家其者の職分に生々の元気、勢力を与へんとするにあり。

（伊藤博文「帝国憲法制定の由来」）

以上の引用と本書でのこれまでの論述を綜合すれば、次のように言うことができよう。かねてより伊藤は、国民の活力こそ国家独立の基軸との見解を披露していた。彼にとって制度とは何よりも国家と国民をつなぐことによって、両者に活気の連鎖をもたらすものだったと言える。国民と国家を様々なかたちで媒介すること、典型的には国民の社会的経済的活動を振興すると同時にその国家公民としての意識を開拓し、その政治参加を進めるという循環作用こそが、伊藤にとっての制度の内実であったと考えられる。このうち後者の流れ、すなわち国民の政治参加の保障と促進が立憲制度の眼目であり、明治憲法発布後、伊藤はその確立に尽力し、立憲政友会の創設もその一環と目される。このことは、本書がこれまで縷々《るる》論述してきた通りである。

ヤヌスの顔

立憲制度の完成を期して伊藤が設立したもうひとつの組織、それが帝室制度調査局だった。そこにおいて有賀は天皇の制度化と内閣統治の確立のために制度の立案策定を行った。どちらも伊藤の意を受けてのものと考えられる。特に後者は、調査局設立当時に彼が重ねて強調していたことだった。一八九九年（明治三二）の憲法行脚のなかで、伊藤はこの件についても何度も言及しているのである。例えば、この当時の自らの最大の関心事を、彼は以下のように告白している。

目下に於て私が最も急務なりと感ずる所は、一は政府をして永く存立せしむることを希望し、一は政党の改良と云ふことの必要を感じて居ります。（『演説集』②、一〇〇頁）

現下の最急務は、強固な政府の樹立と政党の改良だという。この二つが彼のなかで連動していたことは、もはや贅言《ぜいげん》を要すまい。政党を改良し、良質な政策通の政治家をリクルートすることが、伊藤の政友会構想だったことは、前章で詳論した。政党は、内閣に人材を供給するプールであるべきであり、そのような内閣と政党の立場が逆転されてはならなかった。議会多数党が必然的に単独で内閣を構成するという政党内閣の論理は、拒絶されねばならなかったのである。それというのも、内閣というのは、政権闘争の勝者によって占奪される場ではなく、国家的見地で公平な施政が思案されるべき知恵の府だからである。

古人も言ふて居るやうに、立法上の事と云ふものは成るべく衆議を尽して遺算なきを期するやうにならなければならぬが、行政の仕事に至つては、政府は衆論の府にあらざるが故に、所謂《いわゆる》人の材能智識に俟《ま》たざることを得ぬのであつて、成るべく単独な力に依つて命令計画の下に事の行はるゝやうにするのが行政上の妙所である。

（『演説集』③、一六〇頁）

衆論の府たる議会とは異なり、「材能智識」を集約して、命令一下迅速に行動を起こすことが、行政の妙所だとされている。その上に立って統括する内閣は国家の頭脳であり、したがって知恵の府と呼んで差し支えあるまい。有賀の説く「ポジチーヴの内閣」そのものである。

一九〇〇年前後に相次いで誕生した二つの総裁――帝室制度調査局と立憲政友会のそれ

——は、このように二つの概念上峻別される国家作用——内閣を中心とする行政と議会を中心とする憲政——をともに改良して国制の完備を図ろうとした伊藤博文のヤヌスの顔であった。帝室制度調査局の改革は、途中中断を挟みながら、一九〇七年に成果を出す。通常、そこでは従来の憲法を戴く政務法の体系とならんで、皇室令という法令形式の成立に伴う宮務法の体系が造出され、憲法と皇室典範の二元的国法秩序（典憲体制）が確立したと説かれる。だが、他方で、国家秩序の実態として伊藤総裁が構想していたのは、内閣による一元的な国家統治であった。そのために伊藤は、伊東巳代治や有賀を駆使して公式令の制定と内閣官制の改正を行ったのである。

伊藤の譲歩だったのか

だが、この構想は陸軍の反発を招き、これまでの帷幄上奏権を制度化した「軍令に関する件」が定められ、もうひとつの法令形式としての軍令が誕生することになった。調査局による一九〇七年（明治四〇）の憲法改革は、表層的には、政務法および宮務法とならんで、軍令の体系としての軍務法の三元体制を期せずしてもたらしたと言える。

それが伊藤にとって不本意だったことは疑いがない。伊藤が推進した憲法改革は、陸軍に譲歩して軍令の成立を認めたことによって最後の最後で躓《つまず》き、自己の思い描く国制に画竜点睛を施すことは叶わなかったのである。有賀は、一九〇九年五月九日、清国からの憲法調査団への講義において、「唯今日本で行つて居る事で一つ私が正しくないと思ふことがある」として、それは軍が軍政に属する事柄まで統帥事項として軍令で処理していることだと述べている。そして、「其処《そこ》は現在の日本の制度を調べる上に注意しなければならぬ点である」と注意を促しているのである。軍事行政を内閣のコントロール下に置くということは、調査局のついに果たせなかった悲願だった。有賀の右の述懐は、伊藤のそれでもあると言って差し支えない。

だが、果たして軍令の成立は、伊藤の一方的な譲歩だったのだろうか。天皇に対して、あれほどの啖呵を切った伊藤が、山県に対しては何のなす術もなく一方的に妥協を迫られたというのは事の真相だっただろうか。この問題については、日本国内の政局に視野を限定していては、考察は不十分となる恐れがある。総裁伊藤は、この時同時に韓国統監でもあった。そして、軍令問題の端緒は、他ならぬ韓国で開かれた。伊藤の憲法改革は、韓国統治というファクターも加味しなければ、十全には解き明かし得ない問題なのである。いずれにせよ、次章からは日本のみならず東アジアの政治状況のなかで伊藤の国家構想を考察していくことにしたい。

第六章　清末改革と伊藤博文

1　一八九八年の中国訪問——政友会へのもうひとつの旅

二ヵ月間の漫遊

ここで時間を若干遡《さかのぼ》り、政友会結成以前に筆を戻したい。政友会を創設するにあたって、伊藤が日本各地を遊説していたことは、第三章で論じた。そこでは、このときの巡遊を「憲法行脚」と命名した。伊藤は明治憲法発布一〇年を前にして、憲法政治の仕切り直しを図るために直接国民に語りかけ、憲政の理念を行脚して回っていたのである。政友会とは、そのような旅の帰結であった。

政友会を導く旅が、実はもうひとつある。一八九八年（明治三一）八月から約二ヵ月間、伊藤は清韓両国を漫遊している。ここで伊藤は、康有為《こうゆうい》らの戊戌変法《ぼじゅつへんぽう》運動の指導者たちから大歓迎を受けた。のみならず、彼はこのとき、康たち変法グループを追い落とすために西太后一派が仕掛けたクーデターに巻き込まれている。戊戌政変という中国近代史のひとつの画期に居合わせるという稀有な体験を伊藤はしているわけである。

では、そういった中国経験は、伊藤のなかでどのように昇華され、彼の政治構想や外交観に反映されているのだろうか。筆者のみるところ、この外遊は伊藤の政友会構想に少なからぬ刻印を与えている。本章ではまず第一に、この点の論証を行っていきたい。

伊藤の清国行きは、第三次内閣を投げ出し、大隈を首班とする憲政党内閣に政権が移った直後のことだった。伊藤は自身が固執していた政党結成も叶わず、少なからず傷心を味わっていたはずである。そのようななか、彼は八月一九日、長崎を出港し、清韓漫遊の旅に出た。海外に出て新たな識見を吸収し、政治理念の深化と国家建設のより広やかな展望を抱いて帰還し政治家としての危機を乗り越えることを伊藤は生涯において繰り返している。幕末の英国密航に始まり、岩倉使節団のとき然り、憲法調査のとき然りである。このときの清国行きもご多分に漏れない。この点を念頭に置いて、伊藤の足取りをたどってみよう。

長崎を発った伊藤は、二二日に仁川に着き、まず韓国の地を踏んだ。二五日、漢城に入り、前年一〇月に国号を大韓帝国と改め、初代皇帝に就いたばかりの高宗《こうそう》に謁見した。このときの模様を伊藤は、「朝鮮の国王及其政府の待遇は今日迄何人も受けざる所なりと申程の事」と梅子夫人に伝えている（末松謙澄『孝子伊藤公』、三四七頁）。清国に依存する事大主義と訣別し、「帝国」を名乗って独立国家への道を歩み始めたこの古くて新しい国の君主が、自主独立の帝国としていちはやく西洋列強主導の国際関係に順応してきた明治日本の建設者伊藤に施政のあり方などについて親しく助言を求めたであろうことは想像に難くない。だが、このとき高宗は、目の前にいる人物が、数年後には韓国を支配する統監として再来するとは夢想だにしなかったであろう。

伊藤は九月八日まで韓国に滞在した。その間、饗応《きょうおう》は続いた。梅子夫人宛の先の手紙のなかには、「日々の御馳走にて毎日毎夜の如く諸方に招かれ汗は水の流るゝが如くなれ共、幸に疲れも弱りもせず日々飛ある」いているとの文言が見え、同地での歓迎ぶりに満悦しているさまがうかがえる。別便で報じているように、韓国での滞在は「夢の如き心地」だったのである。

歓待と光緒帝への拝謁

夢心地の接遇は次の訪問国中国でも同様だった。一一日に天津に着いた伊藤は、そこからやはり夫人に宛てて、「清国の上下我を歓迎することは中々筆にも文にも書き尽しがたし」と書き送っている。このように伊藤自身が驚くような歓待ぶりは、客人への手厚いもてなしを文化とする中韓の民情というだけではあるまい。彼の地の要人たちには、伊藤に対する期待や希望の念があった。それは、伊藤の手紙の次の一節に明らかである。

日夜宴会にて忙がしく多数の支那人参り支那の為めに力を尽してくれろと依頼するもの引きもきらぬ勢なり。今日迄聞く所にては、皇帝は余程賢明なる君主らしき様子なり、年齢はまだ二十七歳と申す事なり、北京に行けば色々の下問もあるらしき評判あり。
（一八九八年九月一三日付梅子夫人宛伊藤書簡、『伊藤伝』下、三九六〜三九七頁）

ここ中国でも伊藤は近代化の指南役と目されていた。伊藤自身もこのとき、そのような引きも切らぬ依頼の声に満更《まんざら》でもなかったことは右の手紙からうかがえる。北京に行けば、皇帝から直々に様々な下問があるであろう。その予測を胸に、一四日、伊藤は北京に入った。

ちょうどこのとき、首都北京では康有為らによる変法運動が大きな盛り上がりを見せていた。それは光緒帝《こうしょてい》によって正式な政策として容れられ、中国では立憲制への全面的改革のムードが高まっていたのである。こういった情勢のもとで、伊藤はそれまで東夷《とうい》として蔑《さげす》まれていた日本にいち早く憲法を施行して文明化させ、中国をしのぐ強国へとのし上がらせた立役者として、偶像化されていた。当代随一の開明派知識人厳復《げんふく》が発刊した日刊紙『国聞報』によれば、伊藤を中国に引き止め、顧問官に就任させようとの計画も北京ではなされていたのである（丁文江／趙豊田編『梁啓超年譜長編』①、二五八頁）。

北京に入った翌日、伊藤は乾隆帝《けんりゅうてい》の曾孫《そうそん》で後に清国の最初にして最後の総理大臣となった慶親王《けいしんおう》と会談した。そしてその五日後の二〇日には、光緒帝に謁見している。この会見を伊藤は、「二十日に謁見もあり、其取扱も今までに先例もなきほどのていねいなることとなり。其後慶親王と申て先づ総理大臣に当る皇族のちそうあり、これも今までになきことゝなり」（一八九八年九月二六日付梅子夫人宛伊藤書簡、『伊藤伝』下、三九九頁）と報じているが、実際、光緒帝は伊藤を自らの傍らに座らせるという破格の待遇をした（王暁秋『近代中日啓示録』、一〇三頁）。

戊戌政変との遭遇

戊戌政変の勃発は、光緒帝に謁見を賜った翌日だった。皇帝の急進的改革に危機感を募らせた西太后を中心とする守旧派グループが起こした変法派一掃のクーデター劇である。これによって皇帝は幽閉され、変法運動を指導していた康有為や梁啓超は日本に亡命。康有為の弟の康広仁《こうこうじん》や譚嗣同《たんしどう》らは処刑され、光緒帝の腹心として伊藤と帝の間を取り持っていた張蔭桓《ちょういんかん》は新疆《しんきょう》に追放された。

事件の興奮冷めやらぬ二六日、伊藤はやはり夫人に宛てて、この間の経緯を書き綴っている。

しかるに、二十一日に俄《にわ》かに変動ありて、皇太后政事をとらるゝ事になりたり、これは今の皇帝あまり改革ずきにて、万事日本にならひて、衣服等も西洋流にあらたむるといふほどの下た仕組のあることが皇太后の耳に入り、大不承知となりたりとの事なり、又一説には皇太后をはいするといふことを企てたものありともいふ、どれがほんとか支那のことは中々わからず。

（一八九八年九月二六日付梅子夫人宛伊藤書簡、『伊藤伝』下、三九九頁）

「支那のことは中々わからず」。自分をさかんに持ち上げていた改革ムードが一夜にして潰《つぶ》えた有様をつぶさに見た伊藤の実感と言えよう。同じ書簡において、彼は張蔭桓の助命を李鴻章《こうしょう》に申し入れたことも記している。この点の詳細は次の通りである。

二五日に林権助駐清臨時代理公使邸にて伊藤歓迎の招宴が張られていた。ここに李鴻章も招かれていたが、その最中にイギリス公使より使いがあり、張蔭桓が明日処刑との伝聞情報をもたらしてきた。その使いは、「伊藤侯爵にて該処刑を防止する為め力を尽されんことを希望する」とも述べ、これを受けて伊藤は李に張のことを働きかけたものと推察される（『外文』㉛⑴、六九七頁）。伊藤は、先の手紙のなかで、李と張の間には緊張関係があるようだが、自分にとっては「両人とも知り人のことゆへ殺さるゝと云ふはあまりのこととなるを以て昨夜李鴻章に是非とも張蔭桓を助くることに尽力せよと申遣したり」と書いている。イギリス公使からこのような依頼があるあたり、伊藤の国際的な声望を物語っていよう。

北京で予想外の騒動に巻き込まれた伊藤だったが、旅程に大きな変更はもたらされず、中国巡遊の旅を続行した。二九日に北京を後にした彼は、天津へ向かい、月が変わった一〇月二日にはそこから上海へと赴き、五日に同地に着いている。上海着後の夫人宛書簡では、「到処支那の官吏は言ふに及ばず学者商人に至る迄頻りに尋ね来り我の来遊を悦び我の話を聞かんとて饗応の案内に中々いそがしき事に候」（末松謙澄『孝子伊藤公』、三五二頁）としためられており、相変わらず行く先々で歓待攻めにあっていた模様である。

一三日、伊藤は揚子江を遡航《そこう》し、武漢《ぶかん》へと向かった。湖広総督として同地に君臨している張之洞《ちょうしどう》と漢口《かんこう》で会うためである。これは張の招待を受けてのものだった。伊藤の上海訪問を聞いた張は、使いを派遣して来遊を乞うた。その誘いに応じたのである。このときの張之洞との会談は、戊戌政変と並んで、伊藤訪中の山場をなすものと言える。その意義については、後述する。

一七日、漢口を発った伊藤は、一九日に南京に至った。ここでは両江総督としてその地方の統治にあたっていた張之洞と並ぶ地方政治の実力者劉坤一《りゅうこんいつ》と会っている。そして二二日、伊藤は上海に戻ってくるのだが、当初はここからさらに南支方面の視察が予定されていた。だが、自らの責めで成立した隈板内閣が瓦解したとの知らせが日本より届き、帰国の勅命を受けた彼は急遽帰国の途に就き、一一月七日、長崎に帰還した。

伊藤を待っていたのは、山県に組閣の大命降下との報だった。伊藤が手引きした政党内閣路線は全否定され、再び薩長藩閥の超然主義内閣に舞い戻ったのである。増田知子氏は、「この仕打ちは、天皇の篤い信任を誇り元老筆頭を自負する伊藤の権威が地に墜ちたことを物語っていた」（増田知子「立憲政友会への道」、二三八〜二三九頁）とし、ここから伊藤は山県を中心とする官僚閥に対抗するため政党政治家の道を歩まざるを得なかったとする。

しかし、これまでにも論じてきたように、伊藤の立憲政友会への道は、そのような政局に左右された打算や権力欲に基づくなしくずしの産物として捉えられるべきではない。翌年の憲法行脚で訴えかけられていたように、そこには憲法制定以来の、否、それ以前からの伊藤の骨身に染みついた憲法政治、文明政治の理念が脈打っていた。伊藤にとって、政党政治とは、政局ではなく、政治理念と国家構想の問題だったのである。私見では、その理念に奥行きをもたらし、構想に戦略性を付与したのが、伊藤の中国体験だったと考えられる。この点の論証に議論を移していこう。

2　戊戌政変との遭遇

変法派への伊藤の態度

伊藤が一八九八年（明治三一）の中国漫遊で得た知見とは何だったのか。一言で述べれば、それは政経分離の中国観である。伊藤は中国の政治と経済を別個のものとして捉えるべきと説き、中国は政治的にはこれからも混迷の度を深めていくであろうが、経済的には高いポテンシャルを有しており、日中の経済的結びつきを深めることは日本にとっての喫緊の課題であることを唱えるのである。中国の政治と経済に対する伊藤の観察を順にみてみよう。

まず、中国政治観である。既述のように、自分を歓待する変法指導者たちが一夜にして粛清《しゆく》《せい》されていったのをまざまざと見せつけられ、伊藤は中国のことは「中々わからず」と慨嘆した。この政変によって、伊藤の中国政治に対する不信の念が生じたことは疑えない。だが、実を言えば、伊藤はそれ以前から中国の改革のあり方に対して違和感を抱いていたようである。そもそも伊藤の北京訪問時、水面下では康有為や梁啓超らの変法派と西太后を戴く保守派との熾烈《しれつ》な権力闘争が進行中であり、情勢は変法派にとって厳しいものとなりつつあった。九月七日に変法派により李鴻章が総理衙門《そうりがもん》大臣を罷免されたのを受けて、西太后は軍隊を召集して軍事弾圧の準備に着手する。対する変法派は西太后幽閉のクーデター計画をもって新建陸軍を率いる袁世凱《えんせいがい》に接触を図っていた。

伊藤が北京に赴いたのは、このような一触即発の状況下であった。彼の来訪に、「苦境に立っていた変法派は大きな期待をよせた」（菊池秀明『ラストエンペラーと近代中国』、一〇七頁）。しかし、当の伊藤は、そのような変法派の立場を察知した。総理衙門の諸大臣も変法に必ずしも賛成しているわけではないことを見抜いた彼は、変法派とは距離をとった。何よりも、年来の交渉パートナーで老練かつ中庸《ちゅうよう》を得た政治家として一目置いていた李鴻章を罷免したことは、伊藤の変法運動に対する警戒心を増幅させた。

　九月一八日、西太后一派の決起の可能性が高まったこの日、康有為は日本公使館に伊藤を訪ね、変法支持へと西太后を説得してもらいたいと懇願した。しかし伊藤は言を左右にするばかりで、康は「侯爵はわが国をひどく蔑んでおられる」と失望した。政変後に日本に亡命した康有為を出国させるために張之洞が日本政府に働きかけた際、張は「伊藤侯到京の日に於て康に満さる言ありと伝へ康遂に皇上に密奏し伊藤侯を見る勿《なか》れと謂《い》ひ又た日本を尊信す可《べか》らすとの疏《そ》あり」と伝えている（張之洞「康有為之事実」『外文』㉛(1)、七三八頁）。そのまま信じることはできないだろうが、緊迫した情勢のなか、藁《わら》にもすがる思いで伊藤と面談し、突き放された康にしてみれば、期待が大きかった分だけ憤懣《ふんまん》もただならなかったであろう。

　以上が政変時の伊藤の対応についての概要だが、次にこのときの伊藤の見解を一次史料に基づいて精査しておきたい。『伊藤文書』のなかには、「伊藤博文清国関係資料」（三七五）と題して、慶親王と光緒帝との会談の記録が収められている。筆記者は伊藤の遊歴に必ずと言ってよいほど帯同したお抱え秘書の槐南《かいなん》森泰二郎（漢詩人として著名だった森は、漢詩を趣味とする伊藤の添削係でもあった）であり、「日本国駐清公使館」の罫紙に記されている。このなかには確かに、「事国家の利害得失に関す、尤《もっと》も宜《よろ》しく慎重周詳《しゅうしょう》なるへし。断として軽《けい》躁《そう》の行為あるへからす。故に上に老成練達の人ありて改革の方針を確立し、下之を佐《たす》くるに盛壮気鋭の士を以てし、各々其の事務に当らしめは成緒其れ或《あるい》は尋繹《じんえき》すへし。万一細に此点を考慮せすして猝然《そつぜん》急激の改法に従ふときは適《まさ》に以て乱階たらむのみ」との伊藤の言がある。急激な改革を戒め、「老成練達の人」と「盛壮気鋭の士」との調整を唱えるその説法は、変法派にとっては期待外れ以外の何ものでもなかったろう。けれども、そもそもかような漸進主義は、これまで見てきたように伊藤にとっての政治哲学に他ならなかった。類似の発言は彼が常々口にしていたことであり、中国に来てもそれが繰り返されたということに過ぎない。

慶親王への助言

むしろこのときの慶親王との会見で注目すべきなのは、人材養成に関する伊藤の見解だろう。かつて首相在任中に清国駐日公使を通じて中国の兵制改革につき意見を求められたことを回顧して、次のように伊藤は述べている。

当時余は凡《およ》そ兵制の要は士官の良否何如〔ママ〕に存す、士官の良選は一に学校の養成に待たさるへからす、故に当《ま》さに貴国大皇帝直轄の下に一の士官学校を興すを以て最先の務《つとめ》と為すへき旨を以て之に答へたりき。此れ独り兵制のみならず諸般の改革皆な然かり。要は事の緩急疾徐《しつじょ》を較量し其の順序を誤ることなく、漸次に之を実行するを以《もっ》て目的とせば、難事に属すと雖《いえど》も庶《こいねがわ》くは成功を見む。

兵制の良し悪しは、そのなかにいる士官の質に依るとして、良質な士官を育成するために学校を興すのが急務だとしている。そして、決して事を急いではならず、順序を踏んで漸次に実行するのが成功の秘訣だという。後半で述べられているのはくだんの漸進主義に他ならないが、前半部分で開陳されていることも伊藤の政治信条のひとつである。ここで彼は、制度の要諦《ようてい》は人にあることを喝破《かっぱ》しているのである。換言すれば、制度の帰趨はそれを動かす人の知力学力にかかっている。兵制についても、「学校の設立既に成り、士官の教養具《つぶ》さに挙かれば兵卒訓練の法の如きは決して其の精ならさるを患《うれ》へす」とされる。すなわち、ひとつの制度を確立するには、たとえ迂遠《うえん》に見えても、それを支える人材の養成法から変えていくべきなのである。[2]

制度論を教育論に還元させる伊藤の論法には、既述のように人こそが制度を動かすという彼の思想がある。慶親王との会見で伊藤が伝えようとしたのは、人を礎とする国づくりということだったと言える。そのことは、「富国の道何如。〔ママ〕其れ将《ま》た海関税を以て基本と為す耶《や》」との親王の問いに対して、「否否。富国の本《もと》豈《あ》に関税に在らむや。抑々一国の富源は民の殖産に在り」と決然と奉答していることからもうかがえる。[3]

小手先の制度の変更よりも、国民の活力こそ国家存立の源だと伊藤は考えていたのであり、そのために学校制度を改革して人心を一新する必要があると唱えられたのである。国家が国民の物質的精神的活力によって支えられるものであるとの主張は、この翌年に敢行される憲法行脚でも繰り返し表明されることになる。この会談で、伊藤は国家建設に関する持説を率直に伝授していたのだった。

宗教と国家の混淆への危惧

殖産興業の基礎としての学校と西洋学術に基づいた実学は、中国でもその必要性はこの頃認識されており、すでに幾多の学校が設立されていた。変法運動においても、それは重要な改革の柱だったのだが、そのあり方について、変法派と伊藤とでは大きな違いがあった。

康有為はそれまでの洋務派の改革と異なり、国民教育の普及という見地から小中学校の改革と新設を掲げていたが（伊東昭雄「変法維新運動とその思想」、二六〜二七頁）、伊藤は中国に入る前からそのような方針を批判していた。韓国を離れ、天津に向かう船上で彼は、「支那の改革は日暮れて途《みち》遠しの感あり」と懐疑的な見解を吐露している。そして、「余をして支那の為に謀らしめば小中学堂の如きは暫《しば》らく之を措《お》き先づ専門学術の学校を設立し盛んに国家要急の人材を養成し直に之を国家有用の事業に使用せんと欲す」と弁じている。伊藤によれば、教育には「人としての教育」と「国としての教育」があるが、いま中国に必要なのは、後者の「国としての教育」だとされる。「国家急用の人材を得、国家要急の事業に当らしむる」ための専門教育に重点を置くべきだというのである（「伊藤侯の清国教育談」『国民新聞』一八九八年九月二九日。彭澤周『中国の近代化と明治維新』、二九二頁)。まずは現時点で高等教育を受けている者たちの意識改革を行って近代国家を支える国家エリートを創出し、それから漸進的に民衆一般へと教育を充実させていくというのが、その真意であろう。

さらに付け加えれば、伊藤と康有為の間では教育観ということでも根本的な相違があった。変法運動は洋務派の中体西用論(中華の伝統文明を「体」とし、西洋文明は「用」のために導入するという限定的な近代化論)に反駁する思想運動として通常把握されるが、その内実を詳細に検討すれば、康有為のなかにも「中学は体であり、西学は用である」との中体西用論的言辞は認められるという。村田雄二郎氏は、康有為の議論の特徴は、むしろ「中学」のなかに何が盛り込まれているかにあると指摘する(村田雄二郎「康有為と「東学」——『日本書目志』をめぐって」)。すなわち、康は中国の古典的経書から孔子教という宗教を導き出し、それを国教化して国家改革を行うという孔子改制説を唱えており、そこにこそ康の議論の独自性が求められるとされる。

このような宗教と教育、そして延《ひ》いては宗教と国家の混淆《こんこう》は、伊藤にとって忌避すべきものであった。彼は翌年の憲法行脚において、「今日は既に宗教の異同をも問はんで居る。各種の許されて居る権能を行ふに就《つ》いては、更に咎《とが》めぬのである。仏教であらうが神道であらうが耶蘇《やそ》教であらうが、皆差支ないのである」(『演説集』①、一八一〜一八二頁)と語っている。官吏の任用について論じた箇所であるが、伊藤は教育を受けた人間がその能力に応じて国家の役職に就けることを理想としていた。したがって、教育や国家は世俗化され、宗教的に中立であることを要されていたのである。

伊藤が変法運動に終始距離をとっていたのは、そこにはらまれている孔子教という宗教化傾向にいかがわしさを感じていたからではないかと推察できる。のちに帰国してから明治天皇に拝謁して清韓漫遊の報告をした際、「向後皇室は宗教・宗派に対し総て平等にして偏頗《へんぱ》の処置あるべからざること」と伊藤は奏上している（『明治天皇紀』⑨、五六〇頁）。国家が宗教に取り込まれることの危険性。それこそ伊藤が中国の改革運動を見て骨身に沁みたことだったのではないか。伊藤と康有為の間では、改革に込められた思想的内容からして、本質的な相違があったのである。

3　張之洞との出会い

変法派知識人の救済

北京で、政変というとんだハプニングに巻き込まれたものの、伊藤は既述のように当初の予定を変更することなく旅を進めた。そもそも、前節で見たように、康有為らからのラブコールにもかかわらず、彼のなかに変法運動に対する共感があったわけではなく、むしろその行く末には懐疑的だった。クーデターの勃発それ自体は、伊藤の目にも時間の問題と映っていたであろう。

他方で、伊藤は政変によって危地に陥った人々の救済に力を貸している。張蔭桓の助命にあたったことは前述したが、この他にも、解任された日本駐在の外交官黄遵憲《こうじゅんけん》の助命と身の安全の保障を清国政府へ求めるよう、滞清中の一〇月一〇日に上海総領事館を通じて日本政府へ働きかけている（『外文』㉛(1)、六七九頁）。黄は開明的外交官で優れた詩人でもあった。日本に赴任中の経験や学習をもとに、一八九五年（明治二八）、『日本国志』を刊行したが、序文において「外患に襲われた日本の西洋文明導入を誰もが物笑いの種にしていたことを手厳しく批判」したこの書は、「清の対外認識の歴史における大きな転換点」となるものだった（平野聡『大清帝国と中華の混迷』、二八六頁）。伊藤は変法運動そのものには胡散《うさん》臭さを感じていたようだが、その挫折を機に中国の改革派知識人が一掃されることには痛心だったに違いない。

その証左となるのが、康有為と並ぶ変法運動のリーダー梁啓超に対する処遇である。梁はこのとき伊藤の援助で日本へ亡命した。政変発生の知らせを受けたとき、譚嗣同と面談していた梁は、譚の勧めで日本公使館に逃れた。そしてその後、伊藤の指示で日本の軍艦に乗り込み、日本へと亡命したのである（『梁啓超年譜長編』①、二六五頁以下）。日本亡命中に彼は邦訳書を中心に西洋近代の政治経済理論の摂取に努め、中国への西洋文明の受容を促進して立憲制導入の地ならしをしていくことになる（狭間直樹編『共同研究　梁啓超』）。

伊藤は梁のうちにそのような可能性を感じ取っていたのかもしれない。当時の駐清代理公使林権助は、伊藤が「梁といふ若者は偉い奴だね。実に感心な奴だ」と口にしていたと言い、「梁を助けてやれ。そして日本へ逃してやれ。日本へ着けば俺が世話してやる。梁といふ若者は支那には惜しい魂だね」と指示されたことを伝えている（林権助『わが七十年を語る』、九二～九三頁）。康有為とは異なり、梁啓超には伊藤はシンパシーを覚えていたらしい。この当時、梁は表面的には康の教えを祖述しながら、次第に師の説く孔子教の樹立というような宗教的傾向に疑問を抱くようになり、より確かな西欧学術の理解を痛感していたという。[4] 伊藤は、梁のそのような脱宗教的な近代志向を感じ取っていたのかもしれない。

もっとも、林は「梁は日本へ来て伊藤さんの世話になる筈《はず》であつたが、まもなく大隈さんがこの世話役を買つて出たよ。伊藤さんはこんなときにはさつぱりしたものだ」（同前、九五頁）とも述べている。確かに、梁および康有為の日本への亡命後、伊藤は彼らとの接触は避け、代わりに大隈を通じて犬養毅が彼らを匿《かくま》っていた。だが、伊藤ならびに日本政府は日本で公然と清国政府批判を行う康や梁の政治活動と両人の引き渡しを求める清側からの要請の狭間に立っていたのだった。苦慮した末、彼は山県首相に康有為に七〇〇〇円を支給して米国に放逐《ほうちく》すること、梁啓超は日本にとどめて月二五〇円を支給する話を彼らの庇護者犬養毅との間でまとめたことを伝え、「右の金員を給し茲《ここ》に手を断ち候様」（一八九九年二月一二日付山県宛伊藤書簡、『山県文書』①、一二五頁）と促している。

伊藤は国際道義に基づいて事を処したかったのであろう。梁には日本亡命中はおとなしく西洋学問の研鑽《けんさん》に努めていてほしかったに違いない。それができないのならば、出国してもらいたかった。しかし梁の知性に見所を感じていた伊藤は、最終的には梁の在留を可としたのだった。なお、一八九九年一〇月に康の引き渡しを求める中国からの使節が到来した折、伊藤は康有為の件については、去年の政変直後、北京において李鴻章らの面前で「康は国事犯に係《かかわ》れは日本に遁来《とんらい》せは万国公法成規を按《あん》して日本は決して彼を逮捕して引渡す能はさることを反覆論明《はんぷくろんめい》」したはずだとして、来使を「頗る軽躁に失する所あるを免かれす」と啖呵《たんか》を切っている（『伊藤文書』三七六）。内心とは別に、あくまで文明のルールで事を決しようとの姿勢を彼は崩していない。

張之洞の思想

話を中国での伊藤に戻そう。一八九八年（明治三一）一一月に入り、日本から大隈内閣崩壊の報を受けて彼は卒然と帰国を余儀なくされるが、それまでの間精力的に視察を重ねた。この間で特筆されるべきこととして、漢口に張之洞を訪ねたことが挙げられる。李鴻章と並び称される中国政界の実力者で、当時湖広総督として同地方の開発発展に辣腕《らつわん》を振るっていた張は、変法運動以前の改革路線である洋務運動のイデオローグとしても名を馳《は》せ、伊藤の中国訪問に先駆けて有名な『勧学篇』（光緒二四年〈一八九八〉三月）を著した。同書は「温健な改良論を唱え、康有為の急進的な変法論に対する批判が込められていた」（小野川秀美『清末政治思想研究』、一四六頁）ものと評され、また中体西用論を体系的にまとめあげた著作として知られる。これによって、「西洋学術の有効性と採用の必要性がはじめて公式に認められ」、それゆえにこの本は、留学生派遣、科挙制度の廃止、立憲制の導入といった清末の主要改革を正当化する重要な「イデオロギー的役割」を果たしたとされる（陶徳民『明治の漢学者と中国』、八〇頁）。

張之洞

「温健な改良論」の持ち主ということは、伊藤にも通じる。一〇月一三日、伊藤は上海を発って漢口へ向かった。同地で張と会うためである。既述のように、これは張の招待に伊藤が応じたものだった。その背景には、上海総領事代理の小田切万寿之助の働きかけがあったことが推察される。[5] かねてより張之洞の管轄する湖広地方の経済発展、特にアジア初の近代的製鉄所である漢陽鉄廠《かんようてっしょう》を中心とする同地の鉄鋼業に注目していた小田切は、伊藤をぜひとも張に引き合わせることを念願していた。

また、伊藤のほうも中国に渡航する前から張之洞配下の経済圏の状況について関心を寄せていた節がある。伊藤の旧蔵文書類を編纂した『秘書類纂』中には、「清国両湖総督事業報告」と題する漢陽や武昌の産業について記したレポートが見出されるし（平塚篤編『秘書類纂　外交篇（下）』）、『世外井上公伝』には井上馨が一八九七年の時点で八幡製鉄所の原料補給のために中国の鉱山の調査を行っていたとの記述があり、井上の命を受けて渡清した西澤公雄は帰国後、その結果を井上のみならず伊藤にも報告していたとある（『世外伝』⑤、二九七頁）。伊藤の帰国後、張の管轄していた大冶《だいや》の鉱山と八幡製鉄所との間で業務提携が急ピッチで進んでいくが、その交渉の端緒として、伊藤・張会談はあったのかもしれない。この点については後述する。

張之洞の思想についても、伊藤は事前に一定の知識を提供されていた。日清の親善に一方ならぬ情熱を捧げていた岸田吟香は、伊藤の訪中を聞くや早速一筆をしたため、そのなかで張之洞の新著『勧学篇』に触れている。岸田によれば、この書は内篇と外篇の二部構成よりなり、前者は「儒者風之守旧説」だが、外篇では「変法、変科、遊学、閲報、広沢、農工商学、兵学、鉱学、鉄路等広く西洋説を採用致候主意に而《て》、殊《こと》に我が日本を模範と致候趣に御坐候」と紹介されている（一八九八年八月二二日付伊藤宛岸田吟香書簡、『伊藤文書〈塙〉』④、三一七頁）。岸田の手紙を伊藤は天津で受け取ったはずで、漢口に向かう以前に張の識見についてある程度の学習はしていたであろう。

かくして一四日、伊藤は張と初めて会見した。一六日には伊藤のために盛大な招宴が開かれている。その翌日、伊藤は張のもとを辞した。漢口滞在中、二人は何を語りあったのだろうか。小田切は、伊藤の帰国後、張が次のように語っていることを報じている。

過般伊藤侯爵来遊の際は北京政変後多くの時日を経過せさりしを以《もっ》て、心談《かたら》はんと欲して談する能《あた》はさりし事あり。口問はんと欲して問ふ能はさる事あり。千載一遇の機会を尋常応対の間に逸失せしは、今仍《な》ほ心中無限の憾《うらみ》を抱くと云へり。当時に於《お》て総督か如何に謹慎なりしかを見るに足るへし。（『外文』㉛(1)、七二六頁）

康有為ら変法派とは思想を異にしつつも、改革志向ということでは同列に見られかねなかった張は、政変後幾日も経っていないなかでさすがに発言に気をつけざるを得なかった。そのために伊藤を前にして、「心談はんと欲して談する能はさりし事あり。口問はんと欲して問ふ能はさる事あり」という自己検閲状態にあったという。千載一遇の機会を失い、遺憾の極みだと張は無念を滲《にじ》ませている。

額面通りにとれば、二人の邂逅は形式的な表敬で終わり、何も実質的な話し合いはなされなかったかのようである。果たしてそうだったのだろうか。伊藤は、急遽帰国の途に就かざるを得なくなった際、張に宛てて一筆を啓上している。そのなかで彼は、面会の折に贈呈された『勧学篇』をすでに一読して学問識見の卓越に感服したこと、変法自強の説は時宜を逸しており、これを取りやめることは中国のためのみならず東アジア存滅に関わることでもあること、そのために内外の重望を担って中国を支えるのは閣下を措《お》いて他にないことを書き送っている。慌ただしく帰り支度を整えなければならなかったなか、わざわざ筆を執り以上のような書面を出すあたり、面談の際の二人の意気投合ぶりを髣髴《ほうふつ》させる。先述の張の述懐も、会談が不調に終わったこととの表現ではなく、話し合いたいことがもっとあったという時間の不足を嘆いたものなのだろう。

伊藤と張との間には、このとき明らかに親交が芽生えた。それは二人の間に、急激な改革を忌避し、漸進的に近代化を図っていくという思想的共鳴があったからだとひとつには考えられる。二人は何を通じて共鳴し得たのか。それは、教育論を通じてだったとの推測が可能である。

融通の精神

慶親王に対して専門教育の充実を強調するなど、伊藤が中国滞在中、重ねて教育論をぶっていたことは前述した。この他にも、張之洞と別れてから南京に赴いたとき、同地で面会した張と並ぶ中国地方政治の実力者劉坤一両江総督に工業学校設立の必要を説いていた。この伊藤の助言を受けて、翌年劉は日本の「農工教育之実況を視察せしむる」ため人を派遣している。仲介した小田切領事は、伊藤に「着京の節は閣下に於《おい》て充分御指教を被垂候様転願致呉れへき旨、総督より嘱托《しょくたく》有之候」（一八九九年三月二三日付伊藤宛小田切書簡、『伊藤文書〈塙〉』③、一九七頁）と依頼状を送ったが、伊藤の憲法行脚のため実現しなかった。

このように教育論を繰り返していた伊藤は、当然張之洞に対しても持説を唱えたであろう。そして張のほうもその主著『勧学篇』についてすでに若干指摘したように、教育論には一家言ある人物だった[6]。「自強は力から生じ、力は智から生じ、智は学から生じる」（『勧学篇』外篇益智第一）と説き、「天下に広く学堂を設立」（『勧学篇』外篇設学第三[7]）し、中学を体となし、西学を用となしてどちらかに偏頗することのない中庸のとれた人材育成を掲げた同書は、西洋の技術教育を限定的に取り入れることで孔門の学の再生を図ったものであり、西洋文明の皮相な受容を正当化するものと一般に見なされている。そうすると、儒学を根本的に旧時代の遺物と考えて恬としていた伊藤と、果たして張が折り合えたのか疑問に感じられるかもしれない。

だが、張の思想については、『勧学篇』成立の時代背景について緻密な検討を加えた川尻文彦氏によって、「湖南の維新派を中心に提起された〔張之洞の〕「中体西用」論は、むしろ西洋の学問、制度導入のための積極的な論理でもあったとは考えられないか」（川尻文彦「「中体西用」論と「学戦」」、七〜八頁）として見直しの必要が提言されている。確かに、『勧学篇』外篇設学第三には、西洋の学術を政と芸の二つに分類し（政とは政治経済学に属する諸学、芸とは数学、光学、医学などの理化学である)、その両者を修めるにはいつからどのくらいの時間をかけて学習をしたらよいかが綿密に考案されており(西順蔵編『原典中国近代思想史』第二冊、一一五頁以下)、中学に西学を適当に接《つ》ぎ木することが張の真意だったとは信じ難い。筆者としては、やはり二人の間には西学の真価やその導入をめぐって通底する思いがあり、それがゆえに両人は交歓することができたと考えたい誘惑がある。

その傍証として、張による康有為の批判が挙げられる。張之洞の『勧学篇』は、同年に刊行されていた康有為の『孔子改制考』に対する論難の書だった。『勧学篇』は冒頭で、「今日の世変を救わんとする者の説に三有り。一は国家を保するといい、一は聖教を保するといい、一は華種を保するという。それ三事は一貫せるのみ。保国、保教、保種を合わせて一心となすを、これ同心という。保種は必ず保教を先にし、保教は必ず保国を先にす」と謳っている。「保国、保教、保種」とは康有為の唱えたテーゼでもあった。本歌取りのようにそれを掲げる張は、そこからどのように康を批判するのか。それは、「保種は必ず保教を先にし、保教は必ず保国を先にす」との一文に明示されている。村田雄二郎氏によれば、張が「最も懸念していたのは、康党による尊孔保教や保種合群(学会活動)の高まりであった。張之洞の眼に、それらはすでに保国という大前提を逸脱しかねないものとして映った」(村田雄二郎「康有為と「東学」」、三三〜三四頁)とされる。宗教を掲げる過激な革新運動に反駁し、国を保つということを第一義とする穏健な改革を主張する点において、張と伊藤の間には共鳴するところがあったのである。

傍証をもうひとつ挙げておこう。伊藤と張の対談は英語で行われたが、そこで張の通訳を務めたのは、当時その配下にいた辜鴻銘《こうめい》だった。若き日に一〇年以上も西欧各地を遊学し、一九一五年には ***The spirit of the Chinese people***（邦訳『支那人の精神』〈一九四〇年〉）を著すなど東西両洋の文化に通じた当代一流の知識人である。辜の回想によれば、通訳を務めた際、彼は自ら翻訳した『論語』の英訳を伊藤に謹呈した。これを受け取った伊藤は、孔子の教えなど数千年前のもので、これからの二〇世紀にどんな意味があるのだと皮肉った。これを受けて辜鴻銘は、数千年前でも二〇世紀でも3×3＝9だと切って返した。すると、それを聞いた張之洞は辜鴻銘に対して、二〇世紀の数学の変革を知らないのか、今日ではわれわれが外国より借款すれば3×3＝9どころか3×3＝7となり、逆に返済するときは3×3＝11となる、とたしなめたという（辜鴻銘『張文襄幕府紀聞』、一九頁）。これは張之洞でなく、伊藤の応答だといってもおかしくはない。中学をひたすらに保守するのではなく、時代の趨勢に合わせて柔軟に適用させていく融通の精神をもって、張は伊藤と交歓したのではなかっただろうか。

八幡製鉄所からの要請

伊藤が張を訪れたことには、具体的なビジネスの用件もあった。すでに簡単に言及した八幡製鉄所の原料問題である。この頃日本では、官営八幡製鉄所が開業へ向けて着々と準備を進めていた（一九〇一年二月操業開始）。鉄鋼業の確立は明治国家の悲願でもあり、わが国初の近代的鉄鋼工場としての八幡製鉄所の創設は満を持して行われた国家事業だった。

開業へ向けて余念のないこの頃、製鉄所の懸案のひとつは大量かつ良質な鉄鉱石の持続的獲得だった。当初そのためには新潟の赤谷鉄山が調達元として考慮されていたが、同山が未開発だったため、より確固とした購入先を求める必要があった。そのときに白羽の矢が立ったのが、張之洞の統轄する湖北省に位置する大冶鉄山だった。既述のように、湖北省では八幡に先駆けてアジア最初の近代的製鉄所である漢陽鉄廠が一九世紀末に設立されており、それは他ならぬ張之洞によって主導されたものだった。

一九一七（大正六）年に農商務省（八幡）製鉄所東京出張所によってまとめられた『製鉄所対漢冶萍公司関係提要』なる大部な冊子によれば、伊藤の中国訪問を聞き、当時の八幡製鉄所長官和田維四郎は中国からの鉄鉱石買い入れのための助力を求め、それに応じて伊藤は張之洞と面会した折にその話を持ちかけたという旨の記載がある。そして、同冊子には、二人の会談の内容が以下のように記述されている。

〔伊藤〕〔公爵〕〔当時侯爵〕は湖北省武昌に於ける張総督との会見に於《おい》て、日支間実業提携の必要を提唱し、其の先鞭《せんべん》として先《ま》づ日本より骸炭《がいたん》を買入れ其交換として大冶の鉄鉱を日本に売渡すの議を力説し、同総督をして首肯《しゅこう》せしめたり。其《そ》の後に至り本件に関し弥々《いよいよ》商議を進行せしむる為め、明治三十二年春和田長官自ら支那に渡航するに際し、張総督万一の反対を慮《おもんぱか》り、同長官は更に、日支実業提携上大冶鉄鉱購入契約締結の為め和田製鉄所長官を支那に派遣するを以《もっ》て商議せられんことを請ふ旨の故伊藤公爵より故張総督宛の添書を携帯して渡航したり。

(『製鉄所対漢冶萍公司関係提要』、九頁。三枝博音・飯田賢一編『日本近代製鉄技術発達史』、二五七頁)

これによれば、一八九八年一〇月の会談の際に伊藤と張の間では中国の鉄鉱石と日本の石炭との交換売買の内約がなされ、これを受けて和田長官は契約締結のため訪中したが、その際、伊藤から張への信書を携えて渡航した。伊藤の書簡の所在を筆者は確認できていないが、このことは、張之洞側の資料から裏付けられる。『張文襄公年譜』光緒二四年九月の条によれば、張・伊藤会談の折、日本のコークスと中国の鉄鉱石交換の協議が確かに行われたことが記されている。それによれば、このとき伊藤は、「まさに日本の石炭を運びて鄂（湖北省）に来たらせ、船を回すとき大冶の鉄鉱を代銷《だいしょう》（代わりに販売する）すべし」と持ちかけ、これを受けて張之洞は早速検討したいと答えたとある。[8]

大冶の鉄鉱石は、後にかの悪名高き対華二一ヵ条要求のなかにも盛り込まれたように、日本の鉄鋼業にとって不可欠な資源となっていく。その獲得の先鞭は、このとき、伊藤と張の間でつけられたのだった。

以上のことを勘案すれば、伊藤と張之洞の会見は、単に日中の二大政治家の妙なる邂逅というにとどまらず、その後の両国関係を規定する大きな意味を持っていたことが垣間見えてくる。通常、八幡製鉄所と大冶鉄山との関係は、日本の中国に対する経済的侵奪の端緒をなすものであり、日本帝国主義の一側面をなすものとされる。

では、このときの伊藤が中国に寄せていた視線も、そのような略奪者としてのそれだったのだろうか。次に、中国から帰還後の伊藤の発言を通じて、その中国観を抽出してみよう。

4 「憲法行脚」のなかの中国観——政友会の通商国家戦略

統治能力への失望

中国より帰朝の翌年に伊藤が敢行した「憲法行脚」では、前年の中国での体験談も盛り込まれていた。伊藤は中国についてどのように語っていたのか。

まず彼は、総体として以下のような中国評を下している。すなわち、彼の国の「風俗、人情、古来の習慣又は彼等の信じて居る学問などといふものが今日世界の駸々《しんしん》乎として年毎《ごと》に新に変つて行く所の原素を容れて改革を実行することとは相容れざる有様」だとして、「私の言を容れて之を実際に行ふと云ふことは出来ない情態」であり、「頗《すこぶ》る遺憾の念を懐て帰つた」と言う（『演説集』②、一七二頁）。ここで伊藤は、変法運動の挫折ということよりも、改革か守旧かいずれにせよ過激に流れる中国の政情を指して述べているのであろう。

変法派に属する梁啓超など政変によって粛清の危機にあった有為な人材の救済にあたったことからうかがえるように、伊藤には改革に対する共感はあったと考えられる。しかし、彼にとって改革とは急場しのぎでなされるべきものでは決してなかった。改革の実現のためには、既存の秩序や環境と折り合いをつけながら、徐々にそれらを新しい事態と順応させながら変革していくという手順が必要とされる。次の言は、直接には韓国人を指してのものだが、前年の中国での経験が反映していると見なして間違いなかろう。

学問を以《もっ》て彼等を誘導するにもせよ、平和を保ちつゝ進歩するの大切なることを彼等の脳裏に注入するの手段を択《えら》ばざるべからず。詳言すれば王家とか政府とかに向て余り反対せしむる如きことは不可なり。寧《むし》ろ王家と共に歩ましむるにあらざれば、根拠ある改革は得て望むべきにあらず。支那は勿論朝鮮に於ても、革命を以て進歩を謀らんとする如き軽挙あらば、却《かえっ》て万事に妨害を及ぼし、徒《いたずら》に列国の物議を早く喚起するの憂あれば、彼等を教ふるには尤《もっと》も是等の点に意を用ゐ彼等自らが十分力を養成するの後にあらざれ

ば、何事も為《な》し能《あた》はざる道理を彼等に注入せられたし。（『演説集』①、二〇六頁）

戊戌変法はこの点において失敗した。中国をして体制の改革をなさしめて独立の地位を保持せしめることは、東洋の安全のためにも大いに利することであったが、「是れは殆《ほとん》ど望んで得べからざるの形勢に陥つて参つたのであります」とされている。その結果、どのような現状に陥っているか。いまや中国は欧州諸国によって分割されようとしており、日本は「纔《わずか》に一葦《いちい》水を隔てて欧州諸国と相対するといふ形勢」にさらされるであろうと診断している（『演説集』②、一七一～一七二頁）。

このように伊藤は、清国の統治能力には失望しており、中国はじきにヨーロッパの国々によって席巻されるであろうとして、日本はいまや一衣帯水欧州と対峙していると見なしている。伊藤の中国政治に対する見通しはかように暗いものである。

経済発展への期待

だが、その一方で、彼は中国の経済発展には大きな感銘を受けている。曰く。

〔中国〕政府は斯の如く困憊《こんぱい》するにも拘《かかわ》らず、人民は勤勉にして能く職業に従事することと殆んど世界其比を視ず。従て一般人民の富は亦《また》非常なるもの故に、財政の方針を改め、諸般の改良を行はば、支那帝国をして益々発達せしむること亦決して困難の業にあらず。
（『演説集』①、二〇〇～二〇一頁）

ここからうかがえるように、伊藤は中国経済には一目置いており、長い目で見ればそれに乗じて彼の地が国家としても興隆していく可能性は大いにあると考えている。伊藤の中国経済に対する高い評価の背景には、中国に流入する西欧資本と中国人労働力の結合によって、一大経済圏が誕生しつつあるとの彼の認識がある。たとえ中国人自身が産業を興すことができなくとも、「欧羅巴《ヨーロッパ》人が段々這入《はい》つて工業を興し、鉄道を起すと云ふやうな有様であるから、此等の事業も余程大きなもの」となっていくであろうとされる。

かくして伊藤は、国家としての中国はいったん括弧に入れ、市場としての中国に日本としてアプローチしていくことを唱える。そのような日中関係論は福岡・北九州地方での演説で展開されている。例えば、以下のようにである。

中国の諸々の事業が大きくなっていけば、「啻《ただ》に石炭のみならず、従つて各種の商業も盛になり、其等の事柄に依つては製造所も此辺に起す必要があるかも知れぬ。其等は以《もつ》つて悉《ことごと》く当地を繁栄にならしむるの具となるであらう」（一八九九年五月一三日、馬関実業家請待会にて、『演説集』②、三六頁）。中国の需要はこれから飛躍的に増大していくに違いないから、日本経済としてそれを無視するわけにはいかない。「縦令《たとい》支那の政府はどうあらうとも主権はどうあらうとも、支那の人民の需要は日を逐《お》うて進むに違ひなく、而《しこう》して日本は支那の需要に応ずるには最も便宜の地位に在る」（一八九九年五月二〇日、福岡にて、『演説集』②、二〇五～二〇六頁）のであり、ヨーロッパ諸国の経済進出に出遅れて臍《ほぞ》をかむような愚を犯すべきではないと力説される（同前、二一一頁）。「〔中国〕と接近の地位にある日本国は他国より最も便を得て居るものであるから、外に向つて商工業を発達すると云ふことは、日本の殆《ほとん》と生存運命に関係する大問題」（『日日』一八九九年一一月一〇日）なのである。

このような主張の背景には、八幡製鉄所を中心とする同地方と前節で言及した張之洞率いる湖北経済圏との連携という具体的構想があったと考えて間違いないだろう。中国の政治と経済を分離し、前者からは距離をとるが、後者には積極的にコミットしていく。それは、伊藤個人の中国体験に根差した国家戦略だったと言える。

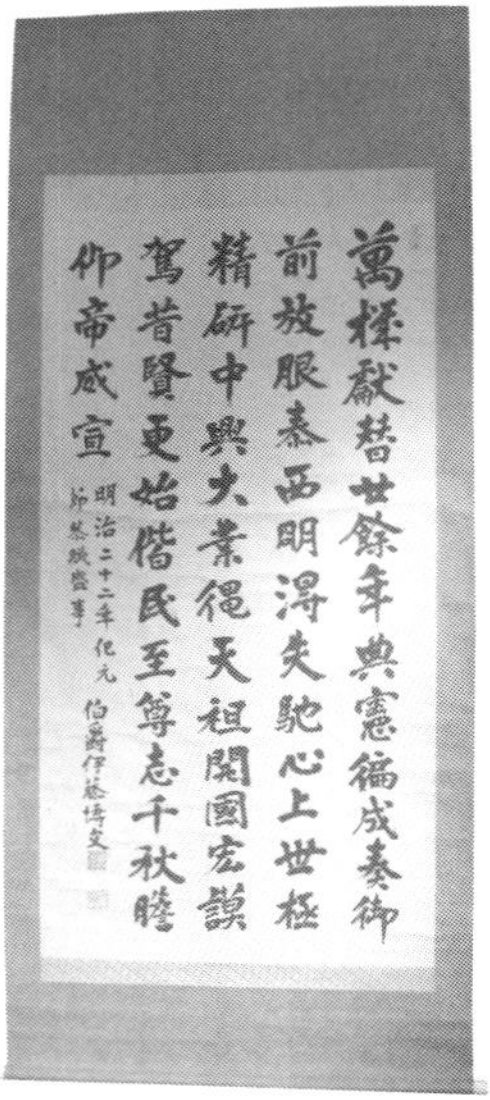

伊藤が八幡製鉄所に寄贈した掛け軸　1889年の憲法発布における感慨を詠ったもの．このような詩を贈るあたりに，伊藤が国家構想という見地から，いかに同製鉄所に期待していたかがうかがえる　新日鉄八幡製鉄所蔵

対中戦略は帝国主義的か

そういった伊藤の対中戦略は、帝国主義的なものと言えるだろうか。この点についてはいまの筆者には十分に議論を展開する準備がないが、少なくとも伊藤の中国への進出は、領土的な野心に根差したものでないことは指摘できる。次のような発言がある。

今日各国の間に横《よこたわ》る所の問題は、決して疆土《きょうど》の問題にあらずして、縦《よ》しんば疆土の問題が起つたにしても、其れは各自の商工業の利益を収むる手段方法たるに過ぎぬ。幾ら土地を拡げても、利益がなければ仕方がないのである。（『演説集』②、二一四頁）

伊藤はこのように述べて、積極的な大陸進出には抑制的である。彼にとっては経済的な収益があるかどうかが肝心なのである。逆に言えば、経済的な成算があれば、植民地化も考えてよいという口吻《こうふん》に聞こえるかもしれないが、その際、彼が日本の土地も外国資本の進出から門戸を閉ざすべきでないと考えていたこともあわせ考える必要がある。以前に、「富に頼らなければ人民の文化も進められぬ。愛国心の発達も是れよりしなければならぬのである。国を護ると云ふけれども、赤土を護つた所で何の役にも立たぬ」との伊藤の弁を紹介した。伊藤は領土というものに対して淡白な政治家だったらしい。より重要なのは、国民の利福だと考えていた。したがって、日本についても、領土を外国資本から閉ざすことは、長い目で見れば国家の利益にはならないと主張していたのである。

これとあわせて、次の言もあえてもう一度引いておきたい。

欧米諸国は資本に富饒《ふじよう》なる国であるのみならず智識にも富み経験にも富んで居るから、日本に来て日本人と協同して事業を起し或は又彼等が独立に事業を起すこともあらうが、独立に事業を起せば彼等のなす所を見て、我国人も之と競争をしなければならぬ。而《しこう》して其競争の結果として日本の商工業を進歩せしめ又其経験を目撃する所より大に利益する所があると考へる。

（『演説集』②、一八一〜一八二頁）

たとえ欧米の強力な資本が流入してきたとしても、彼らが持ってくる知識と経験を吸収して競争の糧とすればよい、そうすれば結果的には日本の産業の発展につながるとの認識である。伊藤は領土について過度の思い入れを持つことなく、新しい知の流入によってもたらされる経済社会の進化を重視していると考えられる。このような見方の背景には、よしんば外国の経済進出が押し寄せてきても、日本には確固とした政治制度があるという自らの築いた立憲体制への自信があるのであろう。これに対して中国については、その政治体制が動揺して安定していないがゆえに、その国土にやみくもに進出していくことは、その政治に巻き込まれ大きな禍害を招かざるを得ないと警戒しているのである。

他方で、伊藤のこの時期の言論のなかには東アジアへの文化的進出を促進する言辞が認められる。一八九九年（明治三二）二月一四日の大日本海外教育会での演説で、彼は文明の学を中国や韓国へ輸出すべきこと、それは「東洋の率先者たる我国」の徳義上の義務（『演説集』①、二〇四～二〇五頁）であることを高唱している。その際に、「従来日本人の為したる事業にして、往々朝鮮の紛乱に関係する所ありしが如き感あり。畢竟《ひっきょう》韓人の不明にも因《よ》らんが、苟《いやしく》も彼等を誘導せんと欲するものは尤も此辺に留意せざるべからず」（同前、二〇六頁）と訓諭されているのが注目される。後に伊藤は、韓国統監として韓国統治に従事し、「文明の伝道師」を自任することになる。右の発言には、その素地がすでにこのとき胚胎していたことがうかがえるのである。この問題については、次章で取り扱おう。

通商国家創設と中国旅行

伊藤の中国体験は、彼の政友会構想にとってどのような意義があったのか。ここでその点をまとめておこう。すでに本書で明らかとしたように、伊藤にとって立憲政友会の創設とは、明治憲法制定以来の宿願である国民政治の実現へ向けての一階梯だった。伊藤は教育を受け、実学を修めた国民が日々の生業のなかから培った政治への要望を吸収するシステムを欲していた。そのような国民の要望を吸い上げ、政策へと変換していくこと、それが政友会の理念であった。

漸進主義を政治家としての信条とする伊藤は、一足飛びに国民全体の政治参加を考えていたのではない。一九〇〇年（明治三三）の時点で彼が念頭に置いていたのは、政友会結成に際して渋沢栄一に積極的に入党を働きかけていたことが象徴的に示すように、都市の商工業者の政治への糾合だった。伊藤は今後の日本の行く末を産業立国と通商立国に見定めていたのであり、そのために大都市や地方の実業家を広汎に政策形成に加担させていくことが求められた。政友会とはそのような国家構想を実現する政策的手段でもあったのである。

政友会に仮託された通商国家戦略は、一八九九年の遊説の訪問地の選択からもうかがえる。伊藤は西日本と北陸を中心に遊説を行った。西日本のなかでも北九州地方に伊藤の照準は据えられた。それが八幡製鉄所と大冶鉄山を中心とする日中交易関係の樹立であり、そこからさらに伊藤は中国市場の開拓を展望していたと目されること既述の通りである。

同様のことは北陸巡遊についても言える。伊藤は北陸では福井で羽二重工場を見学したほか、しきりに港湾の視察を行っている。そこには、戦前日本の重要な輸出品である羽二重を通じて、同地方が大陸への経済的進出の前線基地となり得るとの戦略的判断があったのではなかろうか。実際、伊藤はここでも「今の世の中に於て主として勉《つと》むる所は、何《いず》れの国に於《おい》ても外国との貿易の発達を主として勉めて居るのである」として、「政府の政策とし外交の政策とする所も今日は総《すべ》て商工業の発達を以《もっ》て目的として居るのであります」と述べて通商国家の確立を志向している。そして羽二重産業の発展を次のように展望している（「伊藤侯の演説〈一〇月一六日福井市鐘秀館に於て〉」『日日』一八九九年一〇月一九日）。

当地方の如きに於《おい》ては羽二重の製造が昨今非常な進度を加へて参つたと申すが、其進度を加へ来つたる所の物産を外国に輸出すれば必ず農者にも影響を及ぼすと云ふ。一例を申せば、彼の繭《まゆ》を製造すると云ふ単純なる農業を以《もつ》て見ても、商工業の盛んなるに従つて農者が非常なる影響を蒙《こうむ》ると云ふことは明かであらうと思ふ。

この引用からうかがえるように、伊藤は工業を興し、海外との通商を進めることによって、農業などの国内産業全般にもその利潤がもたらされ、国家の富強化が成し遂げられるというヴィジョンを抱いていた。翻って言えば、国家の興隆の鍵を握るのは商工業者のさらなる活躍であり、その利害をより直接に政策へと反映させることなのである。そのために選挙法を改正して彼らと政治との通路を開鑿《かいさく》し、新たな政党を創ってその意思を政治の場へ吸収する必要があった。そのことを伊藤は、ここでも次のように繰り返している。

選挙法の改正に対して党派的観念を持する人などが見たときには、単に人民の権利的関係に外ならぬやうに思ふかも知らぬが、私の考では商工業を現況に止めず益々発達せしめたいと云ふの考へ、即ち一国の盛衰の上に観察を下して商工業者の代表者を多く議会に派出せらるゝやうに致さなければならぬと云ふ所より提出した訳なのであります。

（同前）

このように、政友会を通じて伊藤が目指す国家像は、通商国家としてのそれだった。政友会誕生に先立つ中国と日本国内への二つの旅は、政友会による通商国家の創成を見据えたきわめて戦略的なものだったと言えるのである。

5 中国再見──清末憲政調査団と中国観の変容

清国の日本への視察団

義和団事変や日露戦争を経て、中国では亡国の危機意識から再び改革運動が盛り上がりを見せた。一九〇一年（明治三四）以降、上からの全面的な近代化運動として、「清末新政」が開始される。この新政運動のひとつの大きな柱が、中国の立憲化だった。

一九〇五年末、清国政府は立憲政治調査のために端方《たんほう》と載沢《さいたく》を中心とする二組の視察団を欧米と日本に向けて派遣している。このうち載沢率いる視察団は翌一九〇六年の一月から二月にかけて滞日し、伊藤博文と面談したほか、東京帝大教授の穂積八束などから講義を受けた。さらに一九〇七年一二月には袁世凱の上奏に端を発する第二次日本憲政調査団が来日し、一年以上の長きにわたって取り調べに従事した（熊達雲『近代中国官民の日本視察』、曽田三郎『立憲国家中国への始動』）。このときに中国側の調査に多大な貢献をしたのが、帝室制度調査局で伊藤の憲法改革を支えた有賀長雄だった。彼は一九〇八年二月から翌年七月まで計六〇回に及ぶ講義を調査団のリーダーたる達寿（一九〇八年五月に彼が帰国してからは、後任の李家駒）に行っている。その記録が、前章で利用した「憲政講義」であること既述の通りである。

有賀が清からの調査団に講義を行うにあたっては、伊藤の指示が働いていた。伊藤の令名は東アジアに初めて立憲政治を導入・定着させた政治家として、依然として高かった。そのような伊藤の名声があったがゆえに、一九〇六年調査の際、清国側は彼から意見を聴取することを求め、一九〇八年のときには首相の桂太郎と並んで伊藤に助力の依頼があったのである。そして伊藤の斡旋によって、このとき有賀が清国調査団の講師を務めることになったのだった（伊東巳代治「清国憲法と我国」）。

伊東巳代治によれば、伊藤は中国の立憲化に対して非常に積極的だったという。伊藤が暗殺される直前、ハルビンへの出発を控えた彼から伊東は、「明年は北京に赴き同国の立憲制度に助力する所あらんと欲す」との言葉を聞いたと伝えている（同前）。有賀が伊藤の仲介で達寿に講義していた当時、伊藤自身は韓国統監として彼の地の統治改革に余念がなかった。果たして伊藤は、明治立憲制の成果を広く中国や韓国にまで広め、立憲指導を通じて東アジア地域の政治的安定化を志向したのであろうか。

中国の立憲化への懐疑

しかし、伊東の証言とは裏腹に、伊藤自身は中国の立憲化に対して距離をとる姿勢も明言している。一九〇六年一月に載沢と面談した際、伊藤は清国が日本をモデルとして立憲化することを推奨した。だが、会談の末尾ではそれを根本的に撤回するような発言もしている。すなわち、憲法の制定にあたって、どのような方法順序でそれを実行したらよいか、との載沢の問いに対して伊藤は、「ご質問は余りにも大きくて答えかねます」としたうえで、大略次のように語っている。中国は広大で多民族多文化、そして多言語な社会であるうえに、交通もまだ整備されておらず国内の交流も難しい。日本のような均一のとれた国家とは異なるので、統一的な法制度を実施するのは難しいであろう、と（熊達雲『近代中国官民の日本視察』、一三七頁）。つまり、伊藤は中国のような国民国家としての同質性が希薄なところにおいて立憲制度が十全に機能することは期しがたいとなお考えているのである。

さらに伊藤にしてみれば、そのような中国社会に立憲制度を布くことはむしろ国の乱れを招き、ひいては日本にまで禍害が及ぶことになりかねない、という危惧があった。一九〇九年八月に行われた講演のなかで、彼は「支那の憲法政治が成功するか否かは初めから疑はしい」と単刀直入に述べている。

日本の如き国は交通の便宜があり、第一四面海を環《めぐ》らして居るので水運の便があり、加之《しかのみならず》鉄道を敷設して更に往来交通の便を図つて居るので、年々議会を開くにも敢て困難がない。然《しか》るに支那の如く、邦域の広大なるに拘らず、未だ鉄道の便すら少い国に於《お》いて、海運は僅々《きんきん》一部の交通を助くるに過ぎず、山中に入るには河の便宜に依るの外ないのである。而して支那の識者は如何なる方法で迅速に議員を召集しようとするのであらうか。本官は疑惑なきを得ぬのである。

（『秘録』続、二五〇頁）

右のような物理的理由のほか、伊藤は旧来の遺制を尊ぶ硬直した制度観、地方官会議から始まる明治日本の着実な立憲化への漸進的歩みを挙げ、中国の立憲政治への移行をかなり冷ややかに観察している。もし立憲政治が導入された場合、中国の政治はかえって混迷し、その禍害は周辺諸国にまで広がるかもしれない。そのような危惧の念を彼は表明する。

支那の憲法政治が、東洋の平和に如何《いか》なる関係を有するやは実に重大なる問題と云はねばならぬ。支那の領土の広大なること、其習慣の容易に改まらぬこと、地方自治の鞏固《きようこ》ならざること、交通機関の不備なる事、法律と習慣が根本的に符合せぬものを制定して、果して実行せらるゝであらうかどうか。万一実行せられぬときは、其の結果、対岸の最も邦域の広大なる支那は如何になるかに想到すると、甚だ寒心の至りに堪へぬ〔の〕である。

（『秘録』続、二五一～二五二頁）

中国の立憲化がひとたび破綻したとき、どのような結果になるか。それを考えると、「甚だ寒心の至りに堪《た》へぬ」。それが伊藤の率直な見解であった。

要するに、立憲制度は同質性の高い国民からなる中小域な国家に適しているのであって、広域な多民族国家――帝国にふさわしいものではないこと、そしてそのような多文化社会で国民の政治参加を認める体制が成立したとき、それはかえって内乱の種になるというのが伊藤の見立てだったのである。立憲制度の要諦は運用にあり、それが首尾よく行われれば国家の発展をもたらすが、そうでない場合はその解体を帰結する。伊藤において立憲政治は両刃の剣として認識されていたと言えよう。国民政治家たる伊藤は、中国の政治秩序が不安定化してその余波が日本にまで及んでくることを防ぐためにはどうしたらよいかということを基本に考えていた。そして、中国の立憲化がむしろそれにとってマイナスであると認識していたのである。

以上のように、伊藤は中国に対しては、その政治改革に関与することについては一貫して消極的だった。彼はそれほどに一国の制度というものを国民の習慣に根差したものであり、その改革は一朝一夕に成し遂げられるものではない、と考えていたのである。

だが、そのような考えとは裏腹に、清末憲政改革が進行していた当時、彼はもうひとつの東アジアの伝統的国家に乗り込み、制度改革の陣頭指揮にあたっていた。一九〇六年以来、伊藤は韓国統監として韓国の文明化に乗り出していたのである。果たして、このような伊藤の行動は、清韓を分けて考え、前者への帝国主義的侵出は自制するが、後者の植民地化は推進するというダブル・スタンダードの所産なのだろうか。章を改めて、伊藤の韓国統治の論理を次に検討していかなければならない。

第七章　韓国統監の〝ヤヌス〟の顔

1　統監と総裁

二つの統治

第五章で伊藤による「一九〇七年の憲法改革」の試みについて論述した。帝室制度調査局総裁として皇室制度の確立に尽力していた伊藤は、合わせて内閣を主体とする責任政治のための国制改革にもこのとき余念がなかった。否、むしろ伊藤の主眼は内閣の国制上の求心力の回復にあったのであり、帝室制度調査局はそのための隠れ蓑だったとの見方が可能であること、それがそこで詳論したことだった。

ところで、一九〇七年（明治四〇）という年は、日韓関係史においてもひとつの大きな転機のときだった。前年三月に初代韓国統監に就任し、精力的に韓国の保護国化を推進していた伊藤だったが、この年の七月に勃発したハーグ密使事件をきっかけに、その対韓政策に転換が生じる。ハーグ平和会議に密使を派遣して日本の韓国統治の不当性を国際社会に訴えようとした韓国皇帝高宗だったが、その目論見は不発に終わり、伊藤はじめ日本政府の逆鱗《げきりん》に触れて退位を余儀なくされる。この結果、第三次日韓協約が締結され、これによって法令制定や重要な行政処分の承認権、官吏の任免権など統監による幅広い内政の指導監督権限が認められた。翌月には韓国軍隊も解散され、日本は実質的に韓国を併合したとされる（森山茂徳『近代日韓関係史研究』）。

このように一九〇七年は、日本の韓国統治において大きな画期をなす年であり、統監であった伊藤博文にとって多事多端であったことは想像に難くない。ところが、前述のように、この年伊藤は単に韓国統監として韓国統治に専念していたのではなかった。〝統監〟のみならず〝総裁〟でもあった彼は、韓国統治のみならず、日本の統治改革にも従事していたのである。

本章では伊藤の政治家人生の最終幕である韓国統治を考察する。それは彼の華麗なるキャリアの掉尾《ちょうび》を飾るものとは到底言えない。晩節を汚したとの形容のほうが、一般には首肯《しゅこう》されよう。日本での立憲国家の樹立という偉業を引っさげて朝鮮半島に来臨した伊藤は、日本による大陸進出の先蹤《せんしょう》として韓国併合への道均《みちなら》しをした。それがゆえに、彼は一九〇九年一〇月二六日、ハルビンにおいて韓国独立運動の義士安重根《あんじゅうこん》によって、生命を絶たれた。独立運動家のテロに斃《たお》れたことにより、伊藤は日本による韓国植民地化の元凶として当時から今日に至るまでシンボライズされている。

実際、伊藤の統監政治は、これまで韓国植民地化の一齣としてのみ取り扱われてきた。それは韓国併合を地ならしするものでしかないとの消極的な評価である。これに対して、統監伊藤の施政の実態を解明しようとする動きがなかったわけではないが、[1] 学界においても〝伊藤＝韓国併合の先兵〟との固定観念を前提とした論法は、依然として抜きがたく認められる。

けれども、伊藤博文の思想を内在的に明らかにすることを期する本書の立場からは、そのような思考枠組みは採り得ない。以下の論述においては、伊藤が韓国統治に寄せた思想と戦略を基礎史料に即して明らかにする。具体的な問題関心は、韓国統監就任直前に帝室制度調査局総裁として憲法改革に挺身していた彼の国家構想のなかに、どのようなかたちで韓国統治が入り込み、その思想体系においてそれがいかなるかたちで整合化されていたのか、ということである。繰り返しになるが、統監時代の伊藤は韓国の施政にのみ執心していたのではなかった。〝総裁〟でもあった彼は、日本と韓国という異なる地域の施政に手を染めていたのである。ひとりの人物が、同じ時期に、二つの異なる国の統治改革を指導していた。果たして、この二つの国での改革事業は連動しているのか。もしそうだとしたら、それはどのようにか。

本章での考察の視角は以上のようなものである。だがそもそも、〝総裁〟伊藤は、なぜ

〝統監〟となったのだろうか。それは、よく言われるような「初物食い」(徳富蘇峰)の功名心に駆られてのものだったのか。それとも、彼のなかに韓国を植民地化しようとする明確な計略があってのことだったのか。まずは伊藤の韓国統監就任の経緯を確認しておこう。

一九〇四年の高宗への陳奏

一九〇四年(明治三七)三月、日露開戦からほどなくのこの時期、伊藤は韓国を訪れた。渡韓の名目は韓国皇帝慰問のためであったが、その真の目的は戦争の原因たる韓国に日本の方針を説伏し、対日協力を取り付けるためであった。そのためにこの月の一八日と二〇日、伊藤は皇帝高宗と対面した。一八九八年八月に伊藤が清韓漫遊の際に会談して以来、五年ぶりの再会である。だが、今回の会見は前回のような歓迎ムードとは一線を画し、緊張感みなぎるものとなった。

高宗に対して、伊藤は一〇ヵ条にわたる意見を陳奏《ちんそう》した。その主なる点は以下の通りである。①東洋平和の維持のために欧米諸国を範として文明を増進し、自立を図ること、②異なる人種や宗教を排斥して、欧米文明に敵対したりしないこと、③国家の存立のため、自国の風俗習慣のうち害となるものには改良や廃棄の策を講じること、④以上は日本がこの三十余年間とってきた主義であり、清韓二国もそれに倣って欧米文明と調和して自強の道を歩むべきこと、⑤欧米文明の形を借りて侵略を図るロシアはこれを排除すべきこと、⑥近来の交通機関の発達に伴って国際的な意思疎通が活発となり、その結果「有無を交換し、人生の為めに必要なる物資を増殖し、逐次《ちくじ》に其富強の実を挙け、以《もっ》て其《その》自立を図り、〔中略〕国家生存の道を競争の間に求むる」のが文明というものであり、これを暴力で阻害しようとする野蛮を許してはならないこと（『伊藤伝』下、六三九頁以下）。

戦争の正当化が底意にあるとはいえ、今日からすれば何とも楽天的な文明礼賛の弁に響く。五年前に伊藤は新文明の旗手として歓待された。そしていま、彼はまさに文明の鼓吹者《こすい》として再臨したのである。

高宗

このような文明の唱道をもって、伊藤と韓国との因縁の関係が始まった。高宗に前記の文明論を突きつけた後、伊藤は四月一日帰国した。その後日本政府は着々と韓国の保護国化へ向けて動いていく。五月三一日に閣議決定された対韓施設綱領は、「韓国に対し政事上及軍事上に於て保護の実権を収め」ることを謳い、外交の監督のみならず、財政の監督や韓国内の鉄道や通信機関の掌握、日本人による拓殖の促進を明記している。翌一九〇五年一一月に締結される日韓協約（第二次日韓協約）では、「専ら外交に関する事項を管理する為め」（第三条）日本人の統監を置いた。しかし、当初から日本の韓国保護政策には内政の掌握も意図されていたのである。そのことは、のちに伊藤の統監政治を論述するなかでも確認されよう。

一九〇四年八月の第一次日韓協約は、日本政府の推薦する日本人財務顧問と外国人外交顧問の雇用を定めたもので、これによって大蔵省主税局長の目賀田種太郎と外務省雇のアメリカ人スティーブンスがそれぞれ顧問に採用された。このときになると日本政界のなかでは韓国保護国化政策は揺るぎなくなっていたようで、原敬も山本権兵衛海相を海軍省に訪問した折、「序《ついで》に対韓方針を談じ、到底保護国となすの外に方針なし」と述べている。また、原はこのとき、伊藤がさらに渡韓の予定とのことを山本と西園寺より聞いている。「若《も》し朝鮮の運命を制する大決心あれば格別、否《しか》らざれば先年の井上〔馨〕伯同様失敗に終るべし」と原は書き留めている。

伊藤の盟友井上馨は、一八九四年一〇月から約半年間韓国に滞在して同国の内政指導に従事した（第二次甲午《こうご》改革）。しかし、井上が一八九五年六月に帰国した折に、高宗によって改革を否定する詔勅が下され、井上の改革は挫折を余儀なくされた。原をはじめ政界の事情通の間では、伊藤が井上の果たせなかった大業を代行し、保護政治の担当者として韓国に渡るとの憶測がすでに流布していたことがうかがえる（一九〇四年七月二八日の条、『原日記』②、一〇六頁）。

第二次日韓協約の強要

一九〇五年（明治三八）四月八日、韓国に対する保護権の確立が正式に閣議決定され（外務省編『日本外交年表並主要文書』上、文書の部、二三三〜二三四頁）、九月のポーツマス講和会議でロシアもそれを認めたことによって、日本は本格的に韓国の保護国化に乗り出していくことになる。ここにきて、伊藤は再び韓国に渡った。今回も表向きの理由は皇帝の慰問のためだが、真の任務は、日本に韓国の保護権を委ねる第二次日韓協約の締結である。一一月一五日、高宗に謁見した伊藤は、韓国保護のため、同国の外交事務を委任するよう迫った。そのようなことをすれば、オーストリアに対するハンガリーのような地位に陥ってしまうと[2]抗弁する高宗に対して伊藤は、ハンガリーには皇帝はいないではないか、陛下の立場はそのままであり、韓国は「何等国体上に異動を生ずるものに非《あら》ず」（『伊藤伝』下、六八七頁）と応じた。

高宗はさらに、「朕今自ら之を裁決することを得ず。朕が政府臣僚に諮詢《しじゅん》し、又一般人民の意向をも察するの要あり」と抵抗を試みたが、伊藤は「貴国は憲法政治にあらず、万機総《すべ》て陛下の御親裁に決すと云ふ所謂《いわゆる》君主専制国にあらずや。而《しか》して人民意向云々《うんぬん》とあるも、定めて是れ人民を煽動し、日本の提案に反抗を試みんとの御思召《おんおぼしめし》と推せらる」と切って捨てた（同前、六八九頁）。一八九七年に成立した大韓帝国は、その憲法たる大韓国国制において、皇帝による専制政治を定めていた（第二条）。伊藤はいわばこれを逆手に取ったのである。また、高宗が秘かに在野の反日運動に指示や資金を与えていることも疑われていた。

しかし、高宗は言を左右にし、交渉を回避しようとした。一七日に三度参内した伊藤に対して、高宗は身体の不具合を理由に謁見せず、代わりに「政府大臣をして商議妥協を遂げしめ」ることを命じた。これを受けて伊藤は、「妥協を遂げよ」との勅命を笠にして大臣たちに協約締結の承認を強請した（木村幹『高宗・閔妃』、三六二頁）。高宗にできた最後の抵抗は、協約の前文に「韓国の富強の実を認むる時に至るまで此目的を以《もっ》て左の条款を約定せり」との文言の挿入を求めることだった。伊藤はそれを容《い》れて、自ら筆を執って書き加えた（『集成』上、四八頁）。

この第二次日韓協約によって、「専ら外交に関する事項を管理する為め」統監を日本国政府の代表として漢城に駐在することが定められた（第三条）。条文上の建前とは異なり、日本政府の意図が韓国内政の掌握にあったことは、前述の通りである。そしてそのための統監職に伊藤が意欲を示していたことも、先に引いた『原敬日記』の記述からうかがえる。韓国統治に並々ならぬ関心を抱いていた伊藤に対して、協約成立直後の一九日、桂太郎首相より統監府官制作成の依頼が到達した。

> 韓国保護協約既に成立したる上は可成《なるべく》速《すみやか》に統監府及理事庁に関する勅令に発布する必要あり。就《つい》ては兼ては御約束の通り閣下の御意見至急御電報相成たし。
>
> （『集成』上、五二頁）

これを受けて伊藤は、同官制の起草に着手した。その経緯を彼自らが次のように書き残している。

小子帰朝後本月八日復命以来於内閣元老各大臣と韓国に対する我が政策の大方針を決議し、統監府の官制及訓令其他起草に着手し両三日の間に悉皆整頓《しっかいせいとん》し、枢密院の御諮詢《しじゅん》を経て発布の事を了《おわ》り、主要の府員等を任命し、先《ま》づ其端緒丈《だ》け相啓《ひら》き中候。

（一九〇五年一二月二九日付林権助宛伊藤書簡、東亜同文会編『続対支回顧録』下、九二頁）

伊藤自ら起草した統監府および理事庁官制は、この年の一二月二一日公布された。伊藤自身の言葉を借りれば、「韓国に対する我が政策の大方針」の端緒がこれによって開かれたのである。

統監就任と軍の統制権

ところで、伊藤という巨頭が直々に作成にあずかったにもかかわらず、統監府の官制は大きな波紋を一部で呼んだ。その的となったのが、同官制第四条である。それは次のような規定だった。

統監府及理事庁官制

第四条　統監は韓国の安寧秩序を保持する為必要と認むるときは韓国守備軍の司令官に対し兵力の使用を命することを得。

このように統監には韓国に駐留する軍隊の司令官に対する指揮命令権が認められた。保護国化を受けて反日の気運が高まっていた当時の韓国の状況を勘案すれば、そのこと自体は当然の措置と考えられよう。問題は、そのような統監の地位に文官である伊藤が就こうとしたことだった。

まだ伊藤滞韓中の一一月二七日、韓国駐劄《ちゅうさつ》の長谷川好道司令官からの同地の実況報告を聞いた山県は、「統監なるものは武官より御採用尤《もっとも》時機に適したる事に候」（『寺内文書』三六〇－四二）との意見を寺内陸相に伝えている。軍の側では、当初、軍人が統監のポストに就くことが当然視されていたのであり、伊藤はいわばそのような声を封殺して自ら統監となったのだった（山本四郎「韓国統監府設置と統帥権問題」）。

一二月二一日に伊藤が統監に任命されるや、現地で日本軍を預かる長谷川好道は寺内に宛てて次のように疑義を表明した。

第四条に統監は司令官に出兵を命することを得ると有之《これあり》候。抑《そもそも》司令官は統監に隷属する者に有之候哉《や》。已《すで》に師団長と雖《いえ》とも天皇の直隷なり。況《いわ》んや軍司令官の直隷たることは申迠《まで》も無之《これなき》事と存候。其《その》天皇の直隷たる司令官へ統監は命令するの権能有之候哉。恐くは天皇の外《ほか》無之者と存候。（圏点、原文。『寺内文書』三八―一四）

軍は天皇に直属する組織であり、そのような軍が統監の命令に従うというのはいかがなものかとの弁である。時代が下れば、統帥権の干犯として指弾されたであろう問題である。軍の側のこのような声を、伊藤は天皇の権威を持ち出して抑え込んだ。

一九〇六年一月一四日、明治天皇は陸相の寺内正毅、参謀総長の大山巌に手ずから勅語を授け、統監に韓国守備軍を使用する権限を付与するので、国防用兵の計画との間に齟齬が生じないよう命じた。勅語の効果は絶大で、長谷川も「恐れ多くも勅諚《ちょくじょう》を降《くだ》されたる以上何等の異存あるへき筈無」（一九〇六年一月二六日付寺内宛書簡、『寺内文書』三八―一六）として、統監の配下に服するのを容認せざるを得なかった。かくして、明治憲法下で唯一、文官が軍隊の指揮権を持ち得る官職ができたのである。その作成者たる伊藤は自らその地位に就き、三月二日、漢城に着任した。

韓国統監就任の理由

伊藤はなぜ韓国統監を自ら引き受けたのか。統監就任までの以上の経緯をたどったとき、浮かび上がってくるのは次の二つの論点である。ひとつは「文明」であり、もうひとつは軍のコントロールである。

まず第一の文明について言えば、一八九八年（明治三一）の清韓歴訪以降、伊藤のなかには〝東洋の盟主〟意識が芽生えたように見受けられる。もとより、前章で見たように、伊藤の中国問題に対する関与は限定的なものだった。彼は中国市場の重要性についてはこれを大書していたが、その政治は今後なお一層混迷を深めるであろうとして、そこへの介入には一貫して抑止的だった。

けれども、中国から帰国してほどなく、彼は「東洋の率先者たる」日本の徳義上の責務を高唱している。前章でも若干言及したが、一八九九年二月一四日、伊藤は京城学堂などを設立運営して韓国で日本語教育の普及に努めていた大日本海外教育会に招かれてスピーチをした。そこで彼は次のように語っている。

既に海外教育といふ以上、独り韓人を教育するの必要あるのみならず、亦《また》支那をも教育するの必要あり。蓋《けだ》し文明的の学問を我国より輸入するは、彼等に取て啻《ただ》に簡便なるのみならず、又其成効速《すみや》かなればなり。又我よりいへば、土地広く人口衆《おお》きも文明的の学問に幼稚なるものに向て東洋の率先者たる我国が誘導するの時は、自らある助勢するの利あるを以《もっ》てなり。畢竟這般《ひっきょうしゃはん》の事柄は双方の幸福を増す所以《ゆえん》にして、又徳義上我国の義務に属するものなるを覚悟せざるべからず。

（『演説集』①、二〇四〜二〇五頁）

韓国での教育普及活動を目的とする団体に中国での活動を慫慂するとは、その場にいた者はやや戸惑いをもったかもしれないが、清国で梁啓超や張之洞ら開化思想を渇望する知識人層の存在を知ったことが背景にあるのであろう。いずれにせよ、このとき伊藤は、東アジアに〝文明〟を広めることの使命感を表明していたのである。先に、日露戦争開戦直後の一九〇四年三月に伊藤が高宗に文明を鼓吹していたことを見た。それから二年後、伊藤は今度は文明を実際に移植するために韓国の地に降りたのだと言える。

第二点の軍のコントロールについてである。近時の注目すべき見解として、統監への軍隊指揮権授与については、伊藤と陸軍、また桂太郎・小村寿太郎・後藤新平といった次世代官僚との大陸政策や韓国併合構想をめぐる対立の表れとして説明する見方がある。それに従えば、統監による軍の統制権は目的ではなく手段であったということになるが、そもそも伊藤にとっては、軍の統制権の奪取と運用こそ目的だったと考えることはできないだろうか。それが、伊藤の思想を内在的に再構成することを課題とする本書の観点である。

そうした場合に忘れられてならないのが、日本の「憲法改革」の側面なのである。当時伊藤は帝室制度調査局総裁として、公式令を策定し、内閣による軍政の統轄に余念がなかった(第五章第4節)。伊藤の計略は、陸軍からの巻き返しに遭い、結局は「軍令に関する件」の成立を招来し、もとの木阿弥となってしまった。その彼が、同じときに韓国においても、軍の掌握を志向していたのである。この日韓での政軍関係の改革と構築が、果たして統一的に把握されるものなのか、当然一考されるべきであろう。

以下、前記二つの観点から伊藤の韓国統治を再検討してみよう。

2 「文明」政治の伝道──儒教知との対決

韓国統治の哲学

これまで縷々《るる》論述してきたように、伊藤は日本国民を文明の民へと啓蒙し、そのような人民の協働による国づくりを文明の政治と見なしていた。では、韓国の保護政治にあたって、彼はどのような哲学をもって臨んだのか。まずは印象的なエピソードを挙げよう。

一九〇六年(明治三九)一〇月、新渡戸稲造が訪韓した折の話である。新渡戸は統監府農商工務を担当していた木内重四郎の依頼を受けて、韓国への日本人移民の促進を訴えるために伊藤の前に通された。ところが開口一番、伊藤は「朝鮮に内地人を移すといふ議論が大分あるやうだが、我輩はこれに反対しておるのぢや」と述べた。「然《しか》し朝鮮人だけでこの国を開くことが、果して出来ませうか」と新渡戸が反論したところ、伊藤は次のように返したという。

君朝鮮人はえらいよ、この国の歴史を見ても、その進歩したことは、日本より遥《はるか》以上であつた時代もある。この民族にしてこれしきの国を自ら経営出来ない理由はない。才能においては決してお互に劣ることはないのだ。然るに今日の有様になつたのは、人民が悪いのぢやなくて、政治が悪かつたのだ。国さへ治まれば、人民は量に於ても質に於ても不足はない。

（『新渡戸稲造全集』⑤、五五〇～五五一頁）

この証言によれば、伊藤はなるべく韓国人の潜在的自治能力を開発し、彼らが自ら自国を経営していけることを理想としていた。そのために、彼は何よりも政治改革を推し進めることを優先した。そうすれば、韓国民も自然と文明化されていくであろうというのである。ここではそのような伊藤の統治策を〝文明政策〟と呼び、その内実を検討したい。

伊藤の韓国統治にあたっての所信や彼が下した具体的指示が系統的に観察できる場として、「韓国施政改善に関する協議会」がある。同協議会は、韓国の閣僚たちを集めて伊藤が主宰した実質的な閣議であり、その議事録は、金正明編『日韓外交資料集成』第六巻に網羅されている。そこでの伊藤の言明を中心に、伊藤の韓国統治の哲学を再構成しておきたい。

建前上、日本による韓国の保護国化は、その外交権の簒奪《さんだつ》に限られていた。しかし、周知のように、実際には一九〇四年（明治三七）五月に閣議決定された「対韓施設綱領」がまざまざと示しているように、日本政府は外交にとどまらず、財政、インフラ、産業全般のような韓国内の内政事項を幅広く掌握することを掲げていた。この方針を受けて、保護政治の任にあたった伊藤は、それをいかに正当化したのか。すでに示唆したように、それは「文明の伝道」というロジックである。韓国人民を文明の民へと導こうとしたのである。そのことを彼は統監として赴任した当初から、宣揚《せんよう》していた。「自分の此の地に来任せるは韓国を世界の文明国たらしめんと欲するか故なり」（施政改善協議会、一九〇六年七月三日〈第七回〉、『集成』上、二四七頁）、と。

民本・法治・漸進主義

それでは、伊藤は文明国の具体的内実をどのように韓国側に説明していたのか。伊藤の弁明は、民本主義、法治主義、漸進主義の三つの要素からなっていると言える。

まず第一に民本主義である。それは先に憲法行脚の章で詳述した国民政治の理念を言い換えたものに他ならないが、韓国においてもそのことは繰り返される。統監として着任してまだ日数の経っていない一九〇六年（明治三九）三月二五日の高宗との内謁見《ないえつけん》において、「我か韓国をして如何せは国力発達し、国運の隆盛を求むへきか」と下問された伊藤は、「国民の富力に俟《ま》たさるへからす」と返答している（『集成』上、一六三～一六四頁）。のちに韓国の閣僚たちに対しても、「政府は人民を愛することを第一の目的として官吏を愛する工夫を止めさるへからす」（施政改善協議会、一九〇七年四月九日〈第一四回〉、『集成』上、四五〇頁）として、国民本位の政治が説かれている。民度を高めて殖産興業を図るという文明化＝近代化のプロジェクトを掲げる点において、日本での統治と韓国統治の間に相違はなかったといえよう。

このような撫民《ぶみん》思想という点において、伊藤の統治哲学は儒教的王道思想の民本主義と軌を一にするものと指摘できるが、[3] 次に伊藤が主張するのは王道論ではなく、法治主義である。先述の高宗との会見のなかで、国民の経済力を高めるためにも、「先《ま》つ以《もっ》て身体財産の安固を保障せさるへからす」（『集成』上、一六四頁）と述べられているほか、「彼の貪官《たんかん》汚吏の為常に生命財産の危険を免れすとせは国民は一日も其の産業に安んし其の富力の増殖に勉めさるは必然の勢なり」（同前）とも語られ、国家権力の恣意的濫用の制約が強調される。法に則った支配を実施することは、国民本位の政治を布き、国力を増強するための不可欠の前提なのである。

伊藤によれば、以上のような施政のあり方は、「世界の常態」なのであり、それに違反する政策を採ることはできない（施政改善協議会、一九〇六年一一月一六日〈第一二回〉、『集成』

上、三九〇頁）。そのようにして韓国が事大主義と訣別して、国家として自立・独立すること。[4]少なくとも当初伊藤が言明してきた韓国統治の哲学はそのようなものであった。

その哲学の実践のために彼が採った方法が、漸進主義に他ならない。この点は、施政改善協議会第一回会合において、すでに明言されている。すなわち、その席上教育制度の改革を唱えた伊藤は、「初より大計画を立て損失を招くか如きは不可」として、「当初は小計画を立て漸次に之を発達せしむる」（施政改善協議会、一九〇六年三月一三日〈第一回〉、『集成』上、一三八頁）ことを説いているのである。

そもそも漸進主義とは政治家伊藤の骨身に染みついたポリシーであった。統治の大方針は信念として堅持するが、その実現にあたっては、慎重に時勢を見極めながら漸進的に事を進めるというのが、彼の政治スタイルであった。[5]日本における立憲政治の導入も、その主義に則って推し進められていったのである。

韓国統治においても、この点に変化はなかった。伊藤は韓国の既存の秩序や価値観を可能な限り尊重しつつ、漸進的に文明国への転換を成し遂げようとしていた。しかし、日本での統治においては議会制度の定着という成果を収めた漸進主義だが、韓国においては伊藤の統治に迷走をもたらすこととなる。そのことを、彼の教育政策に即して見ていこう。

教育改革への意欲

統監として赴任した当初から伊藤は、「教育は歳月と負担を要すれとも着手せされは其の効果を見るを得さるか故に可成《なるべく》速《すみやか》に教育事業を創始するの必要あり」（施政改善協議会、一九〇六年三月一三日〈第一回〉、『集成』上、一三三頁）として、教育改革に意欲を示していた。以下、伊藤の韓国統治のなかで、教育が占める意義と射程を抽出してみよう。

伊藤は第一回施政改善協議会において、統治の上での教育の重要性を力説している。そこで彼が教育の効用として挙げているのは、徴兵と徴税の担い手の創出ということである。「徴兵を実施するには〔中略〕教育を普及して学問上の素養を作らさるへからす」（『集成』上、一三二頁）とされ、「教育を施せは児童は自ら何故に国民は租税を負担すへきかの理由を了解す」（『集成』上、一三三頁）というわけなのである。つまり、国家のための義務を請け負う忠良なる臣民を作り出すこと、それが教育改革において伊藤の掲げていたことだった。

このように、伊藤は、統治の客体としての国民を創造するために教育を利用しようとしたとまずは指摘することができる。だが、それがすべてだったのだろうか。日本での統治において、教育の普及による国民の開明が、支配にとっては両刃の剣と認識されていたことを思い出してみよう。彼の描いた国民像は、率先して国家の貢納《こうのう》を負うのみならず、自らの血税の使途について目を光らせている公共性の担い手だった。この側面を伊藤が韓国人に対しては認めていなかったわけではない。

一九〇八年（明治四一）一二月の施政改善協議会の場で伊藤は、「自分の見る所にては各地方の人民も旧の如く官吏に対して叩頭《こうとう》平身命惟《こ》れ従ふか如き風を脱せんとす」としたうえで、「是れ即ち所謂民権の発達なり」と述べている。これを単なる強がりと解すべきではあるまい。教育の程度が進むにつれて、官の腐敗を糾弾する民権意識が高まるのは、伊藤にとって当然のことであった。その結果として、「官吏の悪事を為すものも漸次減少せるか如し」とされる（施政改善協議会、一九〇八年一二月八日〈第六三回〉、『集成』下、一一二三頁）。民が開化されると同時に、支配も合理化されなければならない。日本統治の際の伊藤のテーゼ（第二章第6節）は、ここでも維持されていると見なすことができる。

次に、伊藤が期待した教育の内容を検討しよう。考察の起点として引用したいのが、一九〇八年一二月の施政改善協議会において、彼が開陳した次のような体験談である。すなわち、伊藤は「自分の如きは幼少の頃より漢書を学ひ、周の盛時を耳にしたるか、初めて洋行し其文物制度及各般技術の発達顕著なるを見て真の周道は西洋に於て行はれつつあるを見て、国家なるものは斯くの如くならさるへからすと思ひ」帰国したという（施政改善協議会、一九〇八年一二月二五日〈第六五回〉、『集成』下、一一四三頁）。ここに表明されているのは、東洋的な漢学の伝統と訣別し、西洋の学問に立脚して社会の仕組みを革新すべしとのメッセージであることは容易に看取できよう。

西洋が学問のモデルとされるべきなのは、それが社会の実用に適した学＝実学だったからである。この点も日本統治での持論を踏襲したものに他ならない。教育は、国民を実業へと導くものでなければならない。そうすることで初めて、「人民の貧弱」という社会問題を解消することができる。伊藤にとって教育とは、殖産興業を促進して社会的経済的実益を生み出すための人的資本を供給するものだった。

儒教は国家を滅ぼす

以上のような観点から、伊藤は韓国の伝統的儒教知に対して批判的な姿勢を示す。

一九〇六年（明治三九）七月、伊藤は高宗が書簡において「伊藤侯爵」と記し、「統監」の語を避けたこと、「島夷敵伊藤、長谷川」との高宗の言葉の書かれた書類が発見されたこと、宮中が暴徒と連絡を取り資金を提供していたことを挙げて高宗を糾弾し、宮中改革のための取調委員会の設置を認めさせて、宮中の人の出入りを規制するための宮禁令の制定を指示した（内謁見始末、一九〇六年七月二日、『集成』上、二三二頁以下）。

ここで伊藤は、儒林《じゆりん》を宮中から遠ざけ、もって韓国統治の仕組みと為政者の意識を抜本的に変革せんことを意図していたのである。伊藤によれば、韓国のエリートが護持している儒教とは、国家を滅ぼす空論でしかない。韓国が世界の大勢に乗り遅れ、かくも貧弱な地位に陥ってしまったのは、ひとえに「斯かる古法を尊重せらるるが故」ではないかとして、その「廃棄」を促している。「眼を開きて文明の式に随ひ国利民福を興さんとする今日に於ては、斯かる有害無益の旧慣は速に之を廃棄する方、寧ろ韓国の為に忠なる所以にあらずや」、と

（施政改善協議会、一九〇六年七月三日〈第七回〉、『集成』上、二四七頁）。

韓国側としてみれば、儒林のなかから人を選び、随時招いてその説を聞くことは君子の務めであり、[6]「従来学者を原〔厚？〕遇するは我が国の風習」（閔泳綺度支部大臣）との言い分があった（施政改善協議会、一九〇六年七月三日〈第七回〉、『集成』上、二四七頁）。すべての国家体制には、その統治を正当化し合理化するための知の体系や学識者層の存在が内包されており、その意味で知は国制のファクター（国制知、knowledge as constitutional factor）と考えることができる（拙著『ドイツ国家学と明治国制』）。韓国において儒学とはまさしくそのようなものとして、伝来の統治構造のなかに組み込まれていたのである。

しかし、そのように抗弁する高宗らの言葉に伊藤が耳を貸すことはなかった。「縦《たと》ひ如何《いか》なる学者か深山幽谷の辺に棲息し居るにせよ、其の樹木と対座するも安《いずくん》ぞ世界の大勢を達観し国家を料理するの卓識を有するの理あらんや」、とか「山林に隠るる儒林を遠く招き来て之と国政を議せんとならは、寧《むし》ろ孔夫子の白骨を求め来て之と対座国政を議せらるるの優れるに如かす」、ときわめて手厳しく応じている（内謁見始末、一九〇六年七月二七日、『集成』上、三一三頁）。

伊藤は、プライベートでは、漢学的素養を愛する文人気質の持ち主だった。しかし、彼にとって、公的な国家の統治機構が前近代的な儒学によって席巻されることは許し難いことだったのである。国家を構成するものは、西洋的な科学知であるべきだった。儒学の教えというものは、いわば中国古代の周代という一時期の政治社会を前提としたものに過ぎない。その言説を金科玉条視して現在を処断しようとすることは、時代錯誤の極みであり、儒林は「世の変遷に応するか如き活動的能力なきもの」（『集成』上、三一四頁）とされる。

さらに付け加えれば、排斥されるべきは儒林にとどまらなかった。前記の宮禁令制定のもうひとつの引き金となったのが、高宗による飯野吉三郎の韓国宮中への招聘未遂事件である。飯野吉三郎とは、日露戦争の際に戦局に関する幾多の託宣を行って児玉源太郎や東郷平八郎ら日本軍人を心服させたと伝えられる行者である。のちに和製ラスプーチンの異名をとり、その神通力で一時期政界に一定の影響力を行使したとされる。高宗は飯野の威光が伊藤、山県ら元老をも平伏させるほどであるとの訛伝《かでん》を信じ、彼を招聘して伊藤を操縦せんと企て、密勅を発して飯野を呼び寄せようとしたのである（一九〇六年四月一日付山県有朋宛伊藤書簡、『山県文書』①、一四一頁）。

伊藤にしてみれば、飯野は「卜筮《ぼくぜい》者には非さるも学識人物共に決して価値あるもの」とは言えない（施政改善協議会、一九〇六年七月三日〈第七回〉、『集成』上、二四六頁）。そのような人物を高宗が「古今無双之先見学識者」と見立て、それどころか「元勲山県、伊藤等の如きも膝下《しっか》に拝伏して其教示に従ひ去就する」と見下されてしまったことは（同前）、開明主義者の伊藤にとって痛憤の極みだったであろうことは容易に想像できる。それというのも、儒林のみならず、「筮巫女《ぜいふじょ》の輩」までが宮中に出入りし、皇帝の近代的啓蒙を妨げているからに他ならない。そのような者たちが跋扈《ばっこ》する韓国宮廷は、伊藤の目に「伏魔殿」と映じた（『伊藤伝』下、七二六頁）。[7] 宮中を手始めとして、あらゆる公共的な空間から儒学のみならずすべての旧習を一掃し、それらに代えて西洋モデルの科学知を充塡《じゅうてん》しなければならない。宮禁令は、伊藤の韓国統治の理念が凝縮されたものであり、韓国宮廷を脱伝統化させて日本が推進する新文明のシンボルとして国民教化に役立てようという戦略がそこには込められていると考えることができる。

資金面の限界

伊藤は韓国に「文明」を扶植《ふしょく》せんとした。これまでの論述のようにその文明とは殖産興業によってもたらされる物質的繁栄にとどまらず、民衆の精神的な開化を求めたものだった。そのために伊藤は教育改革と知の刷新を重要視していた。

伊藤統監の教育政策については、そのかけ声とは裏腹に、実際には教育に重きを置いたわけではなかったとも指摘される。だからといって伊藤の教育論が空言だったわけではない。むしろ、彼にとって、教育改革はきわめてデリケートな問題だったということであろう。伊藤にしてみれば、教育のような人間の精神構造の変革にかかわる問題は、決して一朝一夕に実現されるものではなく、一歩一歩着実に根付かせていく必要があったのである。ここでも彼は漸進主義の信奉者であり、またそうあらざるを得なかった。漸進主義に基づいて教育を普及させるという方針は、例えば次のように表明されている。

予は目下の韓国民には望を属《しょく》せさるも、将来の韓人を啓発せんか為めに先《ま》つ学校を起し教育を施せは、教育を受けたるものと其之を受けさるものとの間には凡《すべ》ての点に於《おい》て非常なる相違を表はすへきを以《もっ》て、漸次に教育を普及し多年の星霜を経る中には遂に韓国民を挙て文明の民と為すを得へし。

（演説筆記、一九〇八年六月五日、『集成』中、八八六頁）

これは一九〇八年六月に韓国の閣僚らを前にして行った講演の一節である。この頃韓国社会では抗日運動が激化し、伊藤の韓国保護政治は袋小路に陥っていた。にもかかわらず、「漸次に教育を普及し」、いつの日か韓国民を「文明の民」とする、とのヴィジョンを伊藤は捨てていない。漸進主義による教育改革は、伊藤の保護政治を一貫する関心事だったと言える。

だが、伊藤のポリシーはどうであれ、現実には韓国の教育改革はその期待通りには進展しなかった。以下、政策としての漸進主義を規定し、そして破綻させた諸事由を考察してみたい。

前述のように、伊藤は統監として着任後ほどなくの第一回施政改善協議会で、教育改革に漸進主義をもって臨むことを明示していたが、その際、次のように改革の課題を挙げている。「第一必要なるものは資金なり。次には教師なり。教科書なり」（『集成』上、一三三頁）、と。すなわち、改革のための財源と新教育を実践する人的ならびに物的資源が懸案だったのであり、それらに付け加えれば、教育受容の社会的素地が伊藤の直面した問題であった。これらの問題点を瞥見《べっけん》しておこう。

まず資金の問題であるが、伊藤は韓国社会から教育関連費を徴収してそれを改革の財源とする方策を明示的に否定した。当初伊藤が準備したのは、日本政府からの無償借款である。第一回協議会の席上で、日本政府より一〇〇〇万円の資金供与を受けて産業振興に充てる方針が打ち出されている。そのなかに教育改善費用も計上されていた。教育改革の財源は日本からの借款で賄われることになったのである。

しかし、一〇〇〇万円のうち、教育拡張費に割り当てられたのはわずか五〇万円にしか過ぎなかった。教育の整備は、そもそも日本政府が韓国統治の指針として一九〇四年五月に定めた対韓施設綱領では、一顧だにされていなかった事柄である。日本政府からの借金で、綱領に盛り込まれていない教育関係の分野に公然と投資することは憚られたものと推測できる。結局のところ、教育改革は限られた財源で出発せざるを得なかったのである。

次に教師と教科書の問題であるが、ここでは特に前者について言及しておきたい。「目下教師の数は多からさるへし。如何《いか》に数多の学校を設置するも教師其の人を得されは恰《あたか》も龍を画きて点睛せさるか如し」（『集成』上、一三三～一三四頁）と言明しているように、教師の不足は伊藤の教育政策を拘束する大きなファクターだった。問題は単に数的な不足だったのではない。むしろ強く意識されていたのは、教師の質だったと思われる。伊藤は韓国で教育にあたる日本人教師に韓国人の民族性を尊重することを説いている。すなわち、普通教育の教師として渡韓した新任日本人に対して、韓国語の習得を求めるほか、韓国の伝統宗教について次のように訓戒している。

宗教は、其仏教たると儒教たると耶蘇教たるとに論なく、世人を啓発する点に至ては其途一であるから、彼を是とし此を非とする理由はない。我国では信教の自由は憲法で保障されて居る。韓国では別に是に対して、何等の制限はないのである。諸君は此点にも注意して、宗教家などのすることに対して猥《みだ》りに是非善悪の批評等をなしてはならぬ。

（「普通教育に従事する日本人教師に訓諭」、一九〇七年四月一四日、『全集』②「学術演説」、二四六頁）

右のように、為政者として伊藤は、韓国の民情や旧慣に配慮することに事あるごとに言及していた。韓国の伝統医術の取り締まりや断髪に対して、伊藤の姿勢は慎重である。例えば、伝統医術については、「一旦漢方医の開業を禁止せは韓国は医者皆無の状態に陥るへし」として、「医術開業の取締は漸《ぜん》を以《もっ》て之を為すを可とする急激なる措置を取るは宜からす」との認識を示している（施政改善協議会、一九〇六年四月九日〈第三回〉、『集成』上、一八一頁）。断髪についても、法制によって強制的に行うよりも、自然の勢いに委ねて自発的に廃止されることをよしとしている（施政改善協議会、一九〇八年六月九日〈第四一回〉、『集成』中、八九九頁）。これらよりうかがえるように、伊藤は韓国の民衆文化や慣習については、それらを保護しようとしていたとは言えないにしても、少なくとも放任するというのが基本的スタンスであった。

そのようにして、普通教育の場では韓国の伝統や民族性に最大限の配慮を示すというポーズは、先に垣間見た宮禁令に象徴される宮中対策とは好対照をなしている。言うならば、伊藤は韓国社会を伝統的生活世界と合理主義的国家機構に両分し、前者には漸進策で臨み、後者に対しては早急な〝脱呪術化〟を施策するというダブル・スタンダードを適用したのである。信教の自由を掲げ、庶民の信仰に寛容な立場を表明しているが、その背景には宗教と国家を分離し、前者を公共の場から放逐して私的領域に押し込めるという企図が介在していたと考えるべきだろう。

したがって、伝統や旧慣の尊重を謳っていたとしても、伊藤がそれを統治の前提として維持し温存していこうと考えていたわけではない。むしろ、それらは長い目で見れば、文明によって暗消されるべきものだったと言える。韓国の初等教育に寄せる伊藤の期待とは、下からじわじわと民衆の意識改革を図ることだったと考えられるのである。

愛国啓蒙運動と私立学校

漸進主義を旨とした伊藤であるが、現実の改革の場で、その漸進は迷走を余儀なくされる。その最大の要因となったのが、諸々の抗日運動、具体的には愛国啓蒙運動や義兵闘争である[8]。教育政策についても、この当時、伊藤の政策とは別個に、韓国知識人の手によって教育熱と学校設立運動が高揚し、伊藤の改革構想と対立・競合していた[9]。ここでは愛国啓蒙運動と伊藤の教育観の対立について簡単に言及しておきたい。

愛国啓蒙運動の目指す教育とは、読んで字のごとく愛国主義的なナショナリズムの普及にあった。運動のなかで設立された私立学校では、単なる社会的実用のためのリテラシーのみならず、政治教育を行い、民衆の政治意識を覚醒してナショナリズムを涵養《かんよう》することが志向されていた。

これは伊藤の教育観と相容れるものではなかった。すでにみたように、一八七九年（明治一二）の「教育議」以来、伊藤は科学によって教育を行い、そこから政談を排斥することを信条としていた。「政談の徒過多なるは、国民の幸福に非《あら》す」とは、伊藤の一貫した思想である。したがって、ナショナリズムのような過熱化した国民感情に対して、伊藤の視線は冷ややかなものにならざるを得ない。彼は韓国で次のように呼びかけている。

今日の急務は韓人をして先《ま》ず衣食に窮するなからしめ、而《しか》る後其の能力を進むるの教育を施さざるへからす。徒に独立を唱へ愛国を叫ふも、遊食惰眠せは国家の為めに何の利する所もなし。（演説筆記、一九〇八年六月一七日、『集成』中、九二六〜九二七頁）

ここでも伊藤は、「徒に独立を唱へ愛国を叫ふ」ような政談を学校教育から放逐し、人間生活の物質的豊かさを高めるための科学を称揚していると見なすことができる。伊藤はかつて日本で主張したことを、韓国でも弁じなければならなかった。その意味で、ここで彼は私立学校と「再会」したのである。

一八八〇年代の日本では自由民権運動の空前の高まりが見られたが、そこに人材を供給し、運動の基盤となっていたのが、慶応義塾や早稲田（当時、東京専門学校）などの私立法律学校だった。これに対して伊藤は、帝国大学を創設して行政主体の国家学をそこに導入し、その教育を受けた者を官僚として政府にリクルートするという制度と理論の改革を推し進め、私立学校の政治教育を暗消することを画策し、奏功していた（第二章第4節）。同じことを伊藤は当然韓国でも目論んだであろうが、今度は所期の目的を達成することはできなかった。

伊藤統監期の教育改革の推移を簡単にたどってみたい。

教育は「歳月を追ふて普及を図らさるへからす」と第一回施政改善協議会で言明していた伊藤だが、早くもそれから三ヵ月後に方針の軌道修正を行っている。二ヵ月間の日本への一時帰国から韓国に戻った直後の一九〇六年六月二三日、第六回協議会で伊藤は、それまで教育改革の任に就いていた学政参与官幣原坦を更迭し、代わりに三土忠造を据えた。その理由を伊藤は、幣原は「教官としては或《あるい》は適任ならんも著述家としては不適任」だからだと述べ、彼の教科書編纂作業の遅延ぶりに不満を吐露しているが、その背後には「教育拡張のことも可成速に着手したしと存す。児童の教育を進めされは到底韓国の発達を企画することを得す」との切迫した思いがあった（施政改善協議会、一九〇六年六月二五日〈第六回〉、『集成』上、二二二頁）。

三ヵ月前の悠長な姿勢から一転、教育改革の速成が要請されたのは、韓国の政情不安に起因するものと推察される。伊藤不在中、韓国各地で騒擾《そうじょう》が多発し、帰任した伊藤は情勢の険悪化を目にして一時遺書をしたためるほどだった（『伊藤伝』下、七一七〜七一八頁）。そのようなか、彼は当初の方針の見直しを必要視したのであろう。

だが、その後も状況は好転の兆しをみせなかった。一九〇八年六月の段階でも伊藤は、韓国各地から集まった観察使に対して、韓国で勃興している私立学校が決して国民の富強化に資しておらず、「徒に空論を奨励する」の弊《へい》に陥っているとの認識を示している。そうではなく、「可成国民を実業に就かしむるの教育を施さ」なければならないのである（演説筆記、『集成』中、九二六〜九二七頁）。

かくして、次に伊藤は立法による統制に乗り出す。同年八月、統監府によって、私立学校令、私立学校補助規程、学会令、教科書検定規程が制定された。これらを通じて、政府による私立学校の認可や教科書の編纂と検定といった措置が法定され、私立学校への統制の強化が進められ、私立学校の数は減少の一途をたどることになった（佐藤由美『植民地教育政策の研究』、二三三頁）。

だが、韓国民のナショナリズムの高まりはとどまるところを知らず、抗日運動は衰えをみせなかった。さすがの伊藤も手詰まり感を覚えたらしく、この年の末には、統監府が政策を打てば打つほど人心は離れていくとして、「韓国の改善は今日の人心一変せされは充分に行はれす。随《したが》て余《あ》まり急進的の施設は宜しからす」とさらなる軌道修正を必要視している（施政改善協議会、一九〇八年一二月二五日〈第六五回〉、『集成』下、一一四二頁）。

とはいえ、ここでいかなる方向へ軌道を改めるかについて、伊藤に定見があったようにはみえない。むしろしばらくは情勢を静観することにして、積極的に政策を打ち出すことを手控えたかのようである。実業学校の設立を説く声に対して、世の中のことはすべて需要と供給の関係に留意しなければならないとして、実業教育を興しても、韓国社会がその卒業生の需要を満たすことができるか疑問と答え、また、日本への留学生派遣策に関連して、重要なのは教育よりも殖産興業を可能にする国民的気風の醸成と述べている（同前、一一三八頁以下）。もっともな一面もあるが、彼の持論であった教育論との整合性を見つけることは難しい。伊藤は初等教育を地道に推し進め、実業教育を受容し得る国民性の涵養を漸進的に期すという当初の方針に撤退せざるを得なかった。しかしそれは漸進というよりも、立ちすくみの様相を呈するものだったと言える。

韓国知識人への対応

その方法に動揺があったとはいえ、普通教育の普及が伊藤の願望であったことは終始変わらなかったと言える。だが、これは日本での彼の施策や中国に対する改革の助言と齟齬している。日本において、伊藤がまず着手したのは、高等教育の改革であり、統治を担うエリートの育成という知識人対策だった。また、中国に対しても、「国家急用の人材を得、国家要急の事業に当らしむる」ための専門的高等教育を第一に充実させることが説かれていた。この点を踏まえ、韓国知識人に対する伊藤の対応について触れておきたい。

伊藤は「人間社会の事は凡《すべ》て人に在ることを忘るへからす」と考えていた（施政改善協議会、一九〇八年四月二九日〈第三九回〉、『集成』中、八三九頁）。では、伊藤のいう「人」とはどのようなものなのか。それは一言でいえば、「技能ある人物」（同前、八三六頁）である。伊藤は行政の手腕があれば、主義傾向のいかんにかかわらず、幅広く人材を登用すべきことを唱えていた。彼の見るところ、従来の韓国地方官吏の人事は情実に左右されている。この点では暴徒の言うところにも一理ある。官界を刷新し、人心を掌握するためにも、「断然門戸を開放して大に人材を登用した」と説かれる（同前、八三六頁）。

では、そのような「技能ある人物」とは具体的にはいかなる人物か。それは、「多少洋学もあり、事務も取ることを得る人物」だと言う（同前、八三七頁）。一方で、儒林に対しては、「儒生《じゆせい》も悪しからさるも、事務挙らさるへし。単に人望あるのみにては不可なり」として、その登用に疑問符が呈されている。伊藤によれば、儒林のような老人は「口は達者なるも、手足を働かしむる能はす」と見なされ、それよりも「有為なる青年を抜擢すへし」とされる（同前、八三六頁）。当初伊藤は、反日運動家のなかからも人材を募り、儒林による支配体制を刷新することを目論んでいたのである。

元来伊藤は、政敵や野党政治家など政府から危険視されている人物を政権側に引き込み、体制内化するという手腕に長けていた。そのようにして西園寺公望、森有礼、陸奥宗光、板垣退助、大隈重信といった時の政府から危険人物と目されていた者たちが、伊藤の手づるで政府への登用や復帰を成し遂げてきた。すでに指摘したことだが、敵を打倒するのではなく、それといかにつるむかを考えるのが、伊藤の政治のスタイルだった。

そのスタイルを彼は韓国でも貫徹しようとしたのであり、「儒生の棟梁」といわれた李容植を学部大臣に任用したことなどはその表れである（小松緑『朝鮮併合之裏面』、一六五頁以下）。同様にして彼は、多少の開化思想の持ち主の保護政治への取り込みを目指して、愛国啓蒙運動に身を投じている反日知識人に対しても、彼らとの妥協点を見出そうとしたのである。

儒林懐柔の失敗

だが、伊藤の思惑は裏切られる。伊藤と韓国の愛国知識人との間のナショナリズムの壁はあまりに高く厚かったのである。伊藤はナショナリズムに重きを置かない政治家だった。日本にいたときから排外的な愛国主義には一貫して距離をとり、産業振興のための開国主義を説いていた。これに対して、愛国啓蒙運動とは民族の独立を掲げる排日ナショナリズムを第一義とするものだった。ナショナリズムのあり方をめぐる両者の世界観的対立は、相互理解の道を塞ぐものだったのである。

かくして、本来近代化という点では思想的に近似していた愛国啓蒙運動の取り込みは功を奏さなかった。切羽詰まった伊藤は、伝統的支配エリートたる儒林の懐柔に努めてもいる。漢学を嫌忌したとはいえ、漢学的素養には富んでいた伊藤は、漢詩を通じて儒者との交歓を重ねるなどしている。その「治国平天下的の空論」に対する根本的な拒否感を胸に秘めつつも、伊藤は「今韓国の人心を支配する頭脳」たる儒生と協調し、これを善用することを模索していたのである（施政改善協議会、一九〇八年一二月二五日〈第六五回〉、『集成』下、一一四

一頁。崔在穆「伊藤博文の韓国儒教観」)。

一九〇九年一月一二日、伊藤は大邱《テグ》の理事官官邸に郡守、両班《ヤンバン》、儒生ら約四〇〇名を集めて演説を行った。そこには、前記のような目的からなされた儒林への伊藤のメッセージが込められていた。伊藤は、「今日日本の韓国に求むる所は、韓国従来の形勢を一変し、民を智識に導き産業に導き、日本と同様なる文明の恩沢に浴せしめ、之と力を合するにあり」と語り、日中韓はみな「孔孟の道徳により人心を維持する国々」であり、肉体的にも精神的にも韓国は日中に劣るものではない、と儒林たちに秋波《しゅうは》を送っている(「日本の目的は韓国の扶植に在り〈大邱理事官々舎に於ける郡守両班儒生に対する訓示〉」、一九〇九年一月一二日、『全集』②「政治演説」、四八八〜四八九頁)。伊藤は懸命に、彼の唱える文明への儒者たちの自主的思想変革を呼びかけたのである。

だが、講演の途中で、聴衆のなかの一人が何事かを弁じ立てて伊藤に詰め寄り、取り押さえられるという一幕が生じた。色をなした伊藤は、次のように述べて話を打ち切った。


本統監は今赤心《せきしん》を披《ひら》きて諸君が　韓皇陛下の聖旨に服従せむことを勧告したり。韓国人なるもの須《すべか》らく全国を挙て其方向を一変するに努めざる可らず。諸君中単独に日本に抵抗せむと欲するあらば来り試みよ。(同前、四九〇頁)

伊藤による儒林との対話は、結局はこのような恫喝に落ち着かざるを得なかったのだった。

3　軍制改革としての韓国統治——憲法改革の延長

軍令成立は伊藤の譲歩か

韓国統監伊藤は、同時に帝室制度調査局総裁でもあった。その側面を韓国統治に見出すことは可能だろうか。以下で問われるのは、伊藤にとって韓国統治が日本の憲法改革の一環だったのではなかったかということである。具体的に言えば、先に示唆したように、軍部を抑制する実践の場として、伊藤が韓国統治を位置づけていたことが考えられる。

この点において象徴的なのは、第五章第4節で考察したように、公式令制定の真の狙いが判明して軍令成立の機縁となったのが、韓国の鎮海・永興両湾における海軍防備隊の設置問題だったことである。伊藤は、公式令に基づいて軍事行政を内閣が一元的に管理するという体制を韓国において樹立し、一九〇七年（明治四〇）体制が目指す政軍関係のあるべき姿をここで実践したかったのではないだろうか。その意味で、韓国統治は日本の統治改革へ向けての先例を築くという一面があったものと考えられる。ここではそのことを念頭に置いて、軍令の成立とその運用について再考したい。

第五章末尾の問いに帰ろう。果たして軍令の成立は、伊藤の一方的な譲歩だったのだろうか。この件で山県とトップ会談を行った際、二人の間で何らかの黙契《もっけい》が交わされたということはなかったのだろうか。このような問いを発するのも、『原敬日記』のなかに以下のような記載があるからである。「軍令に関する件」が裁可された一九〇七年九月一一日のくだりである。

午前定例の閣議に出席せり、軍令の規定に関し首相より報告ありたり（此事は曾て議論ありし帷幕上奏に関したるものにて、山県元帥より従来に比し途方もなき拡張の案を直接上奏せしに因り、尚《な》ほ篤《とく》と伊藤、山県にも協議上奏すべき旨御沙汰あり、西園寺より伊藤、山県に協議せしに伊藤は憲法上許すべからざるものとの正論を唱へ、首相も之に同意して奉答せしものなるが、遂に答奏の通《とお》り裁可ありて、従来よりも其権限を縮少したるものとなれり。〔以下略〕

（『原日記』②、二五七頁）

当初山県より帷幄上奏の範囲を途方もなく拡張する案が上奏されたが、伊藤はそれを「憲法上許すべからざるもの」と正論を述べ、最終的には従来よりも帷幄上奏の権限を縮小したものが裁可されたという。原は軍令の成立に違和感を抱いていないのみならず、むしろこれまでの軍の権限に制約を加えたものと肯定的に評価しているのである。彼がどれほどこの間の舞台裏を知悉していたか不明だが、少なくとも内閣の一員という立場にあった政党人として（原は当時第一次西園寺公望内閣で内相）、その軍令観は注目に値する。当時要路にあった者のなかには、軍行政の一定の立憲化に成功したとの見方もあったことを原の日記は伝えているると言えるからである。

軍令の成立と伊藤・山県会談

この点を念頭に置いて、軍令の成立過程をここでもう一度考え直してみたい。事の起こりは、一九〇七年（明治四〇）三月末に斎藤実海相が韓国の鎮海・永興両湾に防備隊を配備するための条例案を天皇に奏上したことだった。天皇は従前の手続きとの違いを韓国統監として任地にあった伊藤に下問した。これを受けて、伊藤が公式令の厳格な適用を力説したことはすでに述べた通りである。

このように公式令を前面に立て、首相副署のうえ当該条例の成立を目指す伊藤に対して、陸軍の総帥山県はそのようなことをすれば統帥の系統が乱れるとして猛反発した。山県を戴く陸軍当局の巻き返しとして、公式令適用の例外法たる軍令の案が取りまとめられ、一九〇七年（明治四〇）八月一九日に天皇のもとへ上奏される。これを受けて天皇は、伊藤と山県に諮詢することを首相の西園寺公望に命じたほか、二二日に侍従長の徳大寺実則を寺内正毅陸相のもとへと遣わし、軍令案について下問した。天皇の疑念は、「従来帷幄上奏せるの類は悉《ことごと》く之《こ》れを軍令と為すべきか、将《は》た分割区分して内閣に提出することあるべきか」（『明治天皇紀』⑪、七八七頁）ということだった。これまでの帷幄上奏の範囲はそのまま維持されるのか、それとも狭められるのかと質したのである。

この天皇からの下問に対して、翌二三日に寺内は参内して奉答した（同前）。だが、その内容は明らかでない。果たして陸軍は、従来の慣行をそのまま法定化することを求めたのだろうか。この点について当事者間での合意が図られたのが、九月二日の伊藤と山県の会談だったであろう。このとき、伊藤は山県に妥協した、と前述した。しかし、その妥協は一方的なものだったのだろうか。両巨頭の間で何か取引はされなかったのだろうか。会談の模様を伝える寺内宛の山県の書簡を見てみよう。

今朝春畝〔伊藤のこと〕来菴《らいあん》に付、韓国其他内外之事情示談之末、老生より軍令之事件に付談緒を開き、今日迄之形行及ひ軍令と行政之区域頗る紛雑を極め候付、区画判然相立当局者より及上奏候段概略陳弁致し候処、行政と軍令との区画判然相定候得ば可然《しかるべき》と存候得共、副署と申事如何可有之哉《いかがこれあるべきや》との事に付、孰《いず》れにしても陸軍大臣奉命之上一般軍隊軍人は陸軍大臣より署名之上伝達不致ては機関之運用活動を失ひ、事実難被《おこなわれがたき》行段《だん》及示談候。

（一九〇七年九月二日付寺内宛山県書簡、『寺内文書』三六〇—六二）

右の文面から、以下のことが指摘できる。まず第一に、軍令と行政の区別を確定することにおいて、伊藤山県両者の間に径庭《けいてい》はないこと。第二に、伊藤のこだわりは、副署の問題にあったこと、すなわちおよそ軍政事項には首相が副署すべきことに彼が固執していたこと。第三に、それを受けての山県の「孰れにしても」云々には、やや逃げ口上の響きがあることである。山県は総理の副署を迫る伊藤に対して、陸軍大臣の署名がないと軍隊の統率や士気に支障があるとして不服を申し立てているのだが、真正面から拒絶するには至っていない。これに続けて山県は、次のように書き足している。

> 大体に於《おい》ては強而《しいて》議論も無之様被《これなきようさつせられ》察候。猶細縷《さいる》貴官より可申陳《もうしのぶべき》と存候。余り八ヶ《やかま》間しく論議無之様申《これなきようもうしおき》置候。

副署の存否で曖昧な点は残ったが、大体において合意できたと伝え、細かい問題についてはそちらから説明してくれと記している。あまりやかましく問い詰めるようなことはするなと言い含めておいたから、と。

統帥事項の切り崩し

以上の山県が報じる情景からは、山県のほうが一方的に伊藤に譲歩を迫ったとの絵は描きにくい。副署の問題をはぐらかそうとしているように、山県も伊藤の追撃を受けて一定の妥協を余儀なくされたのではないか、との推測が可能である。

先に言及した一九〇七年（明治四〇）八月二二日の天皇の寺内への下問に即して言えば、山県は従来帷幄上奏してきたものをことごとく軍令とすることは断念し、一定の事項は分割区分して内閣に提出することを認めたのではなかろうか。もちろん山県はその分割の程度は小さくしようとして、大幅な分割を求める伊藤に対して、「孰れにしても」云々と述べて煙に巻こうとした。だが少なくとも、伊藤からしてみれば、軍令の成立では妥協したものの、その運用については山県から譲歩を引き出すことに成功していたのではないか。そしてその結果、これまで慣行化していた帷幄上奏の権限を抑制し、軍行政に内閣が介入していく足がかりを築いたとの満足は得られたのではないだろうか。

そのひとつの証左として、昭和に入ってからのものであるが、当時の関係者による次のような回顧がある。この時陸軍省軍事課に勤務していた林弥三吉少佐は、公式令の公布を振り返り、「まあ現今で言ひましたならば、ピストル沙汰であらうと思ひますが、其頃は吾々も中々穏健でありまして、（笑声）何とかして、これは改正しようといふことでありました」として、軍令成立の舞台裏を伝えている。そして、無事軍令が制定されたとき、山県に報告に行ったところ、次のように叱正されたという。

定めし元帥から賞《ほ》められるといふことを予想して居りましたが、豈図《あにはか》らんや元帥は賞められない。「お前達調法なものが出来たと思つて、濫用したら承知せぬぞ」とお叱りを受けました。〔中略〕この山県さんの一喝に依《よ》つて、法制局と相談致しまして、今迄有りました所の、勅令を総て検討致しまして、これは統帥に関するものが多いから軍令、これは国務に関するものが多いから勅令といふ風にして、勅令と軍令はキチッと各々分けたのであります。

（林弥三吉「兵権政権の分解運用に就て」『牧野文書』一二六）

山県が直々に軍令の濫発《らんぱつ》を部下に戒めたという。そして、この山県の一喝に従って、軍当局は内閣法制局と協議して勅令と軍令のふるいわけをしたという。実際、軍令の成立後、それまで陸軍大臣の単独輔弼で決せられていた勅令のうち少なからぬものが、軍令ではなく公式令に基づく勅令で、すなわち総理大臣との連署で改正されている（陸軍給与令、憲兵令、陸軍服制、陸軍武官官等表、陸軍補充条例など）。軍令自体の数も抑制されていると言ってよく、林の証言は事態に即したものと評することができるのである。

このように考えてみると、軍令の成立は、一九〇七年の憲法改革の挫折ならびに統帥権拡大の法的根拠の確立というよりも、既存の統帥事項の切り崩しとそのうえでの軍部による既得権益の死守の試みと捉えられるだろう。

伊藤が軍令を認めたのは確かに妥協だったろうが、憲法改革の成果を今後さらに拡充させていくことで帷幄上奏をより一層制約し、軍行政の立憲化を漸進的に推し進めていくとの手応えは得たのだと考えられる。そして、そのための実践の場、それが韓国だった。伊藤が初代韓国統監として韓国の保護国化に自らあたったことのひとつの大きな要因は、まさに一九〇七年の憲法改革との連動において把握できる。

軍の行動の法治化

まずは韓国統監就任の経緯を想起したい。伊藤の起草になる統監府および理事庁官制は駐韓日本軍の指揮命令権を定めていたにもかかわらず、文官の伊藤自らが初代統監に就任するという行動に打って出た。それは陸軍の大きな反発を招く行為だった。

このように伊藤の韓国統治には、その最初から軍との間の緊張関係がくすぶっていた。先述の防備隊条例事件は、それを背景に勃発したものに他ならない。これに限らず、この時期伊藤は軍の膨張を牽制する動きを重ねてとっている。そのための最前線が韓国統治だったのではないかと思われるほどである。この点における伊藤の一連の施策として、以下のようなものがある。

まず伊藤は、韓国における軍の行動を法治化しようとした。一九〇六年（明治三九）七月、韓国人閣僚との協議会において陸軍の土地収用に関して議論が生じている。その席上、伊藤は、従前の陸軍による軍用地収用のあり方を批判し、「賠償金の如き郡守と日本官憲と立会の上直接に之を所有主に交付することに致したし」と述べている（施政改善協議会、一九〇六年七月一二日〈第八回〉、『集成』上、二七二頁）。土地の収用にあたっては、きちんと補償を行おうとの方針である。この発言は、鎮海湾付近の一定地域の収用を求める海軍からの要望を受けてなされたものだった。伊藤にとって、同湾の防備隊設置は、統監受任の素志を実現するための第一の山場だったのである。

また、この翌月の八月には、それまで日本軍が治安維持のため出していた軍律が緩和されている。これにより、処罰規定項目が減らされたほか、死刑が廃止された（松田利彦『日本の朝鮮植民地支配と警察』、四七頁）。伊藤は、韓国統治の軍政色を一新し、民政化を促進しようとした。それは韓国民衆の懐柔策という側面以上に、法治主義に軍をも従わせてその自立化を抑止しようという本国の憲法改革と連動したものと言えよう。

軍の司令権を握った伊藤は、軍統制のためのリーダーシップを発揮した。一九〇七年六月九日、斎藤実海相が伊藤に対して鎮海防備隊司令官に宮岡直記少将の兼任を打診し、伊藤はこれに「至極適当」と回答した。このことは、伊藤が「韓国内のことであれば、海軍の人事にも関与していた」（伊藤之雄『伊藤博文』、五〇三頁）ことを示している。

それればかりではない。同時期に伊藤は、長谷川司令官が暴徒鎮圧のための増派に際して部下に発した訓令のなかで、意図に沿わない箇所があるとしてその抹消を求め、長谷川は結局いったん撤回のうえ修正して訓令を発している。すなわち、駐留軍の組織構成のみならず、軍内部の指揮伝達の詳細にまで伊藤は目を光らせていたのである。長谷川はそのような伊藤の措置を、「近頃ろ統監の軍に対する態度面白からざる者之有」（一九〇七年七月二日付寺内宛長谷川書簡、『寺内文書』三八―二四）と報じているが、確かにそれは既存の政軍関係では理解し得ないものだった。

日本軍の膨張の抑制役

伊藤は軍の行動が暴発しないように睨《にら》みをきかせてもいた。この点について言及しておきたいのは、統監府間島《かんとう》派出所の開設である（一九〇七年八月）。同所は、清国との国境地帯間島在住韓国人の保護を名目として設けられたものであり、その実態はロシアの南下に対処するための拠点だったとされる（森山茂徳『近代日韓関係史研究』、二二九頁以下）。しかし、実際に伊藤が同所に発した指令を見ていけば、むしろ日本軍の過剰行動を防止するのが、彼の真意ではなかったかと思われる。

一九〇七年（明治四〇）一〇月二五日、統監府派出所長斎藤季治郎陸軍中佐が間島の韓国人を韓国裁判権の管轄下に置くべしと進言してきた。これに対して伊藤は、「斯くせば一面には又間島の清国領なることを暗に認めたる姿となる」としたうえで、清韓国境問題が未解決な現状で「我に不利益なる論拠を彼に与ふることは之を避けざるへからす」としている（『外文』㊵⑵、一三八頁）。

これに先駆けて伊藤は、斎藤所長に対して「間島問題の前途には境界決定の大問題を控ゆるを以《もっ》て現在に於《お》ける貴官の行動は総《すべ》て此の大問題の解決に障害を及ほささる様最も慎重なる注意を要す」と指示を与えていた。その慎重な注意とは、清国人をもって日本の行為を「占領侵略を実行するものと誤認」せしめないことであって、そのためには「韓人の苦情を聞きたる節は直に之を清国官憲に移牒して同官憲に責任を負はしむへし」とされた。伊藤は、間島という一小区域の問題が、「延《ひ》いて満洲全部に波及し由々《ゆゆ》敷《しき》大事に至る」ことを避けようとしていたのである（同前、一二〇〜一二二頁）。その意味で、間島派出所は、伊藤にとって、日本軍の膨張を抑えるための閾《しきい》であった。

最後に、具体的な軍事行動に際しての伊藤の見解をみておこう。第三次協約が締結され、韓国軍が解散されて以降、反日義兵闘争は盛り上がりをみせた。伊藤もその掃討のために日本軍の増派を本国に要請している。だがその一方で、実際の軍隊の行動には自重を求めている。

一九〇八年六月一二日、伊藤は陸軍将校を集めて演説を行った（『倉富文書』三〇―二）。そこで彼は、「本官は統監として日本国を代表して此に莅《のぞ》み陛下に直隷して韓国保護の任務に従事するを以て本官の所見を諸君に吐露するは統監として当然の任務なりと信す」として、統監の駐留軍に対する監督権者としての立場を掲げて、次のように訓戒している。

まず第一が、「条約上の明文なき限りは決して平時に於《おい》て兵を提《ひっさ》げて国境を越ゆへきものにあらす」、すなわち、決して兵を率いて国境を越えてはならないことである。第二に、「暴徒は決して内乱にあらす。纔《わずか》に地方の騒擾に過きす。然《しか》らは之を討伐する際に於《おい》て良民に危害を加ふるか如きは、最之を慎しまさるへからす」として、暴徒鎮圧に際して一般住民に危害を加えないことである。第三に、義兵の討伐それ自体も過剰に陥ってはならないとの指示である。伊藤の見るところ、義兵闘争に参加している者のうち、「多くは脅迫の下に其の群に投したるものにして、一般の国民に至ては其脳裏に多少の排日思想を抱くも公然干戈《かんか》を執りて日本に反抗するものにあらす」と観察されている。脅迫を受けてやむなくこれに加わっている者が多く、韓国人一般に公然たる抗日意識はないという。したがって、討伐に際しては、真の義兵とそうでない者との識別を忘れるべきでないことが求められる。このようにして、日本軍の過度な行動を抑止し、韓国民に対して十分な規律をもって臨むことを伊藤は要請していたのだった。

以上のようにして、伊藤は韓国において日本軍の行動を監督していた。それは、日本における軍制改革と連動したものと言えるのである。

4　韓国統治の挫折

日本・韓国統治という二つの顔

韓国統監としての伊藤は、ヤヌスの相貌を持っていた。ひとつの顔は、「文明」の伝道師としてのそれであり、韓国へ向けてのものである。

国民を中心とする政治を布いて、文明国へと至るというのが、彼の政治信条だった。その点は、韓国での施政にも指摘することができる。彼は日本で行ったのとまったく同様に、韓国人民を文明の民へと導こうとしたのである。そのための方策として採られたのが、民本主義、法治主義、漸進主義であった。伊藤の韓国統治の方針については、第三次日韓協約を機に、彼はそれまでの「文化政策」から「自治育成政策」へと転じたとの評価がなされている（森山茂徳『近代日韓関係史研究』）。

だがその一方で、伊藤の統治のより基層には「文明政策」と呼ぶべきものが脈々と流れていた。国民を開化し、文明的な政治を行えば、自然と国力は向上するとの信念である。その信条でもって、彼が日本で統治を行ってきたことはこれまで詳論してきた通りであるが、それは日韓を通底する彼の統治哲学だったと言える。この「文明政策」を伊藤は一貫して護持していた。統監末期に敢行した皇帝純宗をかついでの韓国国内の南北巡幸の際、彼は次のように呼びかけている。

今日日本の韓国に求むる所は、韓国従来の形勢を一変し、民を智識に導き産業に導き、日本と同様なる文明の恩沢に浴せしめ、之《これ》と力を合するにあり。

（『伊藤伝』下、八一八頁）

この「文明政策」の観点から彼が特に力を入れた政策のひとつが、宮中改革だった。日本においても、彼は憲法制定期に宮中の非政治化を企て、一九〇七年（明治四〇）にはその国家機関化を推進していた。そうすることで伊藤は、西欧の君主制と同列の立憲君主として日本の天皇制を改革しようとしたのである。韓国皇帝と皇室に対しても、伊藤は同様の姿勢で臨み、率先して制度や生活様式の近代化を図り、国民の模範となることを期待したものと推察される。

一九〇五年一一月に高宗や韓国閣僚たちに対して恫喝的に第二次日韓協約の締結を迫った伊藤だったが、その目的を達し、帰国のため高宗に暇乞《いとまご》いした際、次のように告げられた。

卿今鬢髪《びんぱつ》半白。想ふに其の爰《ここ》に至りしも全く国事に尽瘁《じんすい》したるの結果に出つ。希《ねがわ》くは日本の政治は之を後進の政治家に委ね、今其の余す所黒髯《こくぜん》全半を以《もっ》て朕か輔弼に費さんか。蓋《けだ》し其鬢髪の霜白《そうはく》を見るの時は我国家に偉大の貢献を与へ其成効期すへきなり。朕卿の老体を顧みすして斯《か》く強《し》ゆる所以《ゆえん》のもの朕か卿に信頼すること実に朕か政府大臣の右に出つれはなり。

（『集成』上、七四～七五頁）

高宗は態度を一転させ、伊藤を慰留した。髭が半分白くなったのが日本で国事に尽くした結果であるならば、もう半分は韓国のために尽くしてくれ、と。根が単純な伊藤は、この言葉を聞いて感動したことだろう。

伊藤側近の小松緑は、韓国赴任時、伊藤が「現代の人々の中で、閣下が最も尊敬される方は誰でせうか」と問われたとき、彼が即座に「天子様」と「この国の王様」を挙げ、高宗の先の言葉を引いたことを伝えている（『春畝公と含雪公』、三〇頁）。憲法制定期に明治天皇は伊藤の求めに応じて立憲君主へと変貌し、以後、伊藤の施政の良き理解者となって、その国制構想の基軸となった（伊藤之雄『明治天皇』）。当初伊藤は、高宗もそのように変貌し、二人三脚で韓国の近代化にあたっていけるとの感触を持ったに違いない。

だが、それは脆《もろ》くも崩れる。既述のように、高宗はことあるごとに伊藤の政策に抵抗し、あまつさえ抗日運動とコンタクトしてそれを支援したりもした。伊藤は宮禁令を制定して宮中の近代化を図るが、韓国宮廷文化の重みを軽視していたため、奏功しなかった[10]。この躓《つまず》きに象徴されるように、韓国統治における彼の最大の誤算は、現地で彼の改革を支援してくれるパートナーを見つけられなかったことだろう。

統監伊藤のもうひとつの顔、それは日本における憲法改革者としてのものである。前述のように、一九〇七年（明治四〇）の憲法改革を実践する場が、韓国だったのではないか。鎮海・永興両湾における海軍防備隊設置問題を筆頭に、伊藤は韓国から日本の軍事行政改革を発信し続けたと言える。統監府官制によって文官でありながら軍の指揮命令権を委ねられた伊藤は、韓国駐留日本軍の行動や軍事行政を掌握し、一九〇七年体制が目指す政軍関係のあるべき姿を韓国において示し、日本へ向けての先例としたかったことが推察できるのである。

このように伊藤の韓国統治は、韓国のみならず日本をも睨んだ二つの顔があった。その二つの顔は、韓国統監に先駆けて取り組んでいた日本での国制改革の思想に淵源している。伊藤にとって、韓国統治とは日本の国内改革の問題とも言えた。

では、伊藤は韓国の併合についてはどのように考えていたのだろうか。本章を閉じるにあたって、この問題について試論したい。

韓国併合への慎重姿勢

統監として赴任した当初、伊藤が韓国の即時併合を主張していたことがしばしば指摘される。その根拠とされるのが、一九〇七年（明治四〇）四月一三日に林董外相に送付した電信である。そのなかで伊藤は、「韓国の形勢今の如くにして推移せは年を経るに従ふて『アネキゼーション』〔annexation＝併合〕は益《ますます》困難なるに至るへし」として、韓国問題の根本的解決のため即時併合を唱えたとされる（『外文』㊵(1)、一二四頁）。

だが、この箇所の前後のやり取りを併せ読めば、そのような論断はやや早計ではないかと思えてくる。むしろ伊藤がここで主眼としているのは、ロシアに対する満蒙問題の譲歩であり、そこへの日本の勢力拡大に固執してロシアを刺激すれば、韓国の保護政策にも影響が及びかねないというのが、真意であったと思われる。「アネキゼーション」とは、外務省を説得するためのレトリックだったと考えられるのである。

実際、この時期の伊藤は、韓国問題というよりも、満洲問題の最終解決のほうに外政上の関心があったと言ってよい。前節で見たように、伊藤は間島という一地域の問題が満洲全体に波及することを危惧《きぐ》していた。そのために韓国人住民に対する保護国としての責任を多少犠牲にしても主権問題で清国に譲歩することを現地の駐在武官に指示していた。

これに限らず、伊藤は満洲を日本の勢力圏内に収めようとの動きに断固として反対していた。その有名な一例が一九〇六年五月の「満洲問題に関する協議会」である。ここにおいて伊藤は、満洲を統治下に置こうとする陸軍出先機関のあり方を批判し、満洲駐在の関東総督の機関を平時組織に改め、軍政署を順次廃止していくことを決議させた。伊藤の満洲経営否認論が、児玉源太郎参謀総長の積極的経営論を封殺したのである（小林道彦『日本の大陸政策』、一六三頁）。

以上のようなレトリックとしての併合論を除いて、伊藤が併合を口にしたことはない。公にはむしろ「合併するの必要なし。合併は甚だ厄介なり」（一九〇七年七月二九日、漢城の日本人倶楽部での演説、『全集』②「政治演説」、四五九頁）と慎重論を唱え続けた。

翻意

伊藤が翻意して併合を認めたのは、一九〇九年（明治四二）四月である。この年の三月三〇日、小村寿太郎外相は桂首相に「対韓大方針」および「対韓施設大綱」を提出した。それは「適当の時機に於て韓国の併合を断行すること」を掲げ、韓国併合の閣議決定を迫ったものだった。桂としては異存はないが、懸案は伊藤の意向だった。桂と小村は、伊藤が併合に反対であることを熟知していたのである。

二人は伊藤に併合の直談判を行うことに決し、四月一〇日、相当の覚悟をもって上京中の彼のもとを訪問した。だが、伊藤はあっさりと併合を承諾し、桂と小村は肩透かしを食らった（『伊藤伝』下、八三八頁）。こうして最大の障害が取れて、七月六日に韓国の併合が正式に閣議決定されるのである。

伊藤はなぜこのとき、併合を認めたのだろうか。この点を理解するには、当時これと並行してもうひとつの外交的懸案が処理されていたことを考え合わせる必要がある。李盛煥氏によれば、「朝鮮併合政策の推進は、日本の間島政策とほぼ並行して同時進行的におし進められていた」（李盛煥『近代東アジアの政治力学』、九〇頁）。すなわち、このとき、間島の帰属問題を中国が国際仲裁裁判所に提訴することが日本政府に通告され（三月二三日）、同地域の係争が国際問題化する恐れが生じていた。日本の対外進出に国際社会の介入が起こるかもしれないことを危惧した山県などは、この際間島は放棄して韓国を確保することを日本政府に提言している。

かくして、間島はじめ満洲問題の一括解決を護持して譲らなかった中国政府に対して日本は譲歩し、満洲問題を切り離して朝鮮半島の確保に踏み切ったのである（李前掲書、九一頁以下）。韓国併合は、満洲権益の一時的断念とセットで決定されたのだった。

韓国皇太子李垠と伊藤（1908年）

伊藤が韓国併合に同意したのは、おそらくそのような背景があってのことだろう。これまで見てきたように、伊藤の根本的な外政的関心は、満洲への日本の軍事力拡散を防止することにあった。韓国統監として彼は、日本軍を韓国にとどめておく重石となることを自らに課していた。満洲経営の放棄という宿願が日本政府によって受容されたことにより、伊藤は韓国の併合についてはこれを認めたのだと思われる。

韓国統治構想

では、併合後の伊藤は韓国統治をどのように構想していたのだろうか。もはや彼にとってそこは、ついに打ち解けなかった過去の場所だったのだろうか。

ここにひとつのメモ書き（写し）がある。伊藤の女婿末松謙澄の遺文書に残されたもので、全文次の通りである。

韓国八道より各十人の議員を撰出し衆議院を組織すること
韓国文武両班の中より五十人の元老を互撰を以て撰出し上院を組織すること
韓国政府大臣は韓人を以組織し責任内閣とす為〔ママ〕すへきこと
政府は副王の配下に属す
完全の合併なれは協商の必要なし宣言にして足れり
韓皇室に〔ママ〕如何に処分すへき乎
各国に対し執るへきの処置は如何

（堀口修／西川誠監修・編集『末松子爵家所蔵文書』下、三八七頁）

一読して明らかなように、併合のプロセスやその後の統治構造についてデッサンしたものである。伊藤之雄氏が考証されているように、伊藤が併合を認めた一九〇九年（明治四二）四月以降に記されたものであろう（伊藤之雄『伊藤博文』、五五一頁以下）。前半部に示された政体構想によれば、国民代表機関を含む上下両院の議会制度と統監に代わる副王によって監督される韓国人内閣が、主たる統治機構として考案されている。特筆すべきは、伊藤が併合後も、議会を開設し、韓国人による責任内閣の構築を構想していたことである。国家としての韓国を解消させたとしても、そこには独立の植民地議会を設け、最大限の自治を保障するという考えを伊藤は抱いていたのである。

議会を認めるとは、政治的意思決定に参与させることであり、植民地住民の自決を認めることにもなりかねない。伊藤は日本においても韓国においても、能力ある者が政府を構成し、国民がその政治を監視することを文明の政治として称揚していた。筆者には、右の構想のなかには韓国民の文明度が高まり、自治能力が備わって議会政治が根づいた暁には、韓国再独立の道が開かれ真の日韓同盟が築かれるとの伊藤の夢が託されているように思えてならない。

その夢の実現に向けて、伊藤はさらにその身を捧げようとしていたのか。それとも、もはや彼は、韓国統治という悪夢からの解放を願っていたのか。その答えは、一九〇九年（明治四二）一〇月二六日、ハルビンでの銃声とともに歴史の彼方へと葬られた。

あとがき――知の政治家

二〇〇九年は、伊藤博文の没後一〇〇周年だった。また、伊藤が制定したといって過言でない大日本帝国憲法の発布から一二〇年にもあたっていた。だが、この両者を顕彰したり再考したりする動きは、皆無といってよいほど見当たらなかった。彼ゆかりの山口県萩市や光市などでは記念のシンポジウムが開催されたが、全国レベルで伊藤や明治憲法の歴史的意義を再検討しようという企画は一般的にも学界においても、管見の限り（後述の伊藤之雄氏の大作を除いて）なかった。

その理由は容易に察しがつく。そもそも伊藤や明治憲法のイメージといえば、後者は強大な天皇大権を定め、のちの軍国主義に道を開いた悪しき憲法であり、前者はそれを作った張本人というものである。加えて言えば、伊藤は初代韓国統監として日本による韓国併合の道を切り開き、戦前の日本の韓国支配をシンボライズする人物でもある。

本書ではそのようなイメージとは正反対ともいえる伊藤像を描いた。その際、様々な標語（「制度の政治家」「国民政治」「文明政策」など）を用いてきたが、それらを包括し伊藤の真価を表現する言葉、それが「知の政治家」だと思う。

歴史好きの人ならば、伊藤のキャラクターといったときに真っ先に〝遊び人〟ということが思い浮かぶであろう。確かに彼は醜聞の多い政治家である。〝知〟ではなく〝痴〟だろう、との声が聞こえてくる気がする。

だが、その一方で、伊藤は知への憧憬が人一倍深い政治家だった。幕末の時代、彼は新しい文明の知識へのもだし難い思いをばねに海外に密航し、世界的視野を身につけて帰国した。そのようにして身につけた知識は、身分制度のしがらみを超えて世に出ていくことを可能とした。伊藤はこの体験をもとに、教育を受けた国民が身分の枠にとらわれずに自由に職業に就いて自己の才能を発展させることを国づくりの基本に据えた。維新後、彼が邁進したのはそのための制度形成だった。そうして作り出されたのが、憲法、帝国大学、帝国議会、立憲政友会、責任内閣、帝室制度調査局、韓国統監府といった諸制度である。

これらの制度は究極的には、「国民政治」を実現するために構想された。伊藤は明治初年から国民の政治参加を保障する議会制度の導入を促していた。彼は近代日本を代表するデモクラシーの政治家だったのである。第一章で、伊藤がトクヴィルの『アメリカのデモクラシー』を愛読していたとの津田梅子の証言を紹介した。周知のように、デモクラシー論の古典である同書は、民主主義を手放しで礼賛したものではない。旧体制の貴族の出自であるトクヴィルは、デモクラシーの不可避性を認めつつも、それが人間精神に及ぼす影響をペシミスティックに論じた。

これに対して、貧しい農家の出である伊藤は、平等社会のもとでのデモクラシーの進展を好意的に捉えたことと推察される。トクヴィルの説く歴史の趨勢としてのデモクラシーに伊藤は積極的にコミットし、それに即した政治体制を樹立することを期していたのである。

こう説けば、伊藤は自由民権運動の理論家や福沢諭吉といった啓蒙思想家の亜流だったように思われるかもしれない。しかし、伊藤の政治思想や国家構想は、以下の点で自由民権の運動家や福沢諭吉といった啓蒙思想家とは区別されるものをもっている。

それは第一に、彼の漸進主義的な秩序観であり世界観である。責任政治家たる伊藤は、即座に議会を開設せよとか、直ちに国民の広範な層に選挙権を与えようなどとはしない。あるひとつの制度を移植するにあたっては、それによって免疫不全が来たされないように細心の注意が必要とされる。変転常なき歴史の流れのなかから、デモクラシーという趨勢を感得した伊藤は、内外の政治情勢や国民の政治的成熟や経済力などを勘案しながら、漸進的に議会制度の導入と定着を図っていったのだった。

第二には、知の性格づけの問題である。伊藤が掲げる知とは「実学」であった。彼は思弁的観念的な学問を嫌忌し、利便を生み出し経済的生活を豊かにする経験主義的で実用的な知識を愛した。その見地から彼は、民権運動家や教条的な儒学者や国学者の議論を政談として排斥した。

この点において、伊藤は福沢と通じるものがあると言えよう。とはいえ、両者は実学的知の実践のあり方をめぐって分岐する。福沢が官と民の峻別に固執し、官を排した民間の自由な経済活動を自らの足場としたのに対し、伊藤は知を媒介にして官民がつながり、ひとつの公共圏が形成されることを追い求めていた。政友会を彼は民間の実業のなかから生成される知を汲み上げ、それを政策知として錬成し、議会の場に届けるためのシンクタンクのようなものとして構想していたこと、本論で詳述した通りである。帝国大学も同様で、彼はそこに学者のみならず、政治家、官僚、実業家など国家の経綸に携わるあらゆる人々が集い、知識を交換するフォーラムを創設しようとした（国家学会）。伊藤にとって、知とは人々の間を貫流していくべきものだったのであり、彼が作ろうとした国家とは、それ自体が知を循環させるひとつのフォーラムだったのではないかと思えてくる。そこでは官や民といった区別は相対化されたのである。

伊藤の政治家としての限界は、あまりに主知主義的なその思想にあると言えよう。そのひとつの例証として、彼のナショナリズムに対する認識不足がある。日本にいたときから彼は闇雲な排外的ナショナリズムを弾劾していたが、韓国統監として韓国に渡ってからもついに韓国人の反日ナショナリズムの何たるかを理解できずに、結果としてそれが彼の韓国統治の躓きの石となってしまった。伊藤にとって、ナショナリズムのような非合理的な感情は、文明化が進めば自然と解消していく問題と映じたのだった。文明を唱道し、それに則った統治の制度を整えるということにおいて、日本における統治と韓国における統治で伊藤のなかに径庭はなかったが、韓国人にとって伊藤は外からやって来た〝他者〟であり、その他者から文明を押しつけられることは堪え難いことである。だが、伊藤にはこの点が飲みこめなかったであろう。統治を施すという点において、彼のなかで日本人と韓国人に対して本質的な差異はなかったように見受けられる。日本人も韓国人も彼にとってひとしく他者であり、また理解可能なパートナーたり得るものであったように思われるのである。

そのような伊藤の思想は、韓国人から理解されなかったばかりではない。その声名にもかかわらず、伊藤は日本においても理解されざる政治家だったと言える。憲法に託した国民政治の理念、政友会を通じての政党政治の矯正、帝室制度調査局総裁や韓国統監としての憲法改革の試み。本書が説き明かしてきたこれらの伊藤の真意は、果たして同時代のどれほどの人に理解できるものだったろうか。その意味で、彼は生前国民的な人気を誇っていたにもかかわらず、孤高の政治家だったのであり、今日まで忘れられた思想家だと言ってよい。しかし、彼の思想や理念は、政権交代や統治構造の変革が取り沙汰されている今日になってようやく正当に顧みられるべき段階に来たようにも思えるのである。

＊

振り返れば、大学院の博士課程に進んで以来、筆者の学問とは伊藤という巨大な峰をよじ登り続ける営みだった。その意味で、本書は新書という形式ながら、一五年に及ぶ研究の集大成という意味合いをもっている。

本来新書とは、その道を極めた専門家が自分の得意とする分野について筆の赴くまま自由に論述した一般向けの啓蒙書であるべきだろう。しかし、本書の性格はそれとは異なる。筆者にとって本書の執筆過程は、史料を睨みながら自問自答を重ねてようやく文を重ねていくという苦吟の連続であった。書き手にとって既知のことをよりわかりやすく読書人に周知させていくというよりも、学界でも未知のことを既知のものにしていく学術的研究書と同じ心構えで本書はものされた。叙述や論旨の平明さを心がけたが、まだまだ生硬な表現がままみられるかもしれない。読者の御叱正を乞う。

本書ができあがるまでには、実に多くの方々の支援と助言があった。執筆の過程で本書の一部となる話を報告する機会を与えてくださった研究会や学会、伊藤記念シンポジウムの関係者の皆さま。史料調査に便宜を図ってくださった方々。中国語に不案内な筆者のために文献の探索や読解を手伝ってくれた学友や先生方。その一人ひとりのお名前を挙げていくことはあまりに煩瑣《はんさ》となるので、ここでは割愛させていただく。

ただ、次のお三方のお名前には触れないわけにいかない。

まず、京都大学の伊藤之雄先生。筆者がそれまでのドイツ法制史の専攻から日本へと越境したひとつのきっかけが、先生が京大に赴任されてきて最初の大学院でのゼミだった。ゼミでのテーマが奇しくも伊藤博文であり、修士論文でローレンツ・フォン・シュタインを扱って以来、常に気になっていた伊藤に異分野ながら本格的に取り組むとの決意をもたらしてくれたのが、先生との出会いであった。

先生は、伊藤没後一〇〇周年の先年、正伝ともいうべき決定的評伝（『伊藤博文―近代日本を創った男』）を刊行された。史料を博捜し、政治家伊藤のみならず家庭人としての姿も余すところなく解明して、人間・伊藤をトータルに描き出したこの書は、他の追随を許さない。師によるこの大著が世に出たことは、後に続く者として大きなプレッシャーであったのはもちろんだが、逆に気持ちを軽くするものでもあった。それは、もとよりこんなに蘊奥《うんのう》を極めた伊藤論が自分に書けるわけがないという開き直りをもたらしてくれた一方で、これまでの伊藤博文論では取り上げられなかった自分なりの伊藤のイメージが固まったからである。筆者の伊藤イメージ、それは「思想家」としての伊藤である。筆者は、伊藤を政治家としてよりも、それこそ福沢諭吉にも比肩すべき近代日本の偉大な政治思想家として描きたいと考えた。この小著がそれに成功しているかどうか、それは読者の判断に委ねたい。

お礼を申し上げたい二番目の方は北九州市立大学の小林道彦先生である。小林先生には伊藤先生ともども研究会の場でいつもお世話になっているが、この本がなるにあたっては、新日鐵八幡製鉄所などでの史料調査に同行していただいたほか、いくつもの貴重な御教示を頂戴した。特に慣れない日中関係史に踏み込んで途方に暮れていた筆者に、「伊藤と張之洞との関係が重要かもしれない」とのアイデアを提供してくださったのは先生である。本書第六章は、この一言が突破口となって書き上げることができた。先生の御高著『日本の大陸政策』のあとがきには、「剛構造の論文」という印象的な挿話が引かれている。それによると、

『よい論文』とは、実証によって裏づけられた論理が緊密な連鎖を成しており、その連鎖のどれか一点でも崩れたら論文の全構造が同時崩壊するような、そんな緊張感に貫かれた『剛構造』の論文のこと」だという。本書もそのような剛構造の書物となっているだろうか。筆者の念願するところである。

最後に、中公新書編集部の白戸直人さん。思えば、初めて白戸さんとお会いし、本書執筆の依頼を受けたのは、二〇〇五年の春だったろうか。伊藤没後一〇〇年に合わせて伊藤の評伝をと熱く説く白戸さんに対して、こちらは伊藤の本を自分が書くということにリアリティーが湧かず、それでもまあいまから四年もあることだからと生返事をしていたように記憶している。それから白戸さんは何度も関西のほうまで足を運んでくださり、その熱意にほだされて筆者も徐々にその気にさせられていった。しかし、対象の大きさと書き手の能力不足はいかんともし難く、白戸さんが切望していた二〇〇九年には間に合わなかった。いまはただ、本書が白戸さんの情熱に少しでも報いるものであることを祈るばかりである。

二〇一〇年三月

伊藤を初代知事に仰ぐ兵庫県西宮市の寓居にて

瀧井　一博

註記

はじめに

1　伊藤の再評価を精力的に牽引してきたのは、伊藤之雄氏の一連の業績である。『立憲国家の確立と伊藤博文』（吉川弘文館、一九九九年）、『立憲国家と日露戦争』（木鐸社、二〇〇〇年）、『伊藤博文―近代日本を創った男』（講談社、二〇〇九年）。これらの研究によって、時代状況のなかで定見なく変遷を遂げていくかのような伊藤の言動のなかに、立憲国家の確立と定着という一貫した信条に基づく国家運営の大計があったことが論証された。
　伊藤氏の研究は、一次史料を博捜した実証的な政治外交史の立場からなされている。これに対して、本書では伊藤氏の研究によって示唆されている伊藤の立憲国家の理念に密着し、その思想内在的解明を試みたいと考えている。本文で触れたように、司馬遼太郎氏は思想性の欠如を伊藤の特性と見なした。だが、伊藤のなかに立憲国家という一貫した理念が揺るぎなく屹立していたことは、伊藤氏の業績が明らかにした通りである。これを受けて、いま改めて、伊藤の思想性を問うべき地点にいるといえよう。

第一章

1　長年日本で暮らし、日本へヨーロッパの近代医学をもたらしたエルヴィン・ベルツも、伊藤をそのように称している（『伊藤伝』下、九一九頁）。このほかにも、著名な日本学者フィリップ・フランツ・フォン・シーボルトの息子で日本の外交政策に貴重な貢献をしたアレクサンダー・フォン・シーボルト、また東京の帝国大学歴史学教授としてランケ史学の日本への伝授に尽力したルートヴィヒ・リースもその伊藤への追悼文や評伝において、伊藤を「日本のビスマルク」と形容している。ドイツの知日派教養人やお雇い外国人にとって、伊藤をビスマルクと比肩することは、広く流布していたものだったと考えられる。
　イギリスでも、伊藤は「ビスマルク」として知られていた。一八八三年に憲法調査のため訪英した際、『タイムズ』紙は伊藤のことを「日本のビスマルクと呼ばれている」（三月三日）と報じている。伊藤をビスマルクと称した最も早い例かもしれない。そのほかにも、一九〇九年の伊藤の暗殺を聞いたある駐日イギリス外交官は、その日記に伊藤は「日本のビスマルクであり、クローマー（Evelyn Baring, 1st Earl of Cromer。エジプト統治に功績のあったイギリスの植民地行政官）だった」と記している（奈良岡聰智「イギリスから見た伊藤博文統監と韓国統治」)。

2　拙稿「チェコに残る伊藤博文の手紙―ブルノに『クルメッキ文書』を訪ねて（1）」、同「同上（2・完）」、同「『グナイスト文書』再訪」

3　以下、新貨条例の制定とその歴史的意義について、山本有造『両から円へ』、二七頁以下を参照した。

4　山崎渾子『岩倉使節団における宗教問題』（一二八頁、一四三頁）

5　「五ヵ条の誓約」＝五ヵ条の御誓文を「天下の諸侯華族有司」になさしめたものと木戸が理解していたことは注目に値する。五ヵ条の御誓文の歴史的意義を政治儀礼の観点から読み解いた研究として、John Breen, 'The Imperial Oath of April 1868 – Ritual, Politics, and Power in the Restoration を参照。

第二章

1　この再評議の理解が、征韓派と反対派の間で異なっていた。征韓派はこれを事後承諾を求める機会としか考えていなかったが、反征韓派は岩倉帰国後の巻き返しを狙っていたのである。この点を含めて、征韓論問題については、高橋秀直「征韓論政変の政治過程」を参照。

2　七月一日付井上毅宛書簡、『続秘録』四〇頁。七月五日付井上馨宛書簡、『井上馨文書』六二八―九。八月四日付山県有朋・井上馨・山田顕義宛書簡、『伊藤伝』中、二八二頁以下。

3　イギリスでの調査の重要性を推測するものとして、鳥海靖「伊藤博文の立憲政治調査」。

4　憲法の起草に絶大な影響を与えたドイツ人法律顧問ヘルマン・ロェスラー（Hermann Roesler）は、「大日本帝国ハ万世一系ノ天皇之ヲ統治ス」との第一条の文言に批判的だった（ジーメス『日本国家の近代化とロェスラー』、一二九頁以下）。だがその一方で、憲法発布直後にその内容について意見を求められた欧米の識者は、おおむね第一章の天皇の規定に賛意を表している（金子堅太郎『欧米議院制度取調巡回記』を参照）。その背景には、当時の国民主義（ナショナリズム）の思潮がある。それは本文で言及したように、歴史主義と結合したものであり、そこでは憲法も国民精神の所産として歴史的に生成してきたものと考えられた。したがって、伝統的国民文化の刻印なき憲法とは、当時の欧米の専門家にとって眉唾ものだったのであり、逆に言えば、憲法が国際的に認知されるためには、そのような伝統性を明示しておく必要があった。その意味で、明治憲法の第一章は、エドワード・サイードが言うようなオリエンタリズムの産物と捉える余地がある。

5　実際、政変後、伊藤は精神的にきわめて不安定な状態にあった。伊藤の欧州派遣には、彼の静養という意味合いもあった。井上馨は、一八八一年一一月二三日に「近日伊藤モ大ニ痛心ノ極ニテ、神経症差起リ、毎夜不眠、酒一升モ呑ミテ、漸ク寝ニ就ク。只今ノ向ニテハ、中々六ヶ敷景況也、サレバ、幸ニ一ヶ年欧州行為致候ハヽ、好都合ナラン歟」(『保古飛呂比』⑪、二二〜二三頁)と佐佐木高行らに説明している。また井上は、離日直前の一八八二年一月一一日付の伊藤宛書簡において「飲酒は屹度御慎み有之奉祈候」(『伊藤文書〈塙〉』①、一六九頁)と述べているほか、出発後の第一便たる四月六日付書簡でも、「益御清適順々御旅行且追々飲酒も相減し活発なる大海之空気に呼吸被成候事故、御病気も随て快壮に復し候事と奉想像候」(同)と記し、伊藤の健康状態をことのほか気遣っている。

6 「日本ニ而ヘボクレ書生ガ、物質ノ如何ヲ弁ゼズシテ只書中ノ字義ヲ翻訳シテ、是ガ何国ノ憲法ナリ、政府ノ組織ナリト、衆愚ヲ誤ラシムルガ如キニアラズ、其国ノ沿革ヨリ、其事ノ実跡ヲ熟知シ、其理否ノ抵触等ニ付テノ議論ヲモ判別シテ、明瞭ニ講説スルヲ聞クヲ得ルハ頗楽シキコトニ御座候」(『秘録』、三〇七頁)。

7 大学論が、シュタイン国家学の基軸にあることについては、拙著『ドイツ国家学と明治国制』で詳述している。

8 すでに一八八二年のヨーロッパでの憲法調査の時点で、彼は次のように言明している。「政党は議会あれば自から現るゝ者なれども、今日我国の現状の如き者には非ず。我国の現状は政党に非ずして徒党を結び、衆力を以て君主権を削弱又は破却せんとするの意を含蓄する者なり。之を明言すれば反逆党の外に出でず」(八月二七日付山田顕義宛書簡、『伊藤伝』中、三〇四〜三〇五頁)。

9 バーク自身の発言は以下の通り。「議会は一つの利害つまり全成員の利害を代表する一つの国民の審議集会に他ならず、従ってここにおいては地方的目的や局地的偏見ではなくて、全体の普遍的理性から結果する普遍的な利益こそが指針となるべきものである。諸君は確かに代表を選出するが、一旦諸君が彼を選出した瞬間からは、彼はブリストルの成員ではなくイギリス議会の成員となるのである」(バーク『アメリカ論・ブリストル演説』、九二頁)。

10 このうち一二月八日と二月二六日の分は、「主権及上院ノ組織」、「憲法に関する演説」のタイトルで『華族同方会演説集』第四号、第五号に掲載されている。二月二七日の演説については、後述。

第三章

1 このような明治憲法の捉え方に先鞭をつけた研究として、鳥海靖『日本近代史講義』、明治憲法下での憲政史について優れた概観を提供する最近の業績として、奈良岡聰智「戦前にデモクラシーは存在したか」がある。

2　この点は、坂野潤治『明治憲法体制の確立』を嚆矢として、高橋秀直『日清戦争への道』、佐々木隆『藩閥政府と立憲政治』、伊藤之雄『立憲国家の確立と伊藤博文』によって格段に研究が深化した分野である。

3　政官関係という視角から隈板内閣の再評価を行うものとして、清水唯一朗『政党と官僚の近代』第二章を参照。

4　七月に宇都宮へ赴く伊藤と移動の車中で同乗した土方久元は、記者たちを前に公然と田中光顕宮相を批判する伊藤の姿に眉をひそめている（『保古飛呂比』三三〇頁）。

5　この点、佐々木隆氏が、伊藤の遊説の目的を「「人民」の「国民」化」、「「国民国家」の形成」に求めている点、慧眼である（『明治人の力量』、一七～一八頁）。もっとも佐々木氏は、その「国民」や「国家」の内実について詳しく論及されていない。

6　一八九九年の増税において、所得税率の引き上げがなされ、それまでの法人非課税も見直されることになった。以後、所得税は歳入のなかで占める比重を増していく。それは、従来の地租中心の税体系からの転換（土地に対する税から所得に対する税へ）を図ろうとしたものといえる（税務大学校研究部編『税務署の創設と税務行政の１００年』、四六頁）。次章で論じるような政友会への実業家の取り込みという伊藤の計略は、彼らへの納税者意識の植えつけと国家的責務の向上を連動させたものとして把握できる。

第四章

1　その例として、ジョージ・アキタ、小山博也、本山幸彦諸氏の研究が挙げられる。これらは政党勢力と妥協し懐柔された変節の超然主義者としてではなく、紛れもない政党政治家としての伊藤像を打ち出しており、通説に対する先駆的な異議申し立てであった。

2　この点については、三浦梧楼『観樹将軍回顧録』二九四頁以下も参照。

3　明治憲法下での政党政治の定着を論じた近時の業績として、五百旗頭薫『大隈重信と政党政治』、奈良岡聰智『加藤高明と政党政治』、村井良太『政党内閣制の成立』がある。

4　政友会の創設過程については、小林雄吾編『立憲政友会史』第一巻、升味準之輔『日本政党史論』第二巻、山本四郎『初期政友会の研究』といった古典的業績のほか、伊藤之雄『立憲国家と日露戦争』を参照。

5　政党から壮士を一掃すべしとの考えは、一九〇〇年八月二五日の政友会創立委員会での演説のなかで明言されている。「壮士的の働きなどは極めて避ける様にならなければならぬ、若し無産にして為す所なき無頼の連中を加ふるは我々が折角政治上に効力を与へ良民の業をして益々発達せしむるの目的に反するものである」（『政友』第一号、七頁）。明治期の政党と壮士との密接な結びつきにつき、渡辺行男『守衛長の見た帝国議会』を参照。

6　同書簡において伊藤は山県に、「別紙之外規約様のものも相綴り候得共、尚要推敲候故他日可供貴覧候」とも伝えている（一三〇頁）。

7　念のため付け加えておくと、伊藤が従来の超然的藩閥政府をここで正当化しようとしていたわけではない。政党勢力の進展から行政権を防御する試みとして、山県内閣下での文官任用令の改正と文官分限令の制定が挙げられる（一八九九年三月）。これによって、各省次官・局長や知事の自由任用が不可能になったが、伊藤はこの措置に反対であり、その撤廃を主張していた（清水唯一朗『政党と官僚の近代』、一一四頁以下）。後述のように、伊藤は政治的人材を広くプールしておく場として政党を考えていたが、それは官界と排斥し合うものとは観念されていなかった。むしろ両者はともに政治的人材の供給源として相補い合うべきものと見なされていたのだと言えよう。

第五章

1　大石氏が実際にここで念頭に置いているのは、橋本龍太郎政権下の行政改革、いわゆる橋本行革以来の一連の統治機構改革である。

2　①については、「国家と軍隊との関係」と題して『国家学会雑誌』第一五七号から一六一号（一九〇〇～〇一年）にわたって付録として掲載されている。③については「台湾ニ関スル立法ノ錯誤（附高野問題）」『国家学会雑誌』第一七二号（一九〇一年）として公表。

3　『国家学会雑誌』第三巻第二五号～同巻第三一号（一八八九年）

4　『憲法雑誌』六号～八号（一八八九年）

5　前掲「憲政講義」、一九〇八年一一月二一日

6　一八九〇年に出された『大臣責任論』においてすでに、元首を完全に無責任化し、輔弼責任を有する大臣が執政を行うとの考えが明瞭に打ち出されている。有賀長雄『大臣責任論』、二八七頁以下。

7　軍令制定の経緯については、特に由井正臣『軍部と民衆統合』、五二頁以下、および伊藤孝夫『大正デモクラシー期の法と社会』、二二七頁以下を参照。また、軍令の法史学的意義について実証的に検討したものとして、後藤新八郎『法制史・軍事史研究業績集』、六三頁以下を参照。

第六章

1　伊藤と戊戌政変については、彭澤周『中国の近代化と明治維新』第五章も参照。

2　このことは早くからの伊藤の信念であった。第二章で触れたように、欧州での憲法調査時に伊藤は、「人民の精神を直すは、学校本より改正するの外無之候」

との認識を示している。

3　この点を伊藤は次のようにも敷衍してる。「民生ヲシテ自カラ其ノ利源ヲ開拓セシムルニ便益ナルノ方法ヲ取ルヲ以テ本務ト為サヽルヘカラス。知ラント要ス、民ノ富ハ即ハチ国ノ富メルコトヲ。海関税ノ如キハ特ニ民財ヲ移シテ之ヲ国庫ニ輸入スルノ一法ニ過キス。此ヲ以テ富国ノ本ト謂フハ謬ノ甚シキモノナリ云々」。

4　竹内弘行「梁啓超の康有為への入門徒学をめぐって」、狭間編『共同研究　梁啓超』、二七頁。康有為と梁啓超の思想の差異について、村田前掲「康有為と「東学」」も参照。

5　小田切についての本格的な研究として、于乃明『小田切万寿之助研究』がある。

6　川尻文彦「「中体西用」論と「学戦」」、七頁の訳による。張の思想やその同時代的位置づけについては、この川尻論文から教示を得た。

7　西順蔵編『原典中国近代思想史』第二冊、一一二頁

8　于乃明『小田切万寿之助研究』、二〇二頁。一九〇〇年に日本側が大冶鉄山のさらなる利権の獲得を求めてきたときも、張之洞は鉄鉱石の供給は五万トンを限度とするという条件を付しつつも、伊藤の「面子」を慮って、これを認めたのだった。呉剣傑編著『張之洞年譜長編』下、六一九頁。

第七章

1　森山茂徳『近代日韓関係史研究』、伊藤之雄・李盛煥編『伊藤博文と韓国統治』（ミネルヴァ書房）。もっとも、両書とも（後者所収の拙稿を含めて）同時期の日本での「憲法改革」への目配りはなされていない。

2　当時オーストリアとハンガリーはオーストリア君主のもとで独自の国家連合の形態をとっていた。それぞれ議会を有して自治を行っていたが、財政、外交、軍事については共通事項として特別の大臣が任命されていた。

3　高宗自身が、当初、「民こそが邦の本である」との儒教的王道思想を掲げて施政にあたっていた。木村幹『高宗・閔妃』（ミネルヴァ書房、二〇〇七年）、八七頁以下参照。もっとも、高宗の民本思想が古法への回帰という伝統主義的なものだったのに対し、伊藤のそれは、殖産興業を基調とする近代主義的なものという根本的な違いがあった。

4　後述するが、伊藤は韓国民の官吏に対する抵抗を、民権発達の結果と見なす度量を示している。

5　伊藤のこのような性格についての証言は枚挙にいとまがなく、本書でもすでに後藤象二郎のものなど紹介したが、韓国時代の証言として、小松緑『朝鮮併合之裏面』、四九頁。

6　高宗は、「我国古来ヨリノ習慣トシテ儒林中其ノ人材ヲ撰ヒ之ニ席ヲ与ヘ其ノ説ヲ聞ク例アリ」と抗弁している（『集成』上、二三七頁）。儒学の民本主義に由

来する「一君万民」思想が韓国為政者の統治哲学であり、そのゆえに韓国では君主が広く人民の声を聞くため宮中は外に向かって開かれていた。これについて、原武史『直訴と王権』を参照。

7　韓国宮廷と巫術について、愼蒼宇『植民地朝鮮の警察と民衆世界1894-1919』、二〇九頁を参照。

8　愛国啓蒙運動については、李盛煥「伊藤博文の韓国統治と韓国ナショナリズム」、月脚達彦『朝鮮開化思想とナショナリズム』、義兵運動については、愼前掲書、小川原宏幸『伊藤博文の韓国併合構想と朝鮮社会―王権論の相克』を参照。もっとも、後者については、義兵に仮託して前近代の民衆の秩序意識なるものを不用意に理想化しているのではないかとの疑念を拭えない。

9　愛国啓蒙運動をはじめ、この時期の韓国人による教育改革運動については、前註の李論文のほか次を参照。尹健次『朝鮮近代教育の思想と運動』、金泰勲『近代日韓教育関係史研究序説』、佐藤由美『植民地教育政策の研究』。

10　日韓の国制改革の並行性は、内閣制度についても指摘できる。一九〇七年六月、韓国内閣官制が制定された。これは皇帝の権限を縮小させ、内閣の首班である内閣総理大臣の権限を拡大させたものだった。首相による機務奏宣・行政各部の統一、閣令発布権と所属判任官の専行任免権、行政各部の処分または命令中止権、軍機軍令に関して上奏する場合、軍部大臣はあらかじめ内閣総理大臣に告知することなど、いちいちこれに先駆けてなされた日本の内閣制度改革と軌を一にしている。

文献略記

本文中で引用した主要文献については、下記のような略記を用い、複数巻からなるものは巻数を丸囲み数字ないし上、中、下で示した。(例) 小松緑編『伊藤公全集』第一巻 (伊藤公全集刊行会、一九二七年)「書翰の部」の一一七頁からの引用の場合、『全集』①「書翰」、一一七頁。

『伊藤伝』: 春畝公追頌会編『伊藤博文伝』
『伊藤文書』:『伊藤博文文書』
『伊藤文書〈二〉』:『伊藤博文文書 (その二)』
『伊藤文書〈塙〉』: 伊藤博文関係文書研究会編『伊藤博文関係文書』
『伊東巳代治』: 晨亭会『伯爵伊東巳代治』
『伊東日記』: 伊東巳代治『伊東巳代治日記・記録―未刊翠雨荘日記』
『伊東文書』:『伊東巳代治関係文書』
『井上馨文書』:『井上馨関係文書』
『井上毅伝』: 井上毅伝記編纂委員会編『井上毅伝 史料篇』
『岩倉文書』: 日本史籍協会編『岩倉具視関係文書』
『演説集』: 伊藤博文『伊藤侯演説集』
『演説全集』: 博文館編輯局編『伊藤公演説全集』
『大久保文書』: 日本史籍協会編『大久保利通文書』
『大隈文書』: 早稲田大学大学史資料センター編『大隈重信関係文書』
『外文』: 外務省編『日本外交文書』
『木戸日記』: 木戸孝允『木戸孝允日記』
『木戸文書』: 木戸孝允関係文書研究会編『木戸孝允関係文書』
『倉富文書』:『倉富勇三郎文書』
『実記』: 多田好問編『岩倉公実記』
『渋沢伝記資料』: 渋沢青淵記念財団竜門社編『渋沢栄一伝記資料』
『集成』: 金正明編『日韓外交資料集成』第六巻
『世外伝』: 井上馨侯伝記編纂会編『世外井上公伝』
『全集』: 小松緑編『伊藤公全集』
『寺内文書』:『寺内正毅関係文書』
『日日』:『東京日日新聞』
『原日記』: 原奎一郎編『原敬日記』

『秘録』：平塚篤編『伊藤博文秘録』
『保古飛呂比』：佐佐木高行『保古飛呂比』
『牧野文書』：『牧野伸顕関係文書』
『松方文書』：松方峰雄ほか編『松方正義関係文書』

『明治天皇紀』：宮内庁編『明治天皇紀』
『山県伝』：徳富蘇峰『公爵山県有朋伝』
『山県文書』：尚友倶楽部山縣有朋関係文書編纂委員会編
『山縣有朋関係文書』

参考文献

未刊史料

憲政記念館所蔵「一八九一年十月十一日付伊東巳代治宛伊藤博文書簡」、整理番号十一―三―五―S―一〇

国立国会図書館憲政資料室所蔵『伊藤博文文書』

同『伊藤博文文書（その二）』

同『井上馨関係文書』

同『倉富勇三郎関係文書』

同『三条家文書』

同『伊東巳代治関係文書』

同『寺内正毅関係文書』

同『牧野伸顕関係文書』

国立公文書館所蔵「澳国学士スタイン氏傭入結約ヲ伊藤参議ニ委任弁同氏年金給与ノ件」『公文別録』マイクロ第一期、R3

国立公文書館アジア歴史資料センター（http://www.jacar.go.jp/index.html）

刊行文献

青木周蔵『青木周蔵自伝』（平凡社、一九七〇年）

アキタ、ジョージ（荒井孝太郎／坂野潤治訳）『明治立憲政と伊藤博文』（東京大学出版会、一九七一年）

有泉貞夫『星亨』（朝日新聞社、一九八三年）

有賀長雄『大臣責任論』（明法堂、一八九〇年）

同『国法学』（東京専門学校出版部、一九〇一―一九〇二年）

同「国家と宮中の関係」『国家学会雑誌』第一六七号（一九〇一年）

五百旗頭薫『大隈重信と政党政治―複数政党制の起源明治十四年―大正三年』（東京大学出版会、二〇〇三年）

同「開国と不平等条約改正」川島真／服部龍二編『東アジア国際政治史』（名古屋大学出版会、二〇〇七年）

石川県『石川県史』（石川県図書館協会、一九七四年）

泉三郎『誇り高き日本人―国の命運を背負った岩倉使節団の物語』（PHP研究所、二〇〇八年）

一坂太郎『若き日の伊藤博文』（萩ものがたり、二〇〇八年）

伊東昭雄「変法維新運動とその思想」西順蔵編『原典中国近代思想史』第二冊

伊藤真一「父・博文を語る」村松剛『日本文化を考える〈対談集〉』（日本教文社、一九七九年）

伊藤孝夫『大正デモクラシー期の法と社会』（京都大学学術出版会、二〇〇〇年）

伊藤博文『伊藤侯演説集』（東京日日新聞、一八九九年）

伊藤博文「帝国憲法制定の由来」大隈重信撰『開国五十年史』上、（開国五十年史発行所、一九〇七年）
伊藤博文関係文書研究会編『伊藤博文関係文書』（塙書房、一九七三～八一年）
伊東巳代治「清国憲法と我国」『国民新聞』、一九一〇年十月五日号
伊東巳代治『伊東巳代治日記・記録―未刊翠雨荘日記』（ゆまに書房、一九九九年）
伊藤之雄『立憲国家の確立と伊藤博文』（吉川弘文館、一九九九年）
同『立憲国家と日露戦争』（木鐸社、二〇〇〇年）
同『明治天皇』（ミネルヴァ書房、二〇〇六年）
同『伊藤博文―近代日本を創った男』（講談社、二〇〇九年）
同／李盛煥編『伊藤博文と韓国統治』（ミネルヴァ書房、二〇〇九年）
稲田正次『明治憲法成立史』上・下（有斐閣、一九六〇年）
稲葉継雄『旧韓末「日語学校」の研究』（九州大学出版会、一九九七年）
同『旧韓国の教育と日本人』（九州大学出版会、一九九九年）
犬塚孝明『密航留学生たちの明治維新―井上馨と幕末藩士』（日本放送出版協会、二〇〇一年）
井上馨侯伝記編纂会編『世外井上公伝』（原書房、一九六八年）
井上馨文書講読会「資料紹介 「井上馨関係文書」所収伊藤博文書翰翻刻――明治一五年三月から明治二六年四月まで」『参考書誌研究』五六号（二〇〇二年）
同「「井上馨関係文書」所収 伊藤博文書翰翻刻（続）」『参考書誌研究』六八号（二〇〇八年）
井上毅伝記編纂委員会編『井上毅伝 史料篇』（国学院大学図書館、一九六六年～）
于乃明『小田切万寿之助研究―明治大正期中日関係史の一側面』（一九九八年度筑波大学博士号（法学）授与論文）
海野福寿『韓国併合史の研究』（岩波書店、二〇〇〇年）
同『伊藤博文と韓国併合』（青木書店、二〇〇四年）
大石眞『日本憲法史〔第二版〕』（有斐閣、二〇〇五年）
同『憲法秩序への展望』（有斐閣、二〇〇八年）
大石眞、高見勝利、長尾龍一編『憲法史の面白さ』（信山社、一九九八年）
大久保利通『大久保利通日記』（東京大学出版会、一九六九年）
大隈侯八十五年史会編『大隈侯八十五年史』（原書房、一九七〇年）
小川原宏幸『伊藤博文の韓国併合構想と朝鮮社会―王権論の相克』（岩波書店、二〇一〇年）
小川原正道『西南戦争―西郷隆盛と日本最後の内戦』（中公新書、二〇〇七年）

尾崎三良『尾崎三良日記』（中央公論社、一九九一～九二年）
尾崎行雄『咢堂自伝―日本憲政史を語る―』（『尾崎咢堂全集』第十一巻）（尾崎咢堂全集刊行会、一九六二年）
小野川秀美『清末政治思想研究』（みすず書房、一九六九年）
小山博也『明治政党組織論』（東洋経済新報社、一九六七年）
海原徹『吉田松陰と松下村塾〔第三刷（改訂）〕』（ミネルヴァ書房、一九九九年）
同『松下村塾の人びと―近世私塾の人間形成』（ミネルヴァ書房、一九九九年）
同『松下村塾の明治維新―近代日本を支えた人びと』（ミネルヴァ書房、一九九九年）
同『吉田松陰』（ミネルヴァ書房、二〇〇三年）
外務省編『日本外交文書』（日本国際連合協会、一九四七年）
同『日本外交年表並主要文書』上（原書房、一九六五年）
鶴友会編『鶴翁余影』（鶴友会、一九二九年）
金子堅太郎（大淵和憲校注）『欧米議院制度取調巡回記』（信山社、二〇〇一年）
上垣外憲一『暗殺・伊藤博文』（筑摩書房、二〇〇〇年）
川尻文彦「「中体西用」論と「学戦」―清末「中体西用」論の一側面と張之洞『勧学篇』」『中国研究月報』四八巻八号（一九九四）
川田敬一『近代日本の国家形成と皇室財産』（原書房、二〇〇一年）
菊池秀明『ラストエンペラーと近代中国』（講談社、二〇〇五年）
木戸孝允『木戸孝允日記』（東京大学出版会、一九六七年）
木戸孝允関係文書研究会編『木戸孝允関係文書』（東京大学出版会、二〇〇五年）
金正明編『日韓外交資料集成』第六巻上・中・下（巌南堂書店、一九六四～六五年）
金泰勲『近代日韓教育関係史研究序説』（雄山閣出版、一九九六年）
木村幹『高宗・閔妃』（ミネルヴァ書房、二〇〇七年）
桐原健真『吉田松陰の思想と行動―幕末日本における自他認識の転回』（東北大学出版会、二〇〇九年）
宮内庁編『明治天皇紀』（吉川弘文館、一九六八―一九七七年）
後藤新八郎『法制史・軍事史研究業績集』（私家版、一九九六年）
小林龍夫編『翠雨荘日記』（原書房、一九六六年）
小林道彦『日本の大陸政策1895–1914―桂太郎と後藤新平』（南窓社、一九九六年）
小林雄吾編（山本四郎補訂）『立憲政友会史』第一巻（日本図書センター、一九九〇年）

小松緑編『伊藤公全集』（伊藤公全集刊行会、一九二七年）
同『春畝公と含雪公』（学而書院、一九三四年）
同『朝鮮併合之裏面〔復刻版〕』（龍溪書舎、二〇〇五年）
崔在穆「伊藤博文の韓国儒教観」前掲伊藤之雄／李盛煥編『伊藤博文と韓国統治』所収
三枝博音・飯田賢一編『日本近代製鉄技術発達史―八幡製鉄所の確立過程』（東洋経済新報社、一九五七年）
サイード、エドワード・W（今沢紀子訳）『オリエンタリズム』上・下（平凡社、一九九三年）
斎藤隆介『職人衆昔ばなし』（文藝春秋、一九六七年）
坂本一登『伊藤博文と明治国家形成』（吉川弘文館、一九九一年）
同『伊藤博文』御厨貴『歴代首相物語』（新書館、二〇〇三年）
同「伊藤博文と山県有朋」伊藤隆編『山県有朋と近代日本』（吉川弘文館、二〇〇八年）
佐々木隆『藩閥政府と立憲政治』（吉川弘文館、一九九五年）
同『伊藤博文の情報戦略』（中公新書、一九九九年）
同『明治人の力量』（講談社、二〇〇二年）
佐佐木高行『保古飛呂比―佐佐木高行日記』（東京大学出版会、一九七〇～七九年）
同『佐佐木高行日記　かざしの桜』（北泉社、二〇〇三年）
佐藤由美『植民地教育政策の研究』（龍溪書舎、二〇〇〇年）
ジーメス、J（本間英世訳）『日本国家の近代化とロェスラー』（未来社、一九七〇年）
司馬遼太郎／坂野潤治「日本という国家」『世界』第六〇九号（岩波書店、一九九五年）
同『坂の上の雲〔新装版〕』全八巻（文春文庫、一九九九年）
同『翔ぶが如く〔新装版〕』全十巻（文春文庫、二〇〇二年）
渋沢青淵記念財団竜門社編『渋沢栄一伝記資料』（渋沢栄一伝記資料刊行会、一九五五～六〇年）
清水唯一朗『政党と官僚の近代―日本における立憲統治構造の相克』（藤原書店、二〇〇七年）
シュタイン、ローレンツ（森田勉訳）『社会の概念と運動法則』（ミネルヴァ書房、一九九一年）
春畝公追頌会編『伊藤博文伝』（原書房、一九七〇年）
尚友倶楽部山縣有朋関係文書編纂委員会編『山縣有朋関係文書』（山川出版社、二〇〇五～〇八年）
愼蒼宇『植民地朝鮮の警察と民衆世界1894-1919―「近代」と「伝統」をめぐる政治文化』（有志舎、二〇〇八年）
晨亭会『伯爵伊東巳代治』（晨亭会、一九三八年）
枢密院『枢密院会議議事録』（東京大学出版会、一九八

四年）
末松謙澄『孝子伊藤公』（マツノ書店、一九九七年）
鈴木博之『日本の「地霊（ゲニウス・ロキ）」』（講談社現代新書、一九九九年）
周布公平監修『周布政之助伝』上・下（東京大学出版会、一九七七年）
税務大学校研究部編『税務署の創設と税務行政の100年』（大蔵財務協会、一九九六年）
曽田三郎『立憲国家中国への始動―明治憲政と近代中国』（思文閣出版、二〇〇九年）
高田早苗「故有賀博士思出の記」『外交時報』第五四三号（一九二七年）
高橋是清『高橋是清自伝』上・下（中公文庫、一九七六年）
高橋秀直「廃藩政府論」『日本史研究』第三五六号（一九九二年）
同「征韓論政変の政治過程」『史林』第七六巻第五号（一九九三年）
同『日清戦争への道』（東京創元社、一九九五年）
瀧井一博「チェコに残る伊藤博文の手紙―ブルノに『クルメッキ文書』を訪ねて（1）」『書斎の窓』第四七五号（有斐閣、一九九八年）
同「同上（2・完）」『書斎の窓』第四七六号（有斐閣、一九九八年）
同「『グナイスト文書』再訪」『書斎の窓』第四八〇号（有斐閣、一九九八年）
同『ドイツ国家学と明治国制―シュタイン国家学の軌跡』（ミネルヴァ書房、一九九九年）
同『文明史のなかの明治憲法』（講談社、二〇〇三年）
同「伊藤博文の立憲デザイン―憲法と「国のかたち」」『外交フォーラム』第二〇五号（都市出版、二〇〇五年）
同「伊藤博文の描いた「国のかたち」―その1：明治憲法の制定を考える」五百旗頭真・伊藤正直・瀧井一博・小倉和夫著『日本の近現代史　述講　歴史をつくるもの』下（中央公論新社、二〇〇六年）
同「伊藤博文の描いた「国のかたち」―その2：明治40年の憲法改革」五百旗頭真・伊藤正直・瀧井一博・小倉和夫著前掲『日本の近現代史　述講　歴史をつくるもの』下
同「明治後期の国制改革―明治四〇年体制と有賀長雄」伊藤之雄・川田稔編『20世紀日本と東アジアの形成　1867〜2006』（ミネルヴァ書房、二〇〇七年）
同「伊藤博文の憲法行脚―立憲政治とは何か」『ラチオ』第四号（講談社、二〇〇七年）
同「明治国家の「建国の父」たち」苅部直・片岡龍編『日本思想史ハンドブック』（新書館、二〇〇八年）
同「明治憲法の思想」苅部直・片岡龍編前掲『日本思想史ハンドブック』
同「知の嚮導としての韓国統治」前掲伊藤之雄・李盛煥

『伊藤博文と韓国統治』
同「文明・立憲制・国民政治―伊藤博文の政治思想」『明治聖徳記念学会紀要』復刊第四六号（明治聖徳記念学会、二〇〇九年）
同「長州ファイブとしての伊藤俊輔―「博文」の誕生（明治国家をつくった人びと11）」『本』第三四巻六号（講談社、二〇〇九年）
同「立憲君主国としてのハワイ―もうひとつの模範国（明治国家をつくった人びと18）」『本』第三五巻一号（講談社、二〇一〇年）
多田好問編『岩倉公実記』（原書房、一九六八年）
丁文江／趙豊田編（島田虔次編訳）『梁啓超年譜長編』（岩波書店、二〇〇四年）
月脚達彦『朝鮮開化思想とナショナリズム―近代朝鮮の形成』（東京大学出版会、二〇〇九年）
津田梅子『津田梅子文書』（津田塾大学、一九八〇年）
津田茂麿『明治聖上と臣高行』（原書房、一九七〇年）
土屋忠雄『明治前期教育政策史の研究』（講談社、一九六二年）
東亜同文会編『続対支回顧録』（原書房、一九七三年）
陶徳民『明治の漢学者と中国―安繹・天囚・湖南の外交論策』（関西大学出版部、二〇〇七年）
徳富猪一郎（蘇峰）『蘇翁夢物語』（中公文庫、一九九〇年）
徳富蘇峰編述『公爵山県有朋伝』（原書房、一九六九年）
鳥海靖『日本近代史講義―明治立憲制の形成とその理念』（東京大学出版会、一九八八年）
同「伊藤博文の立憲政治調査―新史料を手がかりに」鳥海靖ほか編『日本立憲政治の形成と変質』（吉川弘文館、二〇〇五年）
長尾龍一『歴史重箱隅つつき』（信山社、二〇〇〇年）
奈良岡聰智『加藤高明と政党政治―二大政党制への道』（山川出版社、二〇〇六年）
同「戦前にデモクラシーは存在したか―明治憲法下の「憲政」」『ラチオ』第四号（講談社、二〇〇七年）
同「イギリスから見た伊藤博文統監と韓国統治」前掲伊藤之雄・李盛煥『伊藤博文と韓国統治』
西順蔵編『原典中国近代思想史』第二冊（岩波書店、一九七七年）
新渡戸稲造『新渡戸稲造全集』第五巻（教文館、一九七〇年）
日本史籍協会編『岩倉具視関係文書』（東京大学出版会、一九六八～六九年）
同編『大久保利通文書』（東京大学出版会、一九六七～六九年）
農商務省（八幡）製鉄所東京出張所『製鉄所対漢冶萍公司関係提要』（一九一七年）
バーク、エドマンド（中野好之訳）『アメリカ論・ブリストル演説』（みすず書房、一九七三年）
博文館編輯局編『伊藤公演説全集』（博文館、一九一〇年）

狭間直樹編『共同研究　梁啓超―西洋近代思想受容と明治日本』（みすず書房、一九九九年）
林権助『わが七十年を語る』（ゆまに書房、二〇〇二年）
原奎一郎編『原敬日記』（福村出版、一九六五～六七年）
原武史『直訴と王権』（朝日新聞社、二〇〇三年）
坂野潤治『明治憲法体制の確立―富国強兵と民力休養』（東京大学出版会、一九七一年）
平塚篤編『秘書類纂　外交篇（下）』（原書房、一九六九年）
同編『伊藤博文秘録』（原書房、一九八二年）
平野聡『大清帝国と中華の混迷』（講談社、二〇〇七年）
兵庫県企画管理部管理局文書課「初代兵庫県知事伊藤博文のふたつの銅像」同課『文書だより』第五八号（二〇〇二年）
彭澤周『中国の近代化と明治維新』（同朋舎出版部、一九七六年）
堀口修／西川誠監修・編集『末松子爵家所蔵文書』（ゆまに書房、二〇〇三年）
増田知子「立憲政友会への道」井上光貞ほか編『明治憲法体制の展開』上（山川出版社、一九九六年）
升味準之輔『日本政党史論』（東京大学出版会、一九六五～八〇年）
松方峰雄ほか編『松方正義関係文書』（大東文化大学東洋研究所、一九七九～九七年）
松田利彦『日本の朝鮮植民地支配と警察―一九〇五～一九四五年』（校倉書房、二〇〇九年）
三浦梧楼『観樹将軍回顧録』（中公文庫、一九八八年）
三谷太一郎『日本政党政治の形成―原敬の政治指導の展開〔増補版〕』（東京大学出版会、一九九五年）
宮地ゆう『密航留学生「長州ファイブ」を追って』（萩ものがたり、二〇〇五年）
村井良太『政党内閣制の成立』（有斐閣、二〇〇五年）
村田雄二郎「康有為と「東学」―『日本書目志』をめぐって」『外国語科研究紀要〔東京大学教養学部外国語科〕』第四〇巻五号（一九九二年）
本山幸彦『政党政治の始動』（ミネルヴァ書房、一九八三年）
森靖夫『日本陸軍と日中戦争への道―軍事統制システムをめぐる攻防』（ミネルヴァ書房、二〇一〇年）
森山茂徳『近代日韓関係史研究』（東京大学出版会、一九八七年）
同『日韓併合』（吉川弘文館、一九九二年）
山口県教育委員会編『吉田松陰全集』（岩波書店、一九八六年）
山崎丹照『内閣制度の研究』（高山書院、一九四二年）
山崎渾子『岩倉使節団における宗教問題』（思文閣出版、二〇〇六年）
山室信一『法制官僚の時代―国家の設計と知の歴程』

（木鐸社、一九八四年）
山本四郎『初期政友会の研究―伊藤総裁時代』（清文社、一九七五年）
同「韓国統監府設置と統帥権問題」『日本歴史』第三三六号、一九七六年
山本有造『両から円へ―幕末・明治前期貨幣問題研究』（ミネルヴァ書房、一九九四年）
由井正臣『軍部と民衆統合―日清戦争から満州事変期まで』（岩波書店、二〇〇九年）
熊達雲『近代中国官民の日本視察』（成文堂、一九九八年）
尹健次『朝鮮近代教育の思想と運動』（東京大学出版会、一九八二年）
李盛煥『近代東アジアの政治力学―間島をめぐる日中朝関係の史的展開』（錦正社、一九九一年）
同「伊藤博文の韓国統治と韓国ナショナリズム」前掲伊藤之雄／李盛煥編『伊藤博文と韓国統治』
早稲田大学大学史資料センター編『大隈重信関係文書』（みすず書房、二〇〇四年～）
早稲田大学大学史編集所編『早稲田大学百年史』全五巻、（早稲田大学出版、一九七八～九七年）
渡辺行男『守衛長の見た帝国議会』（文春新書、二〇〇一年）

Beasley, William G., *Japan encounters the barbarian*, Yale University Press, 1995
Breen, John, The Imperial Oath of April 1868－Ritual, Politics, and Power in the Restoration, in : *Monumenta Nipponica*, 51 (4), 1996
Matheson, Hugh, *Memorials of Hugh M. Matheson*, London : Hodder & Stoughton, 1899
Piggott, Francis, Personal recollections of Prince Ito, in : *The nineteenth century and after*, vol. LXVII, 1910
Rieß, Ludwig, Fürst Ito, in : Marcks, Erich / Müller, Karl Alexander von, *Meister der Politik : eine weltgeschichtliche Reihe von Bildnissen*, Bd. 3, Stuttgart, 1924
Siebold, Alexander Freiherrn von, Persönliche Erinnerungen an den Fürsten Ito Hirobumi, in : *Deutsche Revue*, Jg. 35, Bd. 2, 1910

中国語

呉剣傑編著『張之洞年譜長編』下巻（上海交通大学出版社、二〇〇九年）
王暁秋『近代中日啓示録』（北京出版社、一九八七年）
胡鈞撰『張文襄公（之洞）年譜』（文海出版社、一九六七年）
辜鴻銘『張文襄幕府紀聞』（山西古籍出版社、一九九五年）

発．同19日「軍令に関する件」案上奏，統監府間島派出所開設．9月11日「軍令に関する件」（軍令第1号）裁可．同21日伊藤，山県，大山，公爵に陞爵．10月3日漢城に帰任．皇太子韓国訪問．桂太郎（東洋協会会頭）陪従．12月14日韓国皇太子英親王李垠を伴い帰国

1908 2月有賀長雄，清国日本憲法視察大臣達寿，李家駒に憲政講義を行う（翌年7月まで．計60回）．4月韓国に帰任（16日漢城着），新聞紙法（韓国）制定，言論統制強化．8月26日私立学校令，私立学校補助規程，学会令，教科書検定規程制定．11月韓国に帰任．11月14日・15日光緒帝，西太后死去．伊藤，北京政府の威信低下による地方官憲および民衆の秩序弛緩を懸念．12月21日長谷川好道韓国駐劄軍司令官解任される

1909 1月7日伊藤，韓国皇帝に陪従して南韓巡幸に出発．同27日北韓巡幸．伊藤陪従．2月10日帰国の途に就く．4月10日桂首相と小村外相，伊藤を訪問し韓国併合を説得，伊藤承諾．5月21日桂首相に韓国統監辞表を託す．6月14日韓国統監辞任．後任に曾禰荒助．7月1日大磯を発ち漢城に向かう．同6日閣議，韓国併合の方針を決定．同15日仁川から帰朝の途に就く．同22日韓国司法権の日本への委託．8月韓国皇太子を伴い東北・北海道を巡遊．9月4日間島協約成立．間島，正式に中国の領土として認められる．10月26日ハルビンで安重根により暗殺

会議顧問にも復任．調査局副総裁に伊東巳代治．8月奥田義人と有賀長雄，伊東の推薦により帝室制度調査局御用掛に就任

1904 2月10日ロシアに宣戦布告（日露戦争）．3月7日韓国皇室慰問の特派大使に任命される．同20日韓国皇帝に謁見．5月31日日本政府，対韓施設綱領を決定．8月第1次日韓協約締結

1905 4月韓国保護権確立を閣議決定．9月5日ポーツマス条約調印．11月韓国皇室慰問のため渡韓（8日釜山着）．実際には韓国皇帝に日韓協約調印（韓国からの外交権の剝奪）を迫る．同17日第2次日韓協約調印を大臣たちに強請．12月統監府および理事庁官制制定．同21日初代韓国統監に任ぜられる

1906 1月第1次西園寺内閣成立．載沢率いる清国視察団が来日．約1ヵ月滞在．この間，伊藤博文との会談，金子堅太郎や穂積八束からの講義を通じて，日本の立憲体制について調査．3月2日韓国統監として漢城に入る．4月21日一時帰朝のため漢城を発つ．5月22日首相官邸にて元老会議（満洲問題に関する協議会）．6月伊藤，天皇に，立儲令および附式・皇族就学令・皇室服喪令・皇室喪儀令・国葬令・位階令・華族世襲財産法・華族令施行規則・華族世襲財産法施行規則・皇統譜令施行規則を上奏．同23日韓国に帰任．伊藤帰国の間，各地に騒擾続発．7月1日末松謙澄および勇吉に対して，遺言託す．同2日韓国皇帝に対し日韓協約の遵守を迫り，宮中の近代化に着手．同7日宮禁令を発し，内外人の宮中出入りを取り締まる．同8日教育関係法令（学部直轄学校および公立学校官制，師範学校令，高等学校令，外国語学校令，普通学校令など）制定．10月26日土地家屋証明規則公布．日本人をはじめとする外国人の土地所有が合法化される．11月9日朴済純総理大臣，日本政府に対し間島在住朝鮮人の保護を要請．同21日漢城発ち，鎮海湾を視察していったん帰国．公式令・立儲令・皇族就学令草案を御覧に供す

1907 2月1日公式令公布，内閣官制改定．公式令第1条2項に伴い，従前の第4条削除．同11日皇室典範増補を発布．憲法・皇室典範・皇室令を最高規範とし，一般の法律・勅令がそれらに下位する国法体系が成立．3月11日韓国へ向けて出発．海軍，防備隊条例を策定．公式令に従い，首相の副署を要すとの議論．5月13日付寺内正毅宛山県書簡，公式令の総理大臣連署に反対．6月14日韓国内閣官制発表．これに先駆けての日本の改正内閣官制と公式令がモデル．7月ハーグ密使事件．同19日高宗退位．同24日第3次日韓協約締結．韓国秩序維持のため軍隊の派遣を日本政府に要請．同27日保安法（韓国）制定：言論，集会，結社の自由を制限．8月1日韓国軍隊を解散．同10日帰国のため京城

1898 1月第3次伊藤内閣成立．6月10日衆議院解散．閣議で政党結成の意思を表明．同14日伊藤，帝国ホテルに実業家を招き，新政党創設の発起人会開く．同22日自由・進歩両党合流し，憲政党結成．同24日伊藤，元老会議で，憲政党に対抗して政党の結成を唱える．山県有朋らの反対．伊藤，即日参内し，首相の辞表を上程．合わせて勲位爵も奉還せんとする．後任に板垣・大隈を奏薦．同30日隈板内閣成立．8月19日長崎発，清韓漫遊に旅立つ．同25日韓国の漢城に入り，高宗と会見．9月14日北京に入る．同15日慶親王，康有為らと面談．同20日，光緒帝に謁見．同21日西太后，戊戌政変を起こし，康有為ら失脚．梁啓超，伊藤の指示で日本の軍艦に乗り，日本に亡命．同29日北京発．天津へ向かう．10月2日天津より上海へ（5日着）．同13日漢口へと発つ．張之洞と会う．同19日南京へ赴き，劉坤一と会見．同31日大隈首相，辞表提出．11月伊藤，大隈内閣総辞職を受けて，急遽帰国（7日長崎着）．同8日山県内閣成立

1899 3月府県制・郡制の改正／文官任用令改正と文官分限令・文官懲戒令制定．4月政党結成の準備工作として，立憲思想の普及のために全国遊説に出かける．同9日長野に向け出発．同13日長野より帰京．5月8日関西・九州方面への遊説に出発．7月17日改正条約施行，内地雑居始まる．8月24日宮中に帝室制度調査局設置．総裁に伊藤就任．9月21日全国で府県会議員総選挙開始．10月5日清国より康有為の件につき，李盛鐸使節来訪．同14日北陸遊説に出立

1900 2月選挙法改正成立．山県系官僚閥の抵抗により，有権者層の大幅な拡大阻止される．7月28日伊藤，伊東巳代治に新党の名称として，立憲政友会を明かす．8月25日芝紅葉館で立憲政友会創立委員会．9月15日立憲政友会発会式．創立に先立ち，伊藤，帝室制度調査局総裁辞任（14日）．後任に副総裁土方久元就任．10月19日第4次伊藤内閣発足，陸・海・外相以外は政友会員

1901 5月2日伊藤首相，閣内不統一のため辞表提出．6月第1次桂内閣成立．7月11日大磯発して関西遊説．同13日神戸で政友会兵庫県支部発会式．同15日岡山支部発会式．同18日山口県支部発会式．同20日若松製鉄所見学．同22日帰磯．9月18日エール大学より名誉博士号授与のため渡米．12月2日伊藤，ロシアのラムスドルフ外相と日露協商につき交渉開始．同7日元老会議，日英同盟修正案を承認

1902 1月日英同盟，ロンドンで調印

1903 5月政友会議員総会．予算案をめぐる総裁伊藤と政府との妥協案を承認．これに不服の脱党者相次ぐ．7月13日伊藤，枢密院議長に就任（これに合わせて政友会総裁を辞任）．帝室制度調査局総裁，皇室経済

	11日ローマ着．先発帰国の木戸，大久保に宛ててイタリア文化を嘆賞．9月13日岩倉具視らとともに帰国．10月24日西郷隆盛，参議を辞職．同25日参議兼工部卿に就任．11月19日政体取調を命じられる
1874	1月板垣，副島ら民撰議院設立建白書を左院に提出
1875	1月大阪会議（～2月頭）．4月漸次立憲政体樹立の詔．6月20日浅草本願寺で地方官会議開院．7月5日元老院開院
1877	2月西南戦争勃発．9月24日西郷隆盛自決し，西南戦争終結
1879	9月教育議を上奏，同29日教育令発布
1881	1月伊藤，井上，大隈，熱海にて会談．3月参議大隈重信，英国流議院内閣制を主張する憲法意見書を左大臣有栖川宮熾仁親王を通じて，密奏せんとする．6月井上毅，岩倉に憲法意見書を提出．プロイセン流欽定憲法主義を説く．7月30日天皇，開拓使官有物払下を聴許．10月12日明治14年の政変．大隈，辞表を提出し下野．官有物払下令の取り消しと国会開設の勅諭
1882	3月14日憲法調査のためヨーロッパに旅立つ
1883	8月3日伊藤帰国．同6日参内して憲法調査の経過を奏上
1884	3月宮中に制度取調局設置．伊藤，宮内卿に就任．7月華族令制定
1885	2月伊藤，清国に派遣さる（甲申事変の善後処理）．4月18日伊藤と李鴻章の間で天津条約調印．12月内閣制度創設．参事院と制度取調局廃止し，内閣法制局設置
1886	2月公文式公布／各省官制の制定．3月帝国大学創設．6月伊藤，皇族・大臣・勅任官・有爵者に夫人の礼服の洋装化を通達
1887	3月国家学会創立．5月ボワソナード，条約改正反対意見．7月谷干城，条約改正案に関して政府批判書提出，同26日農商務相辞任．井上外相，条約改正会議の無期延期を各国に通知．9月17日井上，外相辞任（翌年2月大隈入閣まで伊藤が兼任）
1888	4月28日枢密院開設．伊藤，首相を辞任し初代議長に
1889	2月11日大日本帝国憲法発布．同26日華族同方会にて「憲法ニ関スル演説」（『華族同方会演説集』第5号）．同27日「各親王殿下及貴族ニ対シ」演説．6月『憲法義解』刊行．12月24日内閣官制公布
1890	11月25日第1回帝国議会開会
1891	5月11日大津事件．9月21日山口で立憲政治のあり方について講演
1892	1月伊藤，吏党の大成会を基盤として政党結成を画策．天皇の反対で実現せず．8月第2次伊藤内閣成立
1894	8月日清戦争勃発
1895	4月清との間に下関条約締結．独仏露三国干渉．翌月，干渉受諾す
1896	8月31日伊藤首相辞職

伊藤博文年譜

1841 9月伊藤博文生
1857 9月来原良蔵の紹介で松下村塾に入り，吉田松陰の教えを受ける
1859 10月27日吉田松陰刑死．同29日伊藤，同志とともに，松陰の遺骸を小塚原回向院に埋葬
1862 12月12日高杉晋作らと英国公使館焼き打ち．同21日山尾庸三とともに，国学者塙次郎を斬殺
1863 3月士分にとりたてられる．5月井上聞多（井上馨），野村弥吉，遠藤謹助，山尾庸三と英国へ密留学．9月23日ロンドン着
1864 3月伊藤と井上，ロンドンを発し，帰国の途に着く．6月10日伊藤と井上，日本到着．7月長州藩兵，京都諸門で幕府軍と交戦（禁門の変）／幕府，長州藩追討の勅命受ける（第1次長州征討）．8月四国艦隊，下関砲撃
1866 1月薩長同盟．3月すみ子夫人と離婚．4月下関城ノ腰木田久兵衛長女梅子と結婚．同22日高杉とともにイギリス留学許容される．長幕関係緊張を受けて，外遊断念．6月5日，幕府，諸藩兵に対して長州進軍を命ず．第2次長州征討．8月グラバーとともに上海へ行き，汽船を買い入れる
1867 1月9日明治天皇践祚．10月14日大政奉還．12月9日王政復古の大号令
1868 1月3日鳥羽伏見の戦い．同10日外国事務掛仰せ付けられる．新政府出仕の初め．3月14日五ヵ条の御誓文宣布．5月27日兵庫県知事に任ぜられる．8月27日明治天皇即位．9月8日明治と改元．11月姫路藩主酒井忠邦の版籍奉還の建議を耳にし，版籍奉還の建白
1869 1月国是綱目（兵庫論）を捧呈．6月版籍奉還．7月新官制発布．大蔵少輔に就任
1870 11月芳川顕正，福地源一郎，吉田二郎，木梨平之進らとともに，財政幣制調査のため渡米（～71年5月9日帰朝）
1871 5月新貨条例制定．伊藤の建議によるわが国最初の貨幣法．7月14日廃藩置県の詔書渙発．11月12日岩倉使節団，出港．12月14日サンフランシスコにて日の丸演説
1872 2月12日伊藤，大久保とともにワシントン発．条約改正談判の全権委任状を下付されるため，日本に一時帰国．6月17日伊藤と大久保，ワシントン着．同日，条約改正談判中止を決定．7月ロンドン着．12月3日改暦，この日が明治6年1月1日となる
1873 3月9日ベルリン着．同11日ドイツ皇帝謁見，ビスマルクと会見．5月

瀧井一博（たきい・かずひろ）

1967年（昭和42年）福岡県生まれ．90年京都大学法学部卒業．92年京都大学大学院法学研究科修士課程修了．98年京都大学大学院法学研究科博士後期課程修了．博士（法学）．

1995年京都大学人文科学研究所助手．2001年神戸商科大学助教授．04年兵庫県立大学経営学部助教授．06年，同大学経営学部教授．07年より国際日本文化研究センター准教授（08年より総合研究大学院大学准教授を兼任）．

本書により，第32回サントリー学芸賞（政治・経済部門）受賞．

著書『ドイツ国家学と明治国制』（ミネルヴァ書房，1999年）

『文明史のなかの明治憲法』（講談社選書メチエ，2003年，角川財団学芸賞受賞，大佛次郎論壇賞受賞）

伊藤博文《いとうひろぶみ》
中公新書 *2051*

2010年4月25日初版
2011年2月10日5版

著　者　瀧井一博
発行者　浅海　保

本文印刷　三晃印刷
カバー印刷　大熊整美堂
製　　本　小泉製本

発行所　中央公論新社
〒104-8320
東京都中央区京橋 2-8-7
電話　販売 03-3563-1431
　　　編集 03-3563-3668
URL http://www.chuko.co.jp/

Published by CHUOKORON-SHINSHA, INC.
Printed in Japan　ISBN978-4-12-102051-2 C1221

中公新書刊行のことば

いまからちょうど五世紀まえ、グーテンベルクが近代印刷術を発明したとき、書物の大量生産は潜在的可能性を獲得し、いまからちょうど一世紀まえ、世界のおもな文明国で義務教育制度が採用されたとき、書物の大量需要の潜在性が形成された。この二つの潜在性がはげしく現実化したのが現代である。

いまや、書物によって視野を拡大し、変りゆく世界に豊かに対応しようとする強い要求を私たちは抑えることができない。この要求にこたえる義務を、今日の書物は背負っている。だが、その義務は、たんに専門的知識の通俗化をはかることによって果たされるものでもなく、通俗的好奇心にうったえて、いたずらに発行部数の巨大さを誇ることによって果たされるものでもない。現代を真摯に生きようとする読者に、真に知るに価いする知識だけを選びだして提供すること、これが中公新書の最大の目標である。

私たちは、知識として錯覚しているものによってしばしば動かされ、裏切られる。私たちは、作為によってあたえられた知識のうえに生きることがあまりに多く、ゆるぎない事実を通して思索することがあまりにすくない。中公新書が、その一貫した特色として自らに課すものは、この事実のみの持つ無条件の説得力を発揮させることである。現代にあらたな意味を投げかけるべく待機している過去の歴史的事実もまた、中公新書によって数多く発掘されるであろう。

中公新書は、現代を自らの眼で見つめようとする、逞しい知的な読者の活力となることを欲している。

一九六二年一一月

中公新書

日本史

d2

1625 織田信長合戦全録 谷口克広
1907 信長と消えた家臣たち 谷口克広
1453 信長の親衛隊 谷口克広
1782 信長軍の司令官 谷口克広
2028 信長の天下所司代 谷口克広
1809 戦国時代の終焉 齋藤慎一
2080 江の生涯 福田千鶴
2084 戦国武将の手紙を読む 小和田哲男
784 豊臣秀吉 小和田哲男
1015 秀吉の経済感覚 脇田修
642 関ヶ原合戦 二木謙一
476 江戸時代 大石慎三郎
870 江戸時代を考える 辻達也
1227 保科正之（ほしな まさゆき） 中村彰彦
1817 島原の乱 神田千里
740 元禄御畳奉行の日記 神坂次郎
1945 江戸城―本丸御殿と幕府政治 深井雅海
1073 江戸城御庭番 深井雅海
1703 武士と世間 山本博文
883 江戸藩邸物語 氏家幹人
1883 かたき討ち 氏家幹人
2079 武士の町 大坂 藪田貫
1788 御家騒動 福田千鶴
1803 足軽目付犯科帳 高橋義夫
1099 江戸文化評判記 中野三敏
1886 写楽 中野三敏
853 遊女の文化史 佐伯順子
1629 逃げる百姓、追う大名 宮崎克則
929 江戸の料理史 原田信男
1525 江戸のオランダ人 片桐一男
1826 江戸人物科学史 金子務
187 悪名の論理 江上照彦
1723 大江戸世相夜話 藤田覚
1536 近江商人 末永國紀

中公新書
日本史
d3

1621 吉田松陰 田中彰
1580 安政の大獄 松岡英夫
163 大君の使節 芳賀徹
1710 オールコックの江戸 佐野真由子
2047 オランダ風説書 松方冬子
397 徳川慶喜(増補版) 松浦玲
2040 鳥羽伏見の戦い 野口武彦
1673 幕府歩兵隊 野口武彦
1840 長州戦争 野口武彦
1666 長州奇兵隊 一坂太郎
1619 幕末の会津藩 星亮一
1958 幕末維新と佐賀藩 毛利敏彦
1754 幕末歴史散歩 東京篇 一坂太郎
1811 幕末歴史散歩 京阪神篇 一坂太郎
1693 女たちの幕末京都 辻ミチ子

158 勝海舟 松浦玲
60 高杉晋作 奈良本辰也
69 坂本龍馬 池田敬正
1773 新選組 大石学
455 戊辰戦争 佐々木克
1554 脱藩大名の戊辰戦争 中村彰彦
1235 奥羽越列藩同盟 星亮一
1728 会津落城 星亮一
840 江藤新平(増訂版) 毛利敏彦
190 大久保利通 毛利敏彦
1033 王政復古 井上勲
1849 明治天皇 笠原英彦
2011 皇族 小田部雄次
1836 華族 小田部雄次
2051 伊藤博文 瀧井一博
561 明治六年政変 毛利敏彦
722 福沢諭吉 飯田鼎

1569 福沢諭吉と中江兆民 松永昌三
1316 戊辰戦争から西南戦争へ 小島慶三
1927 西南戦争 小川原正道
1405 『ザ・タイムズ』にみる幕末維新 皆村武一
1584 東北―つくられた異境 河西英通
1889 続・東北―異境と原境のあいだ 河西英通
252 ある明治人の記録 石光真人編著
161 秩父事件 井上幸治
1792 日露戦争史 横手慎二
181 高橋是清 大島清
1968 洋行の時代 大久保喬樹

中公新書

現代史

f1

765 日本の参謀本部　大江志乃夫
632 海軍と日本　池田　清
1904 軍　神　山室建徳
881 後藤新平　北岡伸一
377 満州事変　臼井勝美
1138 キメラ―満洲国の肖像（増補版）　山室信一
40 馬　賊　渡辺龍作
1232 軍国日本の興亡　猪木正道
76 二・二六事件（増補改版）　高橋正衛
2059 外務省革新派　戸部良一
1951 広田弘毅　服部龍二
1532 新版　日中戦争　臼井勝美
795 南京事件（増補版）　秦　郁彦
84 90 太平洋戦争（上下）　児島　襄
244 248 東京裁判（上下）　児島　襄

1307 日本海軍の終戦工作　纐纈　厚
2015 「大日本帝国」崩壊　加藤聖文
2060 原爆と検閲　繁沢敦子
1459 巣鴨プリズン　小林弘忠
828 清沢《きよさわ》 洌《きよし》（増補版）　北岡伸一
2033 河合栄治郎　松井慎一郎
1759 言論統制　佐藤卓己
1711 徳富蘇峰　米原　謙
1808 復興計画　越澤　明
2046 内奏―天皇と政治の近現代　後藤致人
1243 石橋湛山　増田　弘
1976 大平正芳　福永文夫
1574 海の友情　阿川尚之
1875 「国語」の近代史　安田敏朗
2075 歌う国民　渡辺　裕
1733 民俗学の熱き日々　鶴見太郎
1804 戦後和解　小菅信子

1900 「慰安婦」問題とは何だったのか　大沼保昭
2029 北朝鮮帰国事業　菊池嘉晃
1990 「戦争体験」の戦後史　福間良明
1820 丸山眞男の時代　竹内　洋
1821 安田講堂1968-1969　島　泰三

中公新書

現代史

f2

- 1980 ヴェルサイユ条約　牧野雅彦
- 2055 国際連盟　篠原初枝
- 27 ワイマル共和国　林健太郎
- 154 ナチズム　村瀬興雄
- 478 アドルフ・ヒトラー　村瀬興雄
- 1943 ホロコースト　芝健介
- 1572 ヒトラー・ユーゲント　平井正
- 1688 ユダヤ・エリート　鈴木輝二
- 530 チャーチル（増補版）　河合秀和
- 1415 フランス現代史　渡邊啓貴
- 652 中国―歴史・社会・国際関係　中嶋嶺雄
- 2034 感染症の中国史　飯島渉
- 1544 漢奸裁判　劉傑
- 1487 中国現代史　小島朋之
- 1959 韓国現代史　木村幹

- 1650 韓国大統領列伝　池東旭
- 1762 韓国の軍隊　尹載善
- 1763 アジア冷戦史　下斗米伸夫
- 1582 アジア政治を見る眼　岩崎育夫
- 1876 インドネシア　水本達也
- 1596 ベトナム戦争　松岡完
- 1705 ベトナム症候群　松岡完
- 1429 インド現代史　賀来弓月
- 1744 イラク建国　阿部重夫
- 941 イスラエルとパレスチナ　立山良司
- 1612 イスラム過激原理主義　藤原和彦
- 1664 1665 アメリカの20世紀（上下）　有賀夏紀
- 1937 アメリカの世界戦略　菅英輝
- 1272 アメリカ海兵隊　野中郁次郎
- 1992 マッカーサー　増田弘
- 1920 ケネディ―「神話」と実像　土田宏
- 1863 性と暴力のアメリカ　鈴木透

- 2000 戦後世界経済史　猪木武徳